外语翻译理论与实践系列教材

西汉翻译理论与实践

Curso de Traducción del Español al Chino: Teoría y Práctica

朱 凯 编著

对外经济贸易大学出版社

中国·北京

图书在版编目（CIP）数据

西汉翻译理论与实践／朱凯编著. —北京：对外经济贸易大学出版社，2013
外语翻译理论与实践系列教材
ISBN 978-7-5663-0776-7

Ⅰ. ①西… Ⅱ. ①朱… Ⅲ. ①西班牙语－翻译－高等学校－教材 Ⅳ. ①H345.9

中国版本图书馆 CIP 数据核字（2013）第 176238 号

西汉翻译理论与实践

朱 凯 编著
责任编辑：胡小平 李 青

对 外 经 济 贸 易 大 学 出 版 社
北京市朝阳区惠新东街 10 号 邮政编码：100029
邮购电话：010－64492338 发行部电话：010－64492342
网址：http://www.uibep.com E-mail：uibep@126.com

北京市山华苑印刷有限责任公司印装 新华书店北京发行所发行
成品尺寸：185mm×230mm 21 印张 417 千字
2013 年 9 月北京第 1 版 2013 年 9 月第 1 次印刷

ISBN 978-7-5663-0776-7
印数：0 001－3 000 册 定价：39.80 元

前言

——致本书的使用者

进入21世纪以来，中国人对于拉丁美洲的兴趣似乎一直在升温，而这种兴趣是全方位的，涵盖了政治、经济、贸易、文化、科技、金融等各个方面。为此，学习西班牙语热也应运而起，因为众所周知，拉美的主要国家（除了巴西）都以西班牙语为官方语言，这些国家是北美的墨西哥，中美洲地区的危地马拉、萨尔瓦多、洪都拉斯、尼加拉瓜、哥斯达黎加、巴拿马，加勒比地区的古巴和多米尼加，以及南美洲的阿根廷、哥伦比亚、智利、秘鲁、厄瓜多尔、巴拉圭、乌拉圭、委内瑞拉和玻利维亚。此外，非洲的赤道几内亚也以西班牙语为官方语言。至于欧洲伊比利亚半岛的西班牙本土，更是一直吸引着中国人。由于我国和西语国家的联系日益广泛、日渐深入，西汉翻译便成为连接和沟通双方的最主要工作之一。

西译汉是高校西班牙语专业的必修课，其宗旨历来都是以简单的翻译理论作为先导，辅之以一般性的翻译技巧和以文体为单位的篇章翻译技巧，同时配上相关的实践。

通过对多年翻译课教学经验的总结，笔者认为，开设在本科三年级（下）和四年级（上）的西译汉课，相当于一门综合了前期的西语精读、西语语法、西班牙—拉美文化概况课、报刊选读、基础语言学（如果被列入教学大纲的话）等课程的内容，并在此基础上介绍两种语言文化转换的理论-技能-实践的课程。之所以这样定位，是因为三级（下）的学生，已经初步掌握了西班牙语和汉语的基础语法规则、掌握了基本词汇、了解了有关西班牙、拉美的政治和社会文化知识，而翻译课程恰恰可以帮助他们将所学的几种知识放到实际应用中：理解、分析、组织、对比、转换生成。翻译课所需要的前期知识，部分地分布在上述几门课中，而**学生所缺乏的是翻译理论的基本规则、翻译的基本技巧、足够的实践，以及对于汉西语言-文化的比较和转换能力。**

鉴于此，本书的定位是**实用翻译基础教程**，其宗旨是引导学生或其他对西班牙语有兴趣的读者直接而有效地参与西译汉的翻译实践，逐步深入了解翻译的目的和核心内容，在对两种语言文化进行科学对比的基础上掌握基本西译汉翻译技巧，以达到能够胜任一般性的笔译工作的目的。

本书的编纂还有另外几点考虑：

一、在最近不到10年的时间里，西班牙语专业飞速发展，当初全国开设这一专业的不过12个教学单位，而目前大约有70多个，其中既有全国知名学府（如北外、北大等），也包括新建单位；既有公立学校，也有民办学校。教学单位既多，各方面的标准和水平便会有差距。

二、这种差距也体现在办学宗旨和培养目标上。当初的12所院校的西语专业主要是为外交、新闻业、对外贸易、学术研究和高校的外语教学培养专业人才（翻译、记者、外交人员、研究人员、教师、外贸业务员等）。而现在的情况远比当年复杂，培养目标更加多样化，毕业生的工作早已突破当初的模式，更多的人被分配到基层单位，其中主要是商贸和海外工程领域。

三、由于劳务市场需求的增加，同时也由于社会大环境变化所带来的方方面面的需求的增加和多样化，西语专业招生的数额也突飞猛进。在20世纪60年代，北京外语学院（即如今的北京外国语大学）西班牙语的附中班一度仅招收6名学生，大学普通班通常是15–20名左右，这种小班制是为了适应外语教学的特殊性。而现在，一些省、市级的院校，每班的规模能接近40人。学生数目的不断翻番，必定会形成从入学起点上就水平参差不齐的状况，而后这种状况会由于教学软件与硬件的差距而延续下来。

四、由于西语教学规模的急速扩大，出现了师资问题。老教师大批退休，中年教师奇缺（这是当年社会大变革的产物），青年教师出任各课主角。青年教师的特点是有朝气、有能力、有学历（硕士或博士）、有国外留学经历（大部分人）、有想法、不保守；不足之处是缺少教学经验、知识面偏窄、业务积累不足。对于像翻译课这样特别偏重实践的课程，他们与那些本身已有多部译著问世的资深教师比，可能会遇到这样或那样的问题。这是正常的。

根据上述考虑，**本书力求倾向于基础化、知识化和规律化，使之浅显易懂，易掌握，易讲解；通过增加习题量，来加深学生对每讲内容和要点的理解并提高运用能力；通过“资料链接”来帮助学生或读者扩展思路，提高层次，增加兴趣，加强自学能力。**

本书分为10讲，包括48个题目，涵盖了本科高年级翻译课教学大纲所要求的主要内容，即：翻译的基本概念和原理、译者应具备的主要条件、汉西语言文化的简单比较、修辞与文体的处理、语法与句法的处理、西译汉的基本技巧、文化内涵的解读与传递、语篇翻译的分类等；此外，还介绍了几篇不同体裁的翻译文章或片段。每个题目设讲解和练习两部分，某些题目还配有补充材料（资料链接）或者推荐相关书目及报刊，以加强和深化学生对该题目的理解与掌握。

全书配有PPT课件，以方便授课。

全书的容载量可供一学年（每周 2 课时，包括翻译实践的讲评时间）使用。但是**任课教师应根据各校的具体情况，不断补充新内容——特别是补充翻译实践的内容——或者做相应的消减**。

本书的编纂不求大而全，不求过多的理论，仅以适应课堂讲授和课后实践以培养和提高学生的翻译能力为基准。由于本书的宗旨之一是翻译实践，每一讲之后都配上了较多的练习。这些练习的例句或范文大多取自西语国家主流报刊、有代表性的文学作品、外交文件以及少量外贸应用文。授课教师可以根据各校学生的具体情况予以调整，或者再行补充。

为了将翻译理论与实践紧密结合，本书从第一篇开始就配备了练习题，目的有两点：一，让学生尽早进入情况，开始“热身”；二，尽快熟悉该章节的内容，边理解，边实践。不过对这部分习题的译文的要求是**基本通顺、达意即可**。对第二篇之后的翻译练习的要求则较高，要符合每一讲的要求。**两种标准的尺度需要任课教师准确予以把握**。题量大也是本教程的特点之一，任课教师可以根据自己学生的具体情况做取舍或改动，但是一定要明确的是，翻译实践的比重要高于课上对翻译理论和技巧的介绍。

书上的课外练习题分为 3 种形式：1. 词语翻译，2. 句段翻译，3. 语篇翻译。词语翻译的基本单位是词组和短语，包括习语、专有名词、专业术语、词组等；句段翻译包括长句、短句以及段落的翻译；最后一部分指对于不同体裁的完整的篇章（或节选）翻译，练习的重点在于让学生从对文章的理解入手，然后循序渐进地进入章节、段落、句子、词语，既着眼于背景和内容，又重视语言及文体和风格，从宏观到微观，实践翻译的全过程。

除了上述类型的练习，在部分章节还安排了在教师指导下完成的课上翻译练习。这个内容是为了带动课上师生的互动，形式可以是笔译，也可以是口译，完全由授课教师掌握。由于灵活度很大，编者没有配备参考答案，但是为了方便授课教师，本书附有各课课后练习的参考答案。这份答案，仅仅作为教师批改练习时的参考，**不是所谓标准答案。因为翻译没有标准答案**，只要理解上没有问题，译文又通顺，同样的词语、句子、段落、语篇可以有不同的表述。教师可以在学生的翻译中选出最准确和最贴切的答案，以鼓励学生发挥主观能动性。

到目前为止，西班牙语的翻译课教程，特别是西译汉教程，已经出版了若干种。但是为了适应不同层次（如专职翻译、相关专业人士、大学本科生和研究生、业余人士等）和不同专业（如外交、新闻、经贸、文学、艺术、科技、社科等）的不同需求，还应该编纂更多的教材，体现各种翻译理念，展现各种思路与角度，引进更多的新鲜知识，扩大实践内容。

与有些语种相比，西班牙语专业的翻译教程出版物实在是少而又少。就编者所知，到目前为止，西译汉教程似乎仅有三个版本：孙家孟等三位教授于 1988 年出版的《西汉翻译教程》和盛力教授于 2005 年出版的《西汉翻译教程》以及之后的新版。这三本教程开启了西译汉教材的先河，规范了教学，推动了研究，并且帮助了大批学子走上翻译之路。在此应感谢西语翻译课程教学的前辈和学长们的开拓性工作，他们的翻译教程及教学经验丰富了本书的理念，启迪了思路，为这本比较浅显的教科书以及日后将出版的西译汉教材做出了先行者的贡献。

同时也感谢一些英语和俄语的师长和同行，他们的翻译教程起步早，走在西班牙语专业的前面，为我们提供了经验和范本。

在此，要特别感谢西语翻译界前辈林光老师和刘玉树老师，本书的少部分例句出自于他们的译著（在书中均已加注），为我们的教程提供了精彩的范例。

此外，还要感谢大连外语学院西班牙语专业 2010 和 2011 届的研究生魏京翔、康成宇、郭旭、彭硕和关磊五位同学的合作，他们利用假期时间，对本书的前言、第一、二、三、四、五、六、七、八（部分）、十（部分）等九讲的课文及课后练习和参考答案做了初校，并为少量翻译习题配备了参考答案，态度认真负责。

最后，还要向三位负责审读的老师李青、吴飒和孙家堃表示感谢，尤其要感谢孙家堃教授，他的中肯的意见和准确的修正对本书起到至关重要的作用。

还要特别感谢刘绍安和朱军两位摄影爱好者，他们的作品为本书增色许多。

对于此书的不足及谬误（包括各章节练习的参考答案），诚恳希望师长和业内同行以及使用者（教师、学生、读者）批评指正。

编著者

对外经贸大学惠园–大连外国语学院旅顺滨海校区

2013 年仲夏

目 录

第一篇 翻译的基础知识

第二篇 翻译的基本技巧与实践

第三篇 语篇翻译

第一篇

翻译的基础知识

第 1 讲 概论

1.1 翻译、翻译课和翻译课的目的

不少人认为，翻译是一件很简单的事，只不过是文字搬家而已。

果真是这样吗？

我们看一个简单的例子：

El otoño se despide con sus últimos pañuelos.

(Guillermo Dañino: *Desde China,* p.433)

用"文字搬家"的方式，这句话可以译成："秋天用它最后的几块丝巾告别。"

但是我们的读者接受吗？

我们可以再看一个例子，这是一家拉美报纸的标题：

En América Latina el crédito verde es gris y escaso.

将文字照搬过来，译文就成了“在拉丁美洲，绿色的信贷是灰色的和少量的。”其意思同样含混不清。

那么，什么是翻译？翻译实际上是一个系统工程，是一种借助于语言的跨文化传播手段。就其作为语际传播行为的功能而言，其实质性特征是两种语言在交际过程中的意义对应转换。这种所谓的意义对应转换是多维的，涵盖了概念上、风格上、语境上、文化上等层面的意义转换。很明显，上述两个例子只是语言表层的转换，因此不是完整的翻译，甚至可以说根本算不上翻译。

著名翻译理论家奈达说过:“翻译就是从语义到风格在译语中用最贴近的自然对等语再现源语的信息。”（Nida & Taber，1969：12）

翻译的目的是将译出语的信息有目的的传达给译入语的接受者。

根据高校外语学科的教学大纲，任何一个语种都把翻译理论与实践课列入教学计划的必修课，时间一般都安排在三年级下学期和四年级上学期，有的还会适当延长。之所以将翻译课放在这个时间段，是因为语言基础知识部分的学习已经告一段落，学生的基本词汇量已达到大纲标准，并具有了一定的相关知识，可以进入翻译实践阶段了。

作为本科高年级的西汉实用翻译课，其宗旨是在所学的全部西班牙语和汉语的语言课程和相关的国情知识课程的基础上，学习和掌握基本的翻译理论与技巧，实践从词组和句子翻译到句群、段落和语篇的翻译过程，循序渐进，从易到难，并且在篇章翻译中初步熟悉在未来工作中可能接触到的题材和体裁，为将来的社会实践（涉外工作或教学与研究）打下基础。

对于高年级学生来说，他们的书本知识尚且有限（因为西班牙语专业是零起点专业），西语词汇量尚显不足（根据教育部相关部门认可的教学大纲，四年级学生应掌握的词汇量大约为 5 000 个单词），对语言对象国家的社会文化背景了解不够深入，还没有真正意义上的翻译实践经验，因此**西译汉课程从理论部分到练习的安排都尽量向基础倾斜，以适合本科三年级（下）和四年级学生的水平。**

和精读课的翻译练习相比，本教程的翻译实践应更多地应用所学的技巧，使翻译成品适应社会需求，而不是刻板地适应书本需求。在这两个标准中，社会需求的灵活度要更大一些。

本课程的关键之一在于师生互动，共同努力，把最鲜活的语言和最现实的题材纳入本课的翻译实践之中。

1.2 译者的条件

在此，也许我们不必奢谈大翻译家们所具有的天分、语感和博学，我们仅就译者的基本条件——特别是本科高年级学生在从事翻译工作时所应该具备的条件——提出以下看法：

西译汉的首要条件当然是译者的西班牙语水平，即全面的语言基础知识，扎实的基本实践技能，较好的语言分析和理解能力。同时，译者还要有大量的词汇储备，包括政治、社会文化、经贸等领域的相关用语、常用的习语、术语甚至一些有代表性的区域性特殊用语，要掌握有关词法、句法、语篇的基本知识。但是仅有较高的西班牙语语言能力还不够，必须要具备译出语国家和民族的背景文化以及与作品有关的语境知识。关于这一点，本书将用一节的篇幅专门加以阐述。

除了上述条件，译者应当具备较高的汉语水平，特别是汉语的表述能力要强，如果能够具备一定的古汉语知识就更好了。常常会有这样的情况，同一篇文章或同一部作品，由不同的译者完成，会产生非常不同的效果。好的译文不仅准确，而且传神，不仅传神，而且增色。这在很大程度上要归功于译者的中文功底。许多老一辈的翻译大家本身就是优秀的作家，像梁实秋、傅雷；许多天才的小说家、散文家和诗人也是精彩的翻译家，如杨绛、于光中；而一些学界泰斗也从事翻译，并且译文美轮美奂，如钱钟书。

关于这一点，必须要反复加以强调，原因就是不少学生对此不够重视，以为汉语是母语，中学的语文课已经给自己打下良好的基础，不会有问题。但是通过多年的翻译课教学，编者发现，近些年我们一些学生的汉语知识面比较狭窄，语言公式化（也许是应试教育所致），语言的运用不够灵活，对于某些体裁难于驾驭，治学态度有时欠严谨。因此必须提醒学生，要不断加强汉语的修养。

仅有汉、西两种语言的功底还不够，译者应该掌握一定的修辞学、逻辑学和语言学的基本知识和应用技能，这样有助于对译出语的理解和译入语的表达。

最后一个条件，译者最好对翻译理论有基本的了解，掌握一定的技巧和策略，以保证翻译工作的质量，避免重复别人的错误。

语言是文化的载体，文化的演进与社会的发展同步，因此语言在不断更新。新陈代谢不仅是生物界的规律，也是语言变化的规律。新的社会问题、新的生态环境问题、科技最新成果、日益广泛的跨文化交流带来的新的语言“混血”现象，这一切在语言上的反映就是大量的新词汇（包括词汇本身的不断新陈代谢）和新的语言规则的出现。

简单举几个汉语新词语的例子：

社会、经济类—80后、90后、低保、八荣八耻、电子政务、资源节约型社会、绿色GDP、人民币汇改、211工程、高考移民、达人、潮人、文化创意产业、云计算、服务贸易等。

生态环境—低碳生活、节能减排、绿色经济、绿色食品、绿色消费、温室效应、白色污染、厄尔尼诺、拉尼娜等。

科技类—数字城市、数码技术、试管婴儿、克隆、网络、原生态、航天飞机、脱氧核糖核酸、软件、界面、人工智能、生物工程、物联网等。

同样，西班牙语也处在新词汇（包括 neologismo y extranjerismo）爆炸时代；不仅如此，西班牙语由于与其他西方语言的近亲关系，更容易通过简单“嫁接”而制造新词语，或者干脆直接引进。例如：tsunami, robot, ácido desoxirribonucleico (ADN), móvil, camping, dumping, gay, estrés, show, fan, perestroika, internet, red, clonar, software...

西班牙语“自造”的或“旧瓶装新酒”的新词语也很多，大部分与科技新成果和新概念有关。例如：banco de datos, tecnología biométrica, vida de bajo carbón, estrategia de recorte, memoria visual, edificio inteligente, indiganados, inteligencia artificial, telemática, mensajes encriptados, firma digital...

所以，对于翻译工作者来说，学习是日积月累的劳作，也是永不止息的提升。

1.3 翻译的标准

从宏观上说，“任何翻译活动都必须服务于社会，使社会受益。因此，社会效益是检验翻译的意义、翻译的质量和翻译的价值的标尺。”（刘宓庆，2005：49）

从微观上说，翻译就是要把原作的内容、形式和风格准确地表达出来。这三大要素包含了原作要传递的核心思想、主要事实、作者通过作品所表现的观点和立场、语言形式、修辞手段、语体风格、流派特点等等，就像鲁迅先生所说的，翻译应“保存着原著的风姿。”

我国的传统译论主张“信、达、雅”，我们现在可以把这三个字理解为忠于原文，言语通达，风格规范。而国外学者又提出了“等值论”、“对应论”等观点，所谓“对应”（equivalencia）所强调的主要“是效果以及质或量的相当”，体现在以下对应参数的各个意义项上：概念意义、形式意义、语境意义、风格意义、形象意义和文化意义。（刘宓庆，05：178）

如果强调绝对对等为翻译的标准，那么翻译几乎就不存在了。语言所属的文化的差距，也代表了语言的差距；两种文化的差距越大，语言的差距就越大。对等只能是相对的。

具体来说，本书的基本使用者是本科高年级学生，我们所说的翻译是指一般性的实用翻译，因此其标准以“忠实原文，通顺畅达”为妥。

忠实原文的意思是译文要保持原文的思想内容、语体和语言风格以及作者的个人风格（如特有的语汇、独特的表达角度、幽默感等），但决不能参杂译者的个人喜好或色彩。举例来说，汉语词语具有鲜明的褒贬色彩，而汉语使用者也有根深蒂固的“爱憎分明”的用词习惯，千百年来“为尊者讳”的传统至今依然有效。但是西班牙语没有或者鲜有类似的原则。那么在翻译上译者就要忠实地描摹出原文的味道，即使这个味道与汉语的语用传统相悖。例如：

...Entonces surgió Picasso, tan grande de genio como de bondad./.../Ahora, con ternura fraternal, el genial minotauro de la pintura moderna se preocupaba de mi situación en sus detalles más ínfimos.

(Pablo Neruda: *Confieso que he vivido*, p.229)

译文：那时，毕加索来了。他为人善良，堪與他的天才媲美。/……/现在，这个现代派绘画天才的半人半牛怪物，怀着兄弟般的柔情，对我的困境乃至细微末节都关心到了。

（林光 译：《回首话沧桑》，231 页）

虽然“半人半牛怪物”的比喻放在毕加索身上有些怪异，但是它反映了大诗人聂鲁达的印象和联想，译者没必要牵强附会地译成“怪杰”，因为译者的使命只是照实转达，因此“忠实”便是不二原则。

通顺畅达主要指译文的语言质量，要求译者使用规范的语言，完整而清晰的结构，合理顺畅的语言逻辑关系。不少初学者的译文充斥着硬译的句子和生造的词，句子之间和段落之间没有语言和逻辑的过渡，令人无法卒读。不过，在翻译文学作品时，有些句段的处理要首先遵从“忠实原文”的原则，以适应某种文学形象的特殊要求。

要达到“忠实原文，通顺畅达”的标准并非易事，译者必须提高中外文水平，加深对原文的理解，磨练用中文转换表述的能力。加强翻译实践，多做练习，是达到此项标准的途径之一。

翻译，古已有之。每次翻译事业进入高潮，必定会伴随着社会变革的兴起和社会文化大潮的涌动。1978 年之后，随着我国改革开放步伐的加速，随着综合国力的不断增强，我国的翻译工作受到空前的重视，翻译界的成就也达到前所未有的高度，西汉翻译——无论是文学艺术类还是社科类乃至政经类——的成果更是大大突破了前人的成就，弥补了许多空白，有效地促进了中国和西语国家之间的了解，加深了双方在政治、经济、文化教育、科技等领域的交往。

对于现在西班牙语专业的三、四年级的学生来说，必须要打好语言文化基础，做好多方面的准备，迎接未来更大的挑战。

资料链接（语录）:

1. 翻译是一种语际传播行为，翻译的实质性特征，是双语在交流中的意义对应转换。这里所说的“在交流中的意义”，包括概念意义（conceptive meaning）、语境意义（contextual meaning）、形式意义（formal meaning）、风格意义（stylistic meaning）、形象意义（figurative meaning）和文化意义（cultural meaning）。由此可见，意义转换是多层次、多方位的，而不是平面的、单向的。

语际转换可以是多层次的：有语音层的转换，即音译，有语言文字形式上的直接“移植”，如拉丁语、法语、德语词语之移植于英语中。语音层和文字形式的转换都是语际的表层转换。翻译关注的中心是意义层的对应转换。意义转换是语际间的多向度深层转换。

——刘宓庆：《新编当代翻译理论》，42 页

2. 尤金·奈达（Eugne Albert Nida），1914 年 11 月出生在美国俄克拉荷马城。1936 年在洛杉矶加州大学希腊语专业毕业。1939 年在南加利福尼亚大学获《圣经·新约》研究专业硕士。1943 年获得密执安大学语言学博士。奈达毕生从事

语言学、翻译学、语义学、人类学等学科的研究，翻译过《圣经》，其代表作包括：《翻译科学探索》（*Toward a Science of Translating*，1964）、《语义的成分分析》（*Componential Analysis of Meaning*，1975）、《语言结构与翻译：奈达论文集》（*Language Structure and Translation: Essays by Eugene A. Nida*，1975）、《从社会语言学看跨文化交际》（The Sociolinguistics of Interlingual Communication，1996）等。

3. 刘宓庆，毕业于北京大学，曾在中央人民广播电台国际组任专职翻译，而后在北京大学、厦门大学、香港中文大学、香港大学以及台湾师范大学翻译研究所执教，并从事理论研究工作。其翻译论著包括《新编当代翻译理论》、《新编汉英对比及翻译》、《翻译美学导论》、《翻译与语言哲学》、《翻译教学：实务与理论》、《中西翻译思想比较研究》等。

4. 推荐书目

盛力：《西汉翻译教程》，北京，外语教学与研究出版社，2011

常世儒：《西汉口译实用理论与技巧》，北京，外语教学与研究出版社，2008

贾玉新：《跨文化交际学》（语言部分），上海，上海外语教育出版社，1997

2讲 汉西语言文化的简单对比

语言作为文化的载体，所传达的是某一种文化的信息。语言的文化特征体现了该语言的文化内涵，即思维方式和行为方式、观念和习俗、地域环境等因素。由此可以得出结论，**所谓翻译语言，实际是在翻译文化**。

这一节对汉西两种语言文化做一简单对比，作为下面几个章节——翻译的技能与实践——的基础。希望学习者把这种对比作为进入西汉实用翻译领域的重要的一步，认识文化，才会理性地认识语言；了解两种语言文化的基本差异，才能理性地做双方的转换。也就是说，我们必须“**知己知彼**”。

2.1 宏观对比

中国和20个西班牙语国家分处世界的东西两端；汉语属汉藏语系，西班牙语为印欧语系；中国文化是带有浓厚儒家思想和农耕社会理念的东方文化，而西班牙和拉丁美洲文化是以古希腊-罗马的海洋文明和基督教文明为基础的西方拉丁文化。其间的差距自然很明显。

下面从五个方面做一简单的比较和分析，以希看出这些因素对语言的影响。

2.1.1 地理环境对语言的影响

特定的生存环境对语言文化的影响十分明显，山川湖海，草木花卉，飞禽走兽，乃至于气候条件，都融进了语言形式中。

作为农耕社会的成员，汉民族历来有守土、恋土的情结，所以“山河”和“江山”便成为国家、国土、故国、祖国的象征。如：

“国破山河在，城春草木深”（杜甫：春望）；
“待重头，收拾旧山河，朝天阙”（岳飞：《满江红》）；
“四十年来家国，三千里地山河”（李煜：《破阵子》）；
“布被秋宵梦觉，眼前万里江山”（辛弃疾：《清平乐》）；
“江山如此多娇，引无数英雄竟折腰”（毛泽东：《念奴娇》）等。

而伊比利亚半岛被大西洋、地中海和坎塔布连海环抱，自古就有航海传统，因此与海有关的成语、谚语、短语和词汇非常多。例如：

marchar viento en popa 一帆风顺
(que) cada palo aguante su vela. 每根桅杆撑起各自的帆，意为各负其责。
El que no se arriesga no pasa la mar. 不敢冒险，焉能过海，意思是不入虎穴，焉得虎子。
a velas desplegadas 扬帆起航，意思是全力以赴
recoger velas 收起帆，意为退缩
quemar las naves 烧掉战船，意为破釜沉舟
abordar 两船相靠；船靠岸；谈论，说及
al borde de 在船舷边；濒临，临近
echar a pique 使船沉没；破坏
a mares (llorar a mares, sudar a mares) 大量的（不过中文的“海”也有类似的含义，如海量、海涵、海口等）
arrojarse a la mar 冒险
arar en el mar 在海上耕耘；徒劳无用
un mar de (un mar de lágrimas) 像海那么多的；大量的

甚至像 pirata（海盗）这样的词也常用常新，被引申出多种意思，当然都是贬义词。例如：

piratería aérea 劫机
piratería audiovisual 音像盗版
edición pirata 盗版
los piratas del ordenador 电脑黑客

再以植物而论，松、竹、梅是中国常见的植物，汉民族称之为岁寒三友，视为气节的象征，而竹和梅在西班牙和拉美极为鲜见，在部分地区甚至可能没有。其他几种被汉民族赋予文化内涵的植物有菊（傲霜）、莲（花之君子）、桂（蟾宫折桂）、牡丹（富贵）、柳（别离）、红豆（相思）、白杨（坚忍不拔）、兰花（高洁）、凌霄花（趋炎附势）、柳絮/杨花（轻浮无根）等，其中的一部分品种在西班牙和拉美没有，即使有也并未引起相同的联想。

而西语中常常将栎树（roble）比拟高大健壮的人，用百合（lirio）象征高洁、神圣，用红色石竹（clavel）象征激情，用水仙（narciso）比拟自恋，用棕榈树（palma）代指荣誉，用月桂（laurel）象征胜利。这些都是伊比利亚半岛多见的植物，其文化联想是汉语所未见的。

所以，“借问闲愁都几许？一川烟草，满城风絮，梅子黄时雨”（贺铸：《青玉案》）在南美洲的读者中未必引起相应的联想，因为他们无法想象“梅子黄时雨”的烟雨如织的景象，在热带地区更多的是大雨倾盆，大雨如注，大雨滂沱，而在智利南方一带则是冷雨横行。我们看一下大文豪聂鲁达的描述：

Por mucho que he caminado me parece que se ha perdido ese arte de llover que se ejercía como un poder terrible y sutil en mi Araucanía natal. Llovía meses enteros, años enteros. La lluvia caía en hilos como largas agujas de vidrio que se rompían en los techos, o llegaban en olas trasparentes contra las ventanas, y cada casa era una nave que difícilmente llegaba a puerto en aquel océano de invierno.

Esta lluvia fría del sur de América no tiene las rachas impulsivas de la lluvia caliente que cae como un látigo y pasa dejando el cielo azul. Por el contrario, la lluvia austral tiene paciencia y continúa, sin término, cayendo desde el cielo gris.

(Pablo Neruda: *Confieso que he vivodo*, p.24-25)

译文：我有了丰富的阅历之后，觉得在我故乡阿劳卡尼亚地区施加过可怖而又不可思议的威力的雨水，已经失去艺术感染力。雨水整月整年地下个不停。一根根雨丝像是长长的玻璃针，在屋顶上砸得粉碎；有的打在窗上，形成透明的波浪。雨中的每一栋房屋都像一艘船，正在严冬的大海上吃力地驶向港口。

美洲南方的这种冷雨同热带地方的雨不一样，不会像鞭子那样劈头盖脸地猛浇下来，过后又是晴空万里。相反，这种雨很有耐性，会连绵不断地从灰暗的天空中不停地落下来。（林光　译：《回首话沧桑》，4–5 页）

建议：

作为一种练习，学生们可以在老师的组织下，以小组为单位，搜集一些与西语国家自然环境有关的成语、谚语和短语，并与大致上相应的汉语习语做简单比较。例如：

西语	汉语
como hongos tras la lluvia	如雨后春笋
lágrimas de cocodrilo	猫哭耗子假慈悲（也可直译为“鳄鱼的眼泪”）
matar la gallina de los huevos de oro	杀鸡取卵，得不偿失

2.1.2 传统文化对语言的影响

传统文化带有深深的历史烙印，既体现在信仰、伦理等观念上，也体现在风俗习惯上，凸显出一种文化的特质。当两种语言在词汇、修辞或风格上出现不等值时，常常与传统文化的渗入有关。

以中文的“孝”为例，这是一种源自于儒家思想的道德原则，也是汉民族的一种传统家庭伦理观念。儒家倡导“孝是百行之道”。《孝经》卷七提出“教以孝，所以敬天下之为人父母者也”。在汉语中用“孝”组成的词很多，如孝顺、孝敬、忠孝、孝子贤孙、孝悌、愚孝、孝慈等。这一概念很难全面而深入地译成西文。amor filial 只反映出“孝”的部分内涵，因为无论是古希腊-罗马文明，还是犹太-基督教文明，都没有一个完全与“孝”相对应的概念。

另外，中华文明对于“家”的界定也与西语族群的概念有区别，中国人的“家”包括了彼此有直系血缘关系的所有人，可以是两代、三代或者四代、五代成员，例如曾祖—祖—父—子—孙。我们在读巴金先生的《家》时，可以发现，在那个“家”门之内，居住着高氏家族的所有成员，即长房、二房、三房和四房的所有男男女女，老老少少，实际上相当于西语民族的“家族”。在用“家”组词时，也基本上立足于“家庭”的概念，例如：家人、家属、家居、家务、家业、家丑、家教、家家户户、家谱、家史等。

而西班牙语的“familia”通常是指夫妻二人及其子女。用“familia”所组成的词汇，除了血缘关系，还可以以共性为前提，可以包括宗教和哲学的派别、流派，有共同特性的人或物的组、群，人群，植物和动物的科目，化学和天文学的族等。如：la familia de lengua románica（罗马语族），la familia de las rosáceas（蔷薇花科）等。

再比如，报纸上讨论西班牙公立学校中的移民子女的教育问题，文章中有下面一段话：“Si llevamos el árabe, el chino o el vietnamita a la escuela, evitamos el gueto lingüístico.” “gueto”指古代一些欧洲城市为限制犹太人活动而专门设置的隔离区，此处指造成的阻隔。这是汉族文化所没有的事物。尽管中国历史上曾经存在过一些少数民族在汉族区域的集中驻地，但是那不是朝廷为限制其民族文化影响所强行规定的“保护地”，更没有“gueto”所带有的歧视性。

建议：

学生们可以从相关资料上查找一些能分别体现出中西传统文化区别的语言现象，并尝试着用西班牙语和汉语分别释义。例如：“桃园三结义”中的结义、“姬妾成群”中的姬妾、国学、“红白喜事”中的喜事；peregrinación, villancico, estudiantina 等等。

2.1.3 思维逻辑对语言的影响

汉民族和各个西语族群的思维方式有明显区别，这一点在语言形式上的表现尤为突出。源于拉丁语的西班牙语注重形式逻辑，其遣词造句都受到逻辑的规范，被制约在思维推演的框架之内。信息的传递和发展主要靠形式，因此称之为形合。而汉语的表达方式显得更加灵活自然，结构和谐，左右逢源，是为意合。

比如：用汉语可以说“你长大了，生活会比现在好多了。”虽然没有关系词，但是其意思很清楚。然而用西语表示，就必须明确显示出句子的逻辑关系：“Cuando seas grande la vida será mucho mejor que la de ahora.”

《红楼梦》中贾宝玉的名言：“你死了，我做和尚去。”句子的假设关系一目了然，尽管没有出现“如果”二字。翻成西语就成了：“Si tú mueres me haré monje.”再比如，在传统戏曲中，一对情侣海誓山盟，说的是“海枯石烂心不变”。译成西班牙语，形式就复杂了：“Jamás cambiaremos nuestra fidelidad aun cuando el mar se seque y la roca se desmenuce.”

此外，思维的序列、信息的重心等也都反映在语言的表现形式中。汉语常常将中心词放在最后，把说明和限定中心词的词语放在中心词的前面，而西班牙语则往往相反，把中心词放在前面，把说明词放在后面。我们以国名为例。“中华人民共和国”的结构是将中心词“共和国”放在最后，说明和限定成分放在“共和国”之前。而拉美的委内瑞拉的正式名称的排列与此相反，是 República Bolivariana de Venezuela，即委内瑞拉玻利瓦尔共和国。"共和国"放在词首，国名放在最后，为纪念国父玻利瓦尔而设定的限定语放在中间。西语的地名、机构名称、人名的排列也都遵循这样的思维理念。例如：Concertación de Partidos por la Democracia de Chile（智利争取民主政党联盟）、Partido Radical Social Democrática（社会民主激进党）、Area de Libre Comercio de América（美洲自由贸易区），hemisferio oriental（东半球）等。

当姓名与若干头衔相连时也很说明问题。汉语习惯把头衔放在姓名的前面。例如，中共中央总书记、国家主席、中央军委主席胡锦涛。而一般情况下，西班牙语把中心词放在前面，把各种头衔放在姓名的后面。例如，Don Juan de Borbón y Battenberg, Conde de Barcelona, el hijo del Rey Alfonso XIII y padre del Rey Don Juan Carlos.

姓名的排列说明了思维的序列。中国人以姓氏为重，故置之于前，作为整个家族的符号；名字代表个人，重要性次之，故置之于后。例如：司马迁、李商隐。西班牙文化强调个性，所以个人的名字排在前，作为家族符号的父姓在后，母姓放在最后，通常不用或少用。例如：Fidel Castro Ruz，Francisco Franco Bahamonde，José Luis Rodríguez Zapatero。已婚妇女的夫姓放在最后，前面加介词，表示从属关系，例如：Ana María Moreno de González。

建议：

作为练习，学生们可以分别查找西班牙以及拉美国家政府各部门的名称并翻译成中文，然后与新华社公布的正式名称做比较，找出差距。

2.1.4　价值观差异对语言的影响

不同的文化有不同的价值观体系，对事物的看法产生分歧是很自然的。因此，好与坏，善与恶，真和假，黑与白，这些对立的观念在汉族文化和西语文化中的反应形式有相似的，近似的和相同的，也有完全背道而驰的。

价值观在语言上的体现，主要是在词汇的内涵、褒贬性和联想意义上。比如：对于有正统思维方式的中国人来说，实用主义、个人主义、官僚、形而上学、自由主义等都是一些负面的、消极的概念。

而对于西语族群来说，el pragmatismo 是中性的，常常有正面意义，表示讲究实际；el individualismo 则是彰显个性；el liberalismo 有我行我素，天马行空的意思；la metafísica，仅仅是一种哲学观，一种思维方式而已，没有负面意义；至于 burócrata，译成中文是官僚，贬义词，而在西文中一般情况下只是个中性词，指官员而已；el nacionalismo 对于中国人来说并没有什么消极意思，但是在西语社会（也可扩大为整个西方社会）却常常被理解为狭隘甚至是民族中心主义。

在委婉语的使用上也存在差异。以“贫困”这个词为例，在我们的报刊上常常能看到这样的句子，“系里给贫困生开会，向每个人发放了一定数额的助学金”，或者“他来自贫困家庭”。这种说法是否会对当事人造成心理压力或者会损害其自尊心呢？通常人们不这样考虑，认为直截了当地说明问题才是正视现实和解决问题的表示。西班牙文对相关的说法却一般不直接挑明，而是采取委婉的表达方式：Proviene de una familia de pocos recursos. 或者 La familia no está en buenas condiciones económicas. 或者...de una familia de escasez económica 也可以说...que tiene problemas económicos 等等。

另外，对于宗教信仰的态度也可以通过语言表现出各自的价值观差异，以“异教徒”（hereje）一词为例。在汉民族的意识中基本没有一个严格的“异教徒”的概念，没有对“异教徒”的排斥感，因为在我国历史上没有一个贯穿始终的国教。而西语民族的情况完全不同。自公元 6 世纪始，西哥特国王雷卡莱多（Recaredo）就宣布基督教为西班牙的国教，虽然在现代社会教会势力大大减弱，但是大部分国民仍然保持着他们的天主教信仰。因此 hereje 或 herejía 具有沉重的贬义，成为咒骂、诅咒常用语，意为持异端的、旁门左道的、厚颜无耻的、胡闹的等等，infiel（不忠的、背叛信仰的）是其同义词。

不仅如此，在历史上，甚至一些不以天主教为国教或者信奉其他宗教的民族的名称，都曾经带有某种贬义：狡猾、不可信、野蛮、危险、笨拙等，例如 el judío（犹太人）、el moro（摩尔人）、el turco（土耳其人）、el tártaro（鞑靼人）、el negro（黑人）、el gitano（吉普赛人），el vándalo（汪达尔人）等。以 gitano（吉普赛人）为例，与之相关的引申意义大都是贬义：欺骗的，欺诈的，邋遢的，不修边幅的，骗子，贼，破坏者等等。与印第安人（el indio）相关的词语大多有愚昧、蠢笨、可笑、残忍等含义，例如 hacer el indio 的意思是干傻事，而 engañar a uno como a un indio，意思是使人容易上当。与犹太人相关的词也往往是贬义词，如：jurar en hebreo 是说话难听或者咒骂、亵渎的意思。

这些带有一定种族偏见的词或短语反映了历史局限，在给学生介绍时要加以解释。在翻译时，如果上下文明确是指贬义，则可以意译；否则应该加注。需要指出的是，目前这一类词语的使用率已经很低。

建议：

来源于宗教的西班牙语习语数量很大，学生们可以从工具书或者书刊上查找一些，并分别指出其含义。例如：quitar el vestido de un santo para vestirlo al otro，字面意义是把一位圣徒的衣服脱下来，给另一位圣徒穿上，其含义是拆东墙补西墙。

有一些谚语也在某种程度上反映了人们的价值观。例如：

El buen paño en arca se vende.　　含义：酒香不怕巷子深

Dame pan y llámame tonto.　　含义：有奶便是娘

2.1.5 政治体制和社会环境对语言的影响

任何一种语言都无一不打上社会的烙印。这种印记来自于社会环境，包括社会体制、一个社会固有的政治-经济形态、意识形态、社会生活等方面。

中国的行政建制和行政区划不同于西班牙和拉美，因此在对外关系交往中，此类词汇的翻译往往无法去寻求等值，例如：直辖市、县级市、自治旗、特区等。其中“直辖市”是指直属中央的大城市，而“中央”（poder central）对外国人来讲是个很模糊的概念，此处应该是指“国务院”（Consejo de Estado），而直辖市与拉美的联邦区（distrito federal）也有很大的差别。同样，我们的一级—省、二级—地区（目前已经取消）、三级—县、四级—乡\镇、村以及不同级别的市（县级市、地级市等）的划分，也难以在西语国家找到相似的概念。

西语的 pueblo，可以是村、乡、镇，municipio 可以是大大小小的市，甚至也可以是镇，municipalidad 是其相应的政府机构，而 alcalde 既可以是一个仅仅管辖几百户居民的镇长，也可以是首都马德里的市长。虽然在级别上有差别，但是在语言表述上可以忽略不计。而在我国的社会意识上，级别就是区别，级差决不能忽略不计，其划分之细，也可看做我们社会文化的一大特点。Defensor del Pueblo 是西班牙和一些拉美国家设置的职位，名称源自于古罗马帝国的护民官，在我国没有完全相对应的官职。

初看起来，两个地区的某些行政建制似乎一样，其实其内涵的区别很大，例如我国的人民代表大会和 las Cortes Generales de España，街道居委会和 confederación de vecindad，人民代表和 diputado 或者 senador，自治区和 comunidad autónoma（特别是像 Generalitat de Cataluña）。一些机构及其相应的制度也各有特点，例如在高等教育系统中，中国的政治辅导员制度在西语国家没有，因此就没有完全对等的西班牙语词汇；中国大学的系有时也无法完全对应西语国家的系（facultad, departamento）,特别是一些大学的学系和学系的系主任，更是不能与西语国家的 facultad, decano 划等号；学位和分数的评定也有相左之处。

此外，在中西两个社会中，有一些词汇所含有的概念是特指的，只属于一个特定的社会环境。例如：empresas cantonales（乡镇企业—中国），la primera dama（第一夫人—国外），partidos democráticos（民主党派—中国），el Defensor del Pueblo（护民官—西语国家），el Tribunal Constitucional（宪法法庭—西班牙），la Zona Administrativa Especial（ZAE 行政特区—中国）、municipio directamente subordinado al poder central（直辖市—中国）、Distrito Federal（联邦区—墨西哥等国）。

翻译时，西语有而汉语没有的单位，我们可以直译。直译如果费解，就只能加注或灵活处理。例如：“Distrito Federal”一词可以根据上下文译作“联邦区”或“首都”。

2.2 语言形式的简单对比

语言的分析，从宏观上看，一般应着眼于形态学（morfología）、语音学（fonología）、句法学（sintaxis）、语义学（semántica）和语用学（pragmática）等角度。但是本文仅从语言形式上做简单对比。

汉语和西班牙语分属汉藏语系和印欧语系，前者是无形态变化的语言，没有词形的变化，凭借词汇就可以解决句子的数、时态等问题，而后者必须通过语法手段来完成；前者重意合，后者靠形合；前者的句子推进主要为线性形式，句子多短小，后者依靠关系代词和各种副句，结构较复杂，如大树般盘根错节，类似一种空间结构，等等。

下面从五个方面对汉西双语做一些简单的对比。

2.2.1　句法结构

句法（sintaxis）是研究句子生成的学问，句法现象主要体现在句子结构、顺序、表现手法等方面。汉西两种语言的句法规则相差极大，其原因来自于两种文化思维的差异。西班牙语的句法结构顺序和大部分西方语言相似或相近，因此我们可以发现，作为屈折语的西班牙语更加形式化和逻辑化，句法结构严谨，以动词为核心，研究和分析西班牙语的句子结构，必须从形式着手。而汉语是一种孤立语，不太注重形式，缺少形态标准，其句法结构是一种语义（功能）句法。具体来说，我们还可以发现汉西语言在重心、主动与被动、时态的表现等方面的悬殊差异。西班牙文句子的基本结构是主谓结构，汉语句子的基本结构是主述结构，等等。差异还表现在：

1）状语位置，在西语句子中常常靠后，在中文句子中靠前。

例 1. *No ha encontrado la oportunidad de volver a visitar Cádiz durante 20 años.*（状语置后，也可置前）

译文：他 20 年来再没有机会访问加的斯。（状语只能置于动词之前）

例 2. *A su padre le veía muy poco cuando era pequeño.*（状语在动词之后，也可之前）

译文：他小时候很少见到父亲。（状语只能置于动词谓语之前）

2）信息重心的位置，在西文句子中可以靠前，在中文句子中则经常靠后。

例 1. *Se convirtió en masón cuando era joven.*

译文：他年轻时，参加了共济会。

例 2. *Tan puros eran el blanco de su frente y el azul de sus ojos.*

译文：她的前额是那么洁白，她的眼睛是那么湛蓝。

例 3. *La economía china logró desarrollarse vertiginosamente con la aplicación de la reforma y apertura al exterior.*

译文：由于实施了改革开放政策，中国的经济飞速发展。

例 4. *Le acompaña su prima, la princesa Tatiana, íntima amiga de la reina Sofía desde la infancia del exilio en Africa.*

译文：她的表妹塔吉亚娜公主——索菲亚王后幼年在非洲流亡时期的密友——陪伴着她。

例 5. *La gran lluvia austral que cae como una catarata del polo, desde los cielos del Cabo de Hornos hasta la frontera.*

译文：从和恩角到边境地区的天空，南方的大雨像极地瀑布那样泼洒下来。

例 6. *"Hay hombres que son peores que las bestias, porque las bestias necesitan ser libres para vivir dichosas: el elefante no quiere tener hijos cuando vive preso; la llama del Perú se echa en tierra y se muere, cuando el indio le habla con rudeza o la pone más carga de la que puede soportar."* (José Martí)

译文："有的人还不如动物，因为动物都需要自由，这样才能幸福地活着。比如，大象被关起来后就拒绝生育，秘鲁的羊驼遭到印第安人的呵斥或者让它负荷超重，就躺倒在地，黯然死去。"（何塞·马蒂）

例 7. *En aquel momento todo marchaba viento en popa en las relaciones entre Washington y Moscú, salvo algunas diferencias sobre la situación en Chechenia.*

译文：在那个时期，除了关于车臣局势的若干分歧，华盛顿和莫斯科的关系发展顺利。

在上述例句中，我们可以看到，西文的信息重心都靠前，而汉语在表达上习惯于把重心后移。

3）形合与意合

著名语言学家王力先生曾经用一句话形象地概括了西方语言和汉语在结构上的差异："就句子的结构而言，西洋语言是法治的，中国语言是人治的。"（《中国语法理论》）

不仅西班牙语，大多数西方语言的词之间和句子之间的结合主要凭借句法手段、词汇手段和语义手段，诸如词形变化、连接词和关系词等，这是形合。形合的特点是结构严谨，逻辑性强。而汉语各成分间的结合通常依靠固定的语序、语义的变通、语境的衬托以及联想的作用，外部形态没有变化，很少使用连接词和类似的手段，其构成主要受意念的控制，而非语法的束缚，这是意合。意合的特点是句子短小精悍，如行云流水，行文跳脱自然，形散神聚。在中国的古典诗词中不乏这样的作品，例如元散曲的"黄芦岸白蘋渡口，绿杨堤红蓼滩头"（白朴：［沉醉东风］渔夫），"枯藤老树昏鸦，小桥流水人家，古道西风瘦马。夕阳西下，断肠人在天涯。"（马致远：［天净沙］秋思）。但是意合与形合不是截然分开的，西语和汉语都兼具两种形态，不过前者以形合为主，后者以意合为主。翻译时，我们可以大胆将西语的形合变成汉语的意合。试看以下的例子：

例 1.

西文： *Una de las salidas fue al /....../. Nos quedamos en la mesa hablando, sin bailar. Sí, hablamos con profundidad de muchas cosas: de su vida, de la mía, de filosofía，de religión... Ahí empecé a darme cuenta de que era un hombre que tenía mucho más calado de lo que aparentaba. Yo lo había tomado por frívolo, juerguista y superficial.* (Pilar Urbano, *La Reina*, p.119)

中文： 有一次我们去了/……/（指某娱乐场所——编者注），我们没跳舞，坐在桌旁聊天，倾心交谈，话题很广，谈到他的生活、我的生活、哲学、宗教……自那时起我才意识到，他远比表面深沉。而过去我一直以为他很轻率、玩世不恭，而且肤浅。

例 2.

西文： *Rusia niega tal amenaza (la instalación de misiles por parte de EE UU en Europa—autora) y ve en la operación un rearme de EE UU en Europa, como en los tiempos de la ¨Guerra Fría¨, que dominó durante cuarenta años el escenario entre Europa del Este y del Oeste, tras el fin de la segunda guerra mundial y hasta el derribo del muro de Berlín, en noviembre de 1989.*

中文： 俄罗斯拒绝威胁，而且它通过这一举动（美国设置导弹的举动—编者注）看到美国又在欧洲重新战备，如同当年在冷战时期那样。冷战在东、西欧之间持续了 40 年，从二战结束起直到 1989 年 11 月柏林墙倒塌。

上面的中西文例子表明，同样的内容，西班牙语要用多个前置词和关系词来连接句子。例 2 尤其典型，主句很简单，从 como 之后都是衍生的成分，一环套一环。而汉语无需这些手段。

4）时态的不同表现

西班牙语动词的时态（tiempo）用来表示动作发生的时间，其表现形式是动词词尾的变化。而汉语凭借的是被称为时态助词的几个虚词（过、了、着、将等）及其他来表述。

例如：

西文：*Chávez, de 57 años, viajó a Cuba en las últimas horas para someterse a la extirpación de un nuevo tumor. En junio de 2011 fue intervenido en dos oportunidades, también en ese país, y tratado en los meses siguientes con quimioterapia.*

中文：57 岁的查维斯刚刚去古巴接受治疗，摘除一个新的肿瘤。在 2011 年 6 月，他曾在古巴做了两次治疗，并在之后的数月内接受了化疗。

西文：*Vine, vi y vencí.* (César)

中文：我来了，我看见了，我赢了。（凯撒）

唐朝诗人崔护有一首流传千古的绝句《题都城南庄》："去年今日此门中，人面桃花相映红。人面只今何处去，桃花依旧笑春风。"这 28 个字叙述了一段美丽的故事，从"去年"、"只今"和"依旧"三个词得知，时间的跨度是一年，作者表现了过去和现在两个概念。

如果转移到西文，除了加上表示时间的状语外，还要加上动词时态的变化。原诗作的意思大致如下：

El año pasado cuando pasaba por esta casa,
aparecía a la puerta una doncella bella,
de flores de melocotón rodeada.
Hoy vengo a revisitarla el mismo día,
sólo se quedan las flores a la puerta,
de vigor y espléndidas,

en la plena primavera.

读起来感觉复杂而累赘。

2.2.2　语序

除了一些基本规则，总的来说，西班牙语的语序比较自由。但是汉语的语序比较严格，语序的任意颠倒会破坏句子的结构，从而无法表意。用西班牙语可以说“Corre rápidamente.”或者“Rápidamente corre”，但是用汉语我们必须说，“他跑得快”，不能说“他快得跑”。汉语必须把修饰或限定成分提到名词之前，中心词置于后。如：“一片明净的碧空”（un cielo azul transparente）”，不能说“一片碧空的明净”；“一个浓妆艳抹的女人”（una mujer demasiado pintada”），不能改成“一个女人的浓妆艳抹”；“花伞”（un quitasol de flores），不能叫“伞花”；“故乡的土地”（la tierra del pueblo natal），不能说“土地的故乡”。

西语句子的各个成分的排列也比汉语要自由，主语的位置可以在谓语之前或者之后，补语的位置也不是非常固定。例如：

西文：*Los perros no me traiga aquí.*
No me traiga los perros aquí.
Aquí no me traiga los perros.
中文：别把狗带到我这里来。（或者：别带狗到我这里。）

西文：*Se lanzó sobre mí de ira.*
De ira, se lanzó sobre mí.
Sobre mí, se lanzó de ira.
中文：他愤怒地向我扑过来。（或者：他向我愤怒地扑过来。）

在下面的例子中，汉语和西语的句子结构相同，但是部分语序不同：

西文：*Una potente explosión acababa de destrozar una escuela en la localidad vizcaína de Ortuella, originando la muerte de un elevado número de niños.*

中文：一次强烈的爆炸毁掉了比斯开地区的奥尔特利亚的一所学校，造成了大量儿童死亡。

西文：*Cuando nació mi hermano Constantino, dispararon ciento una. Yo no las conté,* *porque tenía menos de dos años; pero se hacía así, si el que nacía era un varón.*

中文：我弟弟康斯坦丁诺出生时，鸣枪 101 响。我没数，因为我当时还不到两岁。在过去，男孩出生就一直是这样。

2.3 所谓可译性和不可译性

首先我们应该知道，语言的可译性（traducibilidad）是普遍规律。

语际转化之所以成为可能，原因在于语言本身存在着转换“信息道通”（channel for message transferring），即语言之间可以被翻译的属性：基本的意义转换条件和手段（见刘宓庆，05：110）。这一点之所以产生，主要是由于人类思维活动和心理活动基本特征的同一性、人类生存环境（包括时空环境）的同一性、文化的相互渗透性、语言结构的同一性等等。

举例来说，文化的相互渗透极大地促进了语际转换的可能性。人类社会越发展，不同文化的接触就会越多，这意味着语言的交流在增加，语言的相互影响在扩大。

西班牙语在其形成发展的漫长过程中，曾经吸收了来自不同民族的语言因素，而其中最主要的是罗马人的拉丁语，此后西哥特人的日耳曼语、阿拉伯人的阿拉伯语、波旁王朝建立之后所带来的法语以及“发现”新大陆后不断引入的美洲各土著民族的印第安语言也陆续加入到西班牙语的词汇里，这一切明显地丰富了西班牙语语汇，增强了其表现力。仅就各种印第安语的词汇而言，我们可以列举出大量表现新大陆上那些独特事物的名称：tomate, batata, maíz, jaguar, cóndor, cigarro, tabaco, cacique, poncho, nopal, hamaca, camote, maguey，mate, atole, huracán, chicle, chile, catli, caimán, aguagate, canoa, chocolate 等等。语言的相互渗入，意味着相通的渠道增多，因之可译性会加大。

另外，从人类思维的同一性来看，无论哪个民族的思维形式和规律都离不开观察、分析、综合、概括、判断的程式。西班牙语表现因果（como, porque, por eso, por lo tanto, a causa de, pues, dado que, puesto que, ya que, en consecuencia, por esta razón...）、转折（pero, sin embargo, no obstante, con todo, empero....）、让步（aunque, a pesar de, si bien, pese a que....）、假设（si, en caso de que, dado el caso de que, a menos que, a no ser que...）、条件(en condición de que, siempre que...）等关系的连接词或短语都可以找到汉语的对应词语。

但是，可译性是相对而言的，必须要看到其限度，就是说语言的转换并非是在各个层面上都可以相通相应，甚至相互补正。例如，在语言文字结构、惯用的语言搭配、表达法、语义表述、文化内涵等方面都会产生翻译障碍，使得许多信息难以准确地转换成另一种语言符号。下面仅举几例加以说明：

例 1. “Como cualquier madre de hoy, ha incorporado a su vocabulario buena parte de la jerga coloquial de sus propios hijos. Usa con espontaneidad un batiburrillo de locuciones muy de andar por casa, como *me da corte*, *ni fu ni fa*, *salí despendolada, me quedé de un aire, ¡menuda horterada! ...*”

(Pilar Urbano: *La Reina*, p.30)

译文：“她就象如今的那些母亲一样，说起话来总会掺杂不少自己子女们常用的口头禅。她很自然地说出象*我太尴了，马马虎虎过得去，我疯掉了，我惊得无语了，难看死了*这样一些杂七杂八的家里说的大白话。”

点评：关键在于如何用同样的口吻把那几句非常俚语化的表达方式译成中文。

例 2 “Se sienta el rey. Me siento yo. Cruza las piernas. El. Yo no. Pero en cierto momento se me caen los folios, y el rey se agacha bajo la mesa sin dejar que me incline a recogerlos. Si no fuese el rey, yo diría que *es todo un caballero*.”

(Ibid, p.330)

译文：国王坐下了。我也坐下了。他翘起了腿。那是他。我没有。但是后来我手中的纸页掉在地上，于是国王俯身从桌下捡了起来，没让我弯腰。他要不是国王的话，我真想说，他可真是一位绅士。

点评：例 2 的语言并不难，难点在最后一句“他要不是国王的话，我真想说，他可真是一位绅士。”但是绅士一词在西文另有一层含义：骑士。根据古代西班牙的等级制，国王和王室成员处在最高层，这一特权地位来自于血缘和继承制；骑士是贵族中的下层，其头衔是凭借战功而获取的。如果对国王说：“您真是一位骑士”，似乎不是恭维，倒像是给国王降了级。所以，这句话的幽默色彩在于“国王”和“骑士”之间的级差。汉语很难把这个亮点表现出来。看来，如若让读者明白，有时加注是必须的。

下面的句子也并非不可译，但是有点不好译。其背景是 2004 年西班牙大选前夕，当时西班牙工社党（PSOE）领袖萨帕特洛（José Luis Zapatero）已经稳操胜券。

El candidato socialista a la presidencia de España camina a grandes zancadas; sin atajo, pero en línea recta. Uno se pregunta qué número calza este Zapatero.

学生可以试译这句话。

建议：

学生们可以从中文和西班牙文分别找出若干“不可译”的词汇，尝试着用译出语做解释。例如：gazpacho, faraona (para gitanos)；本命年、华表等。

翻译练习 1

I. 翻译下列词组或短语，如果有中文相对应的概念，请标出。

1. Cortes Generales (de España)
2. Judas
3. política de avetruz
4. cuello dorado
5. cuello verde
6. encontrar su (mi, tu...) Waterloo
7. el talón de Aquiles
8. Distrito Federal (México)
9. el parque de atracciones
10. Secretario de Estado(EE.UU.)
11. Departamento de Estado (EE.UU.)
12. testigo ocular
13. fuerza mayor
14. abuso de autoridad

II. 翻译下列句子，注意词序和语序的译法。

1. Josué de Castro declara: "Yo, que he recibido un premio internacional de la paz, pienso que, infelizmente, no hay otra solución que la violencia para América Latina."
2. La frase pronunciada por el Rey de España durante la celebración de la XVII Cumbre Iberoamericana, celebrada los días 9 a 11 de noviembre pasado en Santiago de Chile, ha estado y aún está en boca de todos. Le han puesto música y se ha convertido en el tono preferido de los teléfonos móviles, el último y más inequívoco signo de aceptación popular. *¿Por qué no te callas*? Ha dado la vuelta al mundo y podría ser igualmente un magnífico

título para una película del genial Almodóvar.

(*Contrapunto*, N.11, 2008)

3. El gobierno iraquí de Al Maliki ha prometido que tanto la Ley del Petróleo como la reforma económica serán fieles al principio de participación equitativa de todos los grupos étnicos y religiosos y todas las provincias en el reparto de la jugosa tarta de los ingresos petroleros, de la que la minoría sunni se reclama desplazada.
4. He cruzado un puentecillo de piedra. Al otro lado hay cuatro soldados de la Guardia Real vestidos con traje caqui de faena y tocados con boina azul. Por el *walkier-talkie* han debido de advertirles de mi llegada. Se cuadran y me dan el paso. A partir de ahí arranca una empinada cuesta, en curva y contracurva muy cerradas, que lleva hasta palacio.

(Pilar Urbano: *La Reina*, p. 20)

5. Cuando llego a donde ella está, detengo el coche. Me llaman la atención sus ojos, grandes y bellísimos. Y su mirada suave, pero altiva. No pestañea. Me mira fijamente. Pienso: "Está claro que, de las dos, es ella la que domina la situación".
6. China puso la mira en América Latina para experimentar con su *yuan*, o *renminbi*, como una nueva divisa en reemplazo del dólar, aprovechando la creciente expansión de su comercio e inversiones. Pero debido a que el volumen aún es insignificante, el impacto en las economías de la región es una incógnita.
7. A la larga, la actual reforma creará condiciones para eliminar el déficit financiero de sector público y mejorar la balanza de pagos. La reforma estructural abarca principalmente dos aspectos: reestructurar el sector público y reformar el sistema del comercio exterior.

第3讲 修辞与译品的处理

翻译不是简单的词语转换，也不是把原文的意思说清楚就行，一篇好的译文要传达出表层和深层次的信息，完成语篇的各个功能，能传递修辞和文体风格的效果，不仅达意，还要再现原文的审美功能。如果一篇精彩的文章遭遇了一位蹩脚的译者，那么文章将“será asesinado”；反之，一位称职的译者会使原作精彩再现。

翻译本身是一种再创造的工作。

3.1 修辞的处理

修辞手段的恰当运用无疑会增加译文的表达力度，会凸显原文的语言魅力。西班牙语对于修辞的运用和研究古已有之，其分类极为丰富。由于汉语和西班牙语的修辞格有一些是基本对应的，在翻译时就应尽量传递出原文的修辞效果。

在《哈瓦那宣言》中有这样两段译文，都采用了类似对称、排比、比喻、委婉语等修辞手法，在译成汉语时，再现了原文的风格：

例 1. *"Treinta y dos millones de indios vertebran—tanto como la misma Cordillera de los Andes—el continente americano entero. Claro que para quienes lo han considerado casi como una cosa, más que como una persona, esa humanidad no cuenta, no contaba y creían que nunca contaría. Como suponía, no obstante, una fuerza ciega de trabajo, debía ser utilizada, como se utiliza una yunta de bueyes o un tractor."* （p.70）

译文："3 200 万印第安人，正像安第斯山脉一样，构成整个美洲大陆的脊梁。当然，对于那些几乎只把他们看做一件东西而不是看做人的人们来说，这批人现在不算数，过去不算数，而且将来也永远不算数。但是作为一种盲目的劳动力，他们应该被利用，就像利用一对公牛或一台拖拉机一样。"

例 2. *"En consecuencia, la Asamblea General Nacional del Pueblo de Cuba proclama ante América:*

El derecho de los campesinos a la tierra; el derecho del obrero al fruto de su trabajo; el derecho de los niños a la educación;..." （p.14）

译文："因此，古巴人民全国代表大会向美洲宣布：农民有取得土地的权利；工人有享有他们劳动果实的权利；儿童有受教育的权利；……"

散文作者往往在修辞上精益求精，在尺幅之间展现博大的思想空间和外在世界，因此我们要尽力描摹出其修辞的精彩所在。下面再举两个例子：

例 1. *"El otoño es la miel. Gotea su transparente ámbar sobre las frondas y les regala su perfumada presencia cuando ensayan la sinfonía patética del crepúsculo del año."*

——Guillermo Díaz-Plaja: *España en sus espejos*

译文：秋天是蜜，它把透明的琥珀滴落在树冠上，播撒下自己的芬芳，而此时树木奏起了年终黄昏的凄楚乐章。

例 2. *"México es una tierra de pañolones de color carmín y turquesa fosforescente. México es una tierra de vasijas y cántaros y de frutas partidas bajo un enjambre de insectos. México es un campo infinito de magueyes de tinte azul acero y corona de espinas amarillas."*

——Pablo Neruda: *Confieso que he vivido*, p.186

译文：墨西哥是一块披着猩红色和闪着荧光的绿松石色大披肩的土地。墨西哥是一块制作形形色色陶罐和陶坛的土地，是一块在水果上落满小蜜蜂的土地。墨西哥是一片长满镶着金刺的钢青色龙舌兰的无边原野。

例 3. *Protagonista y receptor de los mayores aplausos en un teatro a rebosar fue el cantante Chico Buarque, que abanderó las muestras de apoyo a Rousseff, candidata a la presidencia, sentada a su lado junto a otros mitos de la izquierda brasileña, como el centenario arquitecto Oscar Niemayer, el arquitecto de Brasilia.*

—Lula no habló bajito a Estados Unidos y no habló alto a Bolivia y Paraguay, ejemplificó Buarque al subrayar la necesidad de que continúe esa política exterior.

译文：在这家挤满了人的剧院里，最引人瞩目和最受追捧的就是歌星奇科·布瓦克，他领导着支持总统候选人罗塞夫的行动。此时，罗塞夫就坐在他旁边，周围是几位巴西左翼力量的传奇人物，包括百岁建筑专家奥斯卡·聂马耶——首都巴西利亚的建筑师。

“卢拉对美国从不低声下气，对玻利维亚和巴拉圭也不趾高气扬”，布瓦克强调必须延续这种外交政策时说道。

例 4. *No todo será un camino de rosas para Obama. Detrás del brillante horizonte de su victoria se esconde el trueno. Aumento de la criminalidad, megarecesión económica, más desempleo y más pobreza son la otra cara de EE.UU. de 2009.*

译文：对于奥巴马来说，并非一切都将前途似锦，在胜利的光辉背景之下，还隐藏着危机。犯罪率增加，经济大萧条，越来越多的失业率和贫困现象，这些都构成了 2009 年美国的另一面。

上面的例句都使用了隐喻，这是一种常见的、被普遍应用的修辞手段，也是一种具有文化特质性的思维方式和认知手段。汉语和西语的隐喻有许多共性，因此是可译的。例如：动力—fuerza motriz，山脚—pie de la montaña，棘手—espinoso，铁石心肠—corazón de piedra，河口—boca de río。但是，我们也应该看到，两种文化和思维的差异也造就了汉西隐喻的个性，本体相同而喻体不同的现象比比皆是，给翻译带来了很大困难。

我们在翻译隐喻时，应该尽量遵从三项基本原则：保持原文（西文）的隐喻特征，传导西汉隐喻的关联文化内涵，因地制宜地弥补喻体的缺失。我们从这四个例句的译文可以看到，译者忠实地把原文的喻体“移植”到汉语中，如“蜜”、“琥珀”、“黄昏”、“绿松石色”、“青钢色”等，用一个“是”字把本体和喻体连接起来，既保留了原著者语言特征，也保留了其文化内涵，同时也基本显现了原作的高度审美水准。

即使是政论文中，人们也喜欢运用各种修辞手段来加强表现力。例如：

¨La Cumbre sobre Biodiversidad es como un barco a la deriva sin capitán que lo dirija. En Curitiba, Brasil, han fracasado las negociaciones para trazar un camino para detener la biopiratería, dotar de financiación adicional a las áreas protegidas, establecer reservas marinas en aguas internacionales y prohibir las talas ilegales y el comercio vinculado a ellas.¨

译文：在巴西的库里提巴举行的生物多样性峰会就像一艘没有船长指引的迷航的船。那些关于制止对生物资源的破坏、为保护区追加经费、在国际水域建立海洋保护区、关于禁止盗伐林木和相关的非法交易的谈判，都流于失败了。

委婉语也是一种重要的修辞手法，但是在西译汉方面却是个比较棘手的话题。之所以这样说，是因为委婉语不仅是一种语言形态，也是一种社会文化现象，受制于社会标准，也受制于文化观念。当汉语和西班牙语所代表的两种世界观和价值观有距离时，当两种社会形态的发展不对等时，委婉语在两种语言中的界定、形式、内涵、应用范围就会出现差距，反映到翻译上，就是不等值，甚至于缺项。

我们看下面几组西班牙语委婉语词汇与其汉译的对比：

tercera edad（第三年龄段）—汉译：老年
invidente（失明的人，看不见的人）—汉译：盲人
discapacitado（能力不够的人）—汉译：残疾人
retraso mental（思维滞后的人）—汉译：痴呆,智障
obesidad（体重过度）—汉译：肥胖症
escasez de recursos（匮乏）—汉译：贫穷
inmigrante irregular （非正常移民）—汉译：非法移民

从上述例子可以看出汉西双语的差异，显然，有的汉译未能完全符合西语委婉语式的发展。委婉语的使用是社会观念进步的表现，我们在翻译时应该尽量予以体现，也许语言形式会显得稍微累赘，但是语言承载的道德意义毕竟更重要。所以要与时俱进。想当初，国内对残疾人的普遍叫法是“残废人”，甚至对致残的荣军称“残废军人”。似乎是上世纪 70–80 年代才改为“残疾人”，一字之差体现了人文思想的影响和我们社会的进步。

课上练习：下面的例句中都含有委婉语，学生们可以在教师的指导下试译。

1. Los drásticos recortes de fondos a las organizaciones no gubernamentales (ONG)van a agravar aún más la dramática situación, en especial de los más carenciados.

2. El Sr. García Moreno es educador de niños y niñas y jóvenes en situación de vulnerabilidad.

3. Gracias a la ayuda de la ONG en esta ciudad se ha establecido una residencia para la tercera edad y los discapacitados.

4. Un vídeo reveló el pasado un tanto turbulento de Matilde, relacionada con el mundo de las drogas y de fiestas desenfrenadas, lo que motivó que la joven saliera al paso de las fuertes críticas que se le hacían.

西班牙语使用频率较高的另一种修辞手段是夸张（hipérbole 或 exageración），这很好理解。拉丁语族的语言风格历来以张扬、华丽、高调而见长，夸张是一种不太合逻辑但是却迎合了想象力的手法，非常适合拉丁民族的表述方式，我们可以在西语的口语和书面语言中找到很多语例：

例 1. —*¡Cuántas cosas hemos vivido en tan poco tiempo!* ***¡Parece mentira!***

例 2. *El tío tenía una cabrea* ***de mil demonios.***

例 3. *Echó* ***un mar de*** *lágrimas.*

例 4. *Le* ***bombardeaban*** *con sus preguntas malévolas.*

例 5. *Otra vez logró salvarse del atentado. Es un hombre* ***de siete vidas.***

理解不难，难的是如何翻译。汉语和西班牙语的夸张手法不尽相同，没必要完全直译，要考虑到读者的语言习惯。就像把李白的诗句“白发三千丈”，“君不见，高堂明镜悲白发，朝为青丝暮成雪”译成西语，也不能一字不差地移植过去。建议在一般情况下采用意译，或者采用汉语词义相同的词或短语。但是如果夸张的方式可以被接受，则有选择地采用直译。所以上述几句不妨译成：

1. 在这么短的时间里，我们经历了多少事情啊！简直不可思议！
2. 那家伙怒气冲天。
3. 她痛哭流涕。
4. 他们用那些不怀好意的问题对她轮番“轰炸”。

5. 他又躲过一劫，这人有七条命。

课上练习：下面几个例子是用直译还是意译，还是二者混合使用？学生们可以在教师指导下翻译。

1. Para el turista es casi un sacrilegio no visitar por lo menos uno de estos tres centros nocturnos que le dan un sabor muy especial al París de noche.

2. Las críticas provenientes de distintos círculos llovieron sobre el ministro.

3. No voy a mover ni un solo dedo para ayudarle.

4. El ministro de Interior y el ministro de Defensa han tenido que llegar a acuerdos milímetros para evitar encontronazos entre Ejército y Gobierno.

5. Los precios de las matrículas llegan a duplicarse y las asociaciones estudiantiles enseñan dientes.

6. Así de extraño es el mundo, un día la gente echa pestes de tí, nadie te quiere a su lado, todos te dan la espalda, y, al cabo de unas horas, esas mismas personas se matan por estar contigo. En esos momentos tienes la sensación de ser un tío importante, fundamental para los demás/.../ (Elvira Lindo: *Manolito on the road*, p.26)

7. El candidato a la presidencia recorría 2000 kilómetros, visitando palmo a palmo cada ciudad del país con el fin de arañar votos.

8. Cientos de miles de activistas llegados de todo el país piensan aprovechar el momento para hacer oír sus mil y una quejas contra la administración central.

9. El consumo es la nueva religión. Basta con ver a los miles de madrileños que peregrinan cada fin de semana a Plaza Norte 2, hipnotizados por su fe adquisitivo... (*El País*, 16-11-04)

西班牙语一些词形变化也产生修辞效果，比如指小词。指小词（diminutivo）是指词的后缀形式为-ito/-ita,-cito/-cita,-illo/-illa,-zuelo 等的单词。例如：hijito,chiquillo,cosita, papito, mujercita, ladronzuelo。其修辞意义包括小的、可爱的、可亲的、微小的、瘦小的、弱小的、微不足道的、可鄙的等等，既有褒义，也有贬义，既表现亲热和亲昵，也表示鄙视和藐视或者揶揄。翻译时必须注意上下文。请看下面几个例句：

例 1. *Antes del nacimiento de mi hermano menor yo era el ojito derecho de mi padre y el ojito derecho de mi madre. Ahora sólo soy el ojo derecho de mi abuelo Nicolás, pero teniendo en cuenta lo poco que pinta mi abuelo en casa, es un ojo derecho con pocas influencias.* (Elvira Lindo:*Manolito on the road*, p.11-12)

译文：在我的小弟弟出生之前，我一直是我爸爸的**宝贝心肝儿**，也是我妈妈的宝贝心肝儿。现在呢，我只是外公尼古拉斯的肝儿。但是考虑到外公在家里腰杆儿不硬，所以我这个肝儿也没什么用。

例 2.（2000 年墨西哥大选时，候选人之间互相攻击，大爆粗口。其中一位对其对手喊话：）“¡...que seas hombrecito y que no andes de mariquita!”（而另一位候选人对此评论道：）“Sólo se están sacando sus trapitos al sol.”

译文：“你得当个**爷们儿**，别像个娘们儿!”“他们只是在互相揭短儿而已。”

例 3. Mi casa está frentito a la Catedral, en la calle de Santa Teresa.

译文：我家**刚好**在大教堂的对面，就在圣特蕾莎街。

从上面的译文可以看出，指小词并不是在原词前面加个“小”字即可，译文的形式多样，所反映的内涵很丰富。所以 madresita 不必译成“小妈妈”，建议用“亲爱的妈妈”或者按时下年轻人的叫法“老妈”；hijito 也不必译成“小儿子”(特别是如果这个儿子已经过了不惑之年的话)，不妨用“好儿子”、“乖儿子”。

在墨西哥等国指小词被大量使用，不仅是昵称（mujercita, palomita, niñita, viejita, angelita, hijita）泛用，连 ahora 都变成了 ahorita。因此在翻译时，除了关注上下文，还要考虑地区特点。

3.2 词语

译文对用词的要求是选词准确到位。汉语的词汇极其丰富多彩，同义词和近义词数量浩繁，褒义词和贬义词区分明显，书面语言和口语界定清楚，因此选择最贴切的词语并非易事。例如：

“*La UE no tiene nada fácil, con una situación económica precaria, en la que el euro no logra levantar cabeza frente al dólar.*”，这句活可以有多种译法：

（1）欧盟经济形势不稳定，处境艰难，欧元面对美元无法抬头。

（2）欧盟举步维艰，经济形势不稳定，欧元尚不能对抗美元。

（3）欧盟境况不佳，其经济形势不稳定，欧元尚不能与美元抗衡。

上述三个译文中，第（1）句中“欧元面对美元无法抬头”过于拘泥于原文，太口语化，不符合原句的风格。第（2）“举步维艰”比原文 precaria 的程度严重；第（3）的词语表述比较到位，传递出原文 no tener nada fácil 和 levantar cabeza frente a 的含义。

有时原文的词语并不难，难在译文用语要贴切。例如：

例 1. *El rey hachemita tiene un admirable don de gente, sonríe muy a menudo, mira a los ojos del que le habla, y responde sin vacilaciones.*

译文：约旦国王是个很有人缘的人，他时常面带笑容，目光坦诚，回答问题直截了当。

点评：这个句子的难点在 el admirable don de gente，其意思是“了不起的待人接物的能力”，但是这样说太长了，啰嗦。比较贴切、简洁而且有十足中国味的方式是“很有人缘”。

例 2. *La prensa mexicana vivió la semana más roja de todo el gobierno de Felipe Calderón. En cinco días fueron asesinados cuatro periodistas en el sudoriental estado de Veracruz, el más peligroso para ejercer el periodismo en este peligroso país.*

译文：墨西哥新闻界度过了卡尔德隆总统执政期内最血腥的一周，五天中有四位记者在东南部的维拉克鲁斯州遇害。对于媒体记者来说，维拉克鲁斯是这个危险的国家里最危险的一个州。

点评：rojo 是指血腥的，流血的，暴力的，译文选用第一个词较为贴切，因为涉及到死亡；todo el gobierno de Calderón，并不是说卡尔德隆的政府，这里指的是时间，因此用执政期更合适；ejercer el periodismo 如果按照原意译成从事新闻业，似乎过于宽泛，根据前面的介绍，这里应该主要指媒体记者；文中用了两个 peligroso，这属于合理重复（repetición legal），目的在加强语气，因此译文也照此办理。

例 3. *En realidad me avergonzaba de mi hermana, del rabioso carmín de sus labios, de la insistencia por aparecer vestida con los modelos más llamativos y excéntricos, de la estela de perfume penetrante que, horas después de su partida, serpenteaba aún por gelerías, corredores y cláustros...*

译文：事实上，我为我姐姐感到羞愧：她那涂抹得猩红的嘴唇，她那种外出时必穿的招摇的奇装异服，她身上那股刺鼻的香水味，那股气味在她离开后几小时还在回廊间、过道上和修道院里萦绕不散……

点评：在选词上，这一段里有几处要加以注意：rabioso carmín de sus labios, los modelos más llamativos y excéntricos, estela de perfume penetrante。用了这些词语，作者通过一位神学院的学生的视角，活灵活现地勾画出一位妖艳时髦女子的形象。而 serpentear 的本意是弯弯曲曲的蛇行动作，用来形容香水的味道长久十分贴切、传神，因此译为“萦绕不散”。

翻译领导人在正式场合的讲话更要注意译文的措辞。一位拉美国家元首在中国国家主席为他举行的国宴上发表致辞，正文的第一句话是 Dada vuelta por la Tierra he llegado a Beijing。有的译员是这样处理的：“我围着地球绕了一圈之后来到了北京。”意思没错，但是口气不符合这个特定的场合。比较合适的方式是“我环绕地球一周后来到了北京。”

课上练习：下面几句话可以尝试做口译练习，注意选择适当的词语。

1. Los políticos miden mucho sus palabras cuando hablan en público.

2. Vista de cerca, la reina Sofía es quien yo (la autora de su biografía)intuía: un soporte, un valor, un aval.

3. La mirada impersonal del mayordomo le miraba al visitante de pies a cabeza, sin intención ofensiva, pero de un modo eficaz.

4. Sus ojos vagaron un momento por los edificios vecinos, las tiendas, la gran fábrica a la derecha, los bloques de pisos baratos de la acera de enfrente.

5. El flujo masivo de sudaneses que huyen de las guerras desborda los campamentos humanitarios en Sudan del Sur y la consecuente escasez de agua ya comenzó a hacer estragos en los últimos cuatro días.

6. Al sentarse en el despacho oval Obama vio que la crisis financiera y económica lo inundaba todo. Los grandes bancos se hundían, las más sólidas empresas se disolvían como azucarillos y el paro crecía de forma impetuosa y desesperada. No podía mirar hacia otro lado, tuvo que salir al rescate de los bancos, inyectando dinero en el sistema financiero y en empresas como General Motors para que no se desplomaran.

3.3

译法：直译、意译、音译及其他

所谓翻译的方法，在学术界历来争论不休，仁者见仁，智者见智。在我们这本基础翻译理论与实践教材中，不准备对这个题目展开理论上的辨析，而是从翻译的功能和实践效果两个角度略作分析，提出解决问题的建议。我们在这里谈的主要是词语、短语、句子的翻译。

语际转换的方式曾经被归纳成若干类，实际上从意义的角度出发只是两种：直译和意译。

直译和意译的概念比较模糊，可以有不同的界定和理解。根据一般的分类，直译是尽可能把原文的语义和语法结构忠实地再现在译入语中，做到基本对等，也就是**按照西文的原有结构和语言的指称意义进行直接的、忠实的翻译**。意译则是以原文的意思为主，而不是其形式，允许更多的变通，以达到传神达意的目的。

这两种方法还可以再进一步细分。

从效果上看，二者都各有短长。直译的转换效果较完整，与原文对应，有时能传递出原文的语言文化特色，但是其形式刻板，常与译入语的语言规范或思维常态相抵触，影响译文的感染力。意译的长处是灵活，突出了内容，行文贴近译入语的审美原则，但是译者的主观成分多，与原文的形式有异。

直译（Traducción literal）

以下的例子基本上都采用了直译的方法：

lavado de dinero 洗钱
fluctuación de precios 价格波动
silla de ruedas 轮椅
Consejo de Seguridad de la ONU 联合国安理会
foso generacional 代沟
primera dama 第一夫人
alto contenido tecnológico 高技术含量
producto de trabajo intensivo 劳动密集型产品
comercio vertical 垂直贸易

inflación viciosa 恶性通货膨胀
desarrollo sostenible 可持续发展
política de avetruz 鸵鸟政策
lágrimas de cocodrilo 鳄鱼的眼泪
reacción en cadena 连锁反应
efecto dominó 多米诺效应
estar armado hasta los dientes 武装到牙齿
quinta columna 第五纵队
el hombre de las nieves 雪人

以下段落和句子的翻译也大致参照了直译的原则，个别细节做了灵活处理：

例 1. *"El panorama lingüístico es también bastante importante en la unificación indoamericana. El idioma es indudablemente una de las fuerzas unificadoras más poderosas. Pocas áreas geográficas del mundo tienen tanta unidad lingüística. En Hispanoamérica propiamente dicha—es decir en la parte del Nuevo Mundo donde se tiene el castellano como lengua oficial—hay más unidad lingüística que en Europa, Africa y Asia, por ejemplo."* (E. Chang-Rodríguez, 83:7)

译文："语言状况对印第安美洲的统一也是相当重要的。毫无疑问，语言也是最强大的统一力量之一。语言如此统一的地区，在世界上是罕见的。例如，就严格意义上的西班牙美洲来说，即新大陆以西班牙语为官方语言的地区，其语言统一的程度超过欧洲、非洲和亚洲。"

例 2. *Tengo un rayo de esperanza.*
译文：我有一线希望。

例 3. *Sigo creyendo con firmeza que un mundo mejor es posible.* (Fidel Castro)
译文：我依然坚定地相信，一个更美好的世界是可能的。

例 4. Pedro es los ojos y oídos de su jefe.
译文：佩德罗是他的上司的耳目。

例 5. *En el maquillaje de la ópera de Beijing, generalmente el color rojo encarna la valentía y la rectitud.*

译文：在京剧脸谱中，红色通常代表勇敢与正直。

例 6. *Manos blancas no ofenden.*

译文：白嫩的手不伤人。

例 7. *No es oro todo lo que reluce.*

译文：发光的不都是金子。

例 8. *La verdadera meta de nuestro gobierno es el hambre cero.*

译文：本届政府的真正目标是零饥饿。

必须强调一点：直译不是硬译。硬译是不顾译入语的特点和规律，一味将原语的结构和表面形式生硬地照搬过来，仿佛在破译旧时的电报密码，其效果不自然，非驴非马，不能达到交流的功能。之所以出现这样的错误，是因为译者忘记了翻译是一种语际转换活动，是两种语言的互动，而不是原语制约一切的“垄断行为”。译入语必须符合译入语的特点和规律，不能受制于原语而变得面目皆非，令人不忍卒读，更不能扭曲原文的意思。比如：

café americano 美国咖啡（应为淡咖啡）
luces naturales 自然光线（应为智慧）
madre del cordero 母羊（应为关键）

但是也有些词组的直译逐渐被接受了，例如：
carne roja 红肉（牛羊猪肉）
carne blanca 白肉（禽肉）

课上练习（直译）：

1. Siempre entre dos aviones, tres citas y cien proyectos, Pierre Cardin siente cada vez más a menudo la ardiente necesidad de estar más tiempo... no por hastío, sino más bien para recuperar energías, en su casa de campo donde cada mirada aporta calma y voluptuosidad.

2. Hay que prestar atención sobre un colectivo que ha visto empeorar drásticamente su situación económica: los cuidadores no profesionales reconocidos por la Ley de Dependencia.

El Gobierno anunció en julio que se rebajaría un 15% la paga que reciben y que se suprimiría la cotización de la Seguridad Social. (*Diari Tarragona,* 1-10-2012)

3. Hace cinco años, cuando tomó posesión de la Presidencia de los EE.UU. en medio de un tumultuoso entusiasmo, Obama era el hombre que había despertado mayores esperanzas planetarias a lo largo de la historia. Más que un hombre era un mito. El hecho de que un negro, con una mujer negra y unas hijas negras ocupara la Casa Blanca con el voto masivo de los estadounidenses era sencillamente un milagro. En el lenguaje político, una auténtica revolución.

4. Durante la noche del martes último se ha celebrado la fiesta de la Navidad. Hoy todo ha cambiado. El árbol de Navidad está deshojado y todavía saboreamos sus ricos frutos. El obrero ha vuelto al taller, el dependiente al mostrador, el empleado a la oficina, el periodista a la redacción y el aristócrata a la ciudad. El sonido de las copas ha sustituido el golpe del martillo. A los templos en que se reza, los talleres en que se trabaja. Al humo de los incensarios, el humo de las chimeneas. A la noche, el día. ¡A la ilusión, la realidad! (Julián del Casal, *Prosas*, Consejo Nacional de Cultura, La Habana,1963. p.15)

意译（Paráfrasis）

我们再看一下所谓意译的例子。

mesa redonda- 圆桌（译为：讨论会或圆桌会议）
rueda de prensa- 报界轮盘（译为：记者招待会）
guardia de seguridad- 安全的卫兵（译为：保安）
salida de incendios- 火灾的通道（译为：消防通道）
el pan con grano- 带麦粒的面包（译为：麸皮面包）
el café expresso- 意式浓缩咖啡（也可译为：浓咖啡）
ley de la selva- 丛林法则（也可译为：弱肉强食）
echarse al monte- 上山（译为：落草为寇，造反）
índice de audiencia- 听众指数（译为：收视率）
punto álgido- 冰点（也可译为：关键）

许多成语和习语都采用意译的方法。例如：
Del árbol caído todos hacen leña.

墙倒众人推

Quien siembra viento recoge tempestad.

种瓜得瓜，种豆得豆

Más vale tarde que nunca.

亡羊补牢，犹未为晚

Empezar con pie izquierdo.

出师不利

Abril y mayo, las llaves de todo el año.

一年之计在于春

在60年代，有一部墨西哥电影风行我国，片名叫*Juana el gallo*。如果完全直译，就是《胡安娜雄鸡》。对于中国观众，这个名称有些莫名其妙。影片上映时，此名译成了《勇敢的胡安娜》，因为el gallo（雄鸡）有凶悍、威猛的含义。

在此，我们要重复傅雷先生的论述："翻译应当像临画，所求的不在形似，而在神似。"

当然也要强调一点：意译不是译意，那样的话，所谓译文就降格为释义了，在笔译中是绝不可取的。在以后的篇章里我们将进一步对此展开分析。

音译

这是一种根据语音来转换的方法，就是将译出语的词汇用译入语的发音予以表示。之所以采用音译，往往是因为原文的词语在汉语中缺项，也就是说，在汉文化中没有相应的表示。

音译包括全音译、音译+意译（或加通字，即译出原文的所指）和音译+注解。

全音译的例子：

Azorín	阿索林（西班牙作家）
Tarragona	塔拉戈纳（西班牙城市）
Sol	索尔（秘鲁货币）
Inca	印加王（南美印第安古国的君主）
El Niño	厄尔尼诺（自然气候现象）
La Niña	拉尼娜（同上）
Don Juan	《堂璜》（文学作品）
Pepita Jiménez	《裴碧塔·希门内斯》（同上）
Carmen	《卡门》（同上）

音译+意译的例子

Granma 格拉玛报
Nueva España 新西班牙
isabelino 伊莎贝尔式的
barroco 巴洛克式的
el jerez 雪利酒
el licor 利口酒
dalia 大丽花
la china poblana 普埃布拉的中国姑娘

音译+解释的例子

huipil 薇披尔（墨西哥印第安人的一种女式无袖绣花上衣）
guayavera 瓜亚威拉（一种拉美传统风格的男式上衣，夏装，有纹饰）
quena 盖纳（一种南美印第安人的传统乐器，类芦笛）
taco 塔科（玉米饼卷肉，一种墨西哥风味小吃）
zarape 萨拉佩（一种中美洲印第安风格的披毯）
poncho 蓬秋（一种南美洲印第安风格的披毯）

3.4 译品的类型：全译、节译、编译

根据具体需要，也就是根据翻译的目的，译者对原文可以采取不同类型的处理，最主要的有全译、节译（选译）和编译。

3.4.1 全译

全译是从头到尾完整地翻译一部作品，不得遗漏或无故删减，保证其全面性。采用全译方法的作品类型通常包括经典文学著作、学术著作、法律文件、外交文书、政府公文以及其他有特殊价值的文字。

3.4.2 节译

节译或曰选译是一种常见的方式，有时由于时间的关系，或者是原文过于冗长，仅

仅需要原作品的一部分即可，那么译者要根据要求，译出所选定的一部分，而这一部分一定是有针对性的或者有代表性的。节译（选译）是科技类、经贸类、通俗文艺类、一般信函类文体常常采用的形式，完成的速度快，便于读者浏览，以尽快掌握所需的信息。节译时，对行文可适当地删繁就简，以达到突出重点的目的。

3.4.3 编译

编译是在翻译的基础上，对文字和结构做适当的处理，以适应读者对译文的要求。处理方式包括：

1）根据译文的目的（向某上级机关所做的上报材料、给新闻部门发的新闻稿、贸易公司索取的对产品、市场或相关公司的资料等），重新调整结构，整合段落，以便突出核心内容；

2）在不损害原意的情况下，加工文字（如增加连接词和必要的释义），删除次要的成分（某些修饰语、连接词、语段等），调整词序或句法，使译文更加顺畅，更加符合读者或客户的要求。

切记一点："编"仍然是翻译和释义，绝不是改编信息。如果原文与政治或社会类题材相关，译者必须严格沿袭原作者的立场和观点；如果是经贸类或科技类，译者必须尊重原作者的信息标准，不能任意改动，不能掺入个人色彩。必要时，可加上"作者认为"，"作者的结论是"等字样。切记，此处所说的"作者"是指原作者，并非译者。

下面选取一篇短文作为编译练习的例子。

Nuakchot. *Abdalá al-Senusi, cuñado de Muamar Gadafi, ex jefe de la Inteligencia militar y uno de los pilares del depuesto régimen libio, fue detenido ayer a su llegada al aeropuerto de Nuakchot, procedente de Casablanca. Al-Senusi, de 62 años, portaba un pasaporte maliense falsificado y las autoridades de Trípoli ya han solicitado su extradición inmediata. Mientras, Francia—que le vincula con un atentado que en 1989 segó la vida de 54 ciudadanos galos y otras 116 personas que viajaban a bordo de un DC-10 que explotó en pleno vuelo—anunció que hará lo propio en las próximas horas.*

El ex director de Inteligencia del régimen de Gadafi llegó a Nuakchot en un vuelo regular de la aerolínea marroquí Royal Air Maroc (RAM).Muchos son enigmas que rodean la llegada por sorpresa de Al-Senusi, al que se suponía arrestado desde el pasado noviembre. Por lo menos así lo había informado entonces el Gobierno libio, aunque nunca había publicado imágenes que confirmasen la noticia. Otra de las interrogantes que se plantean es si Mauritania era su destino final o se trataba sólo de una etapa transitoria para dirigirse a otro país.

编译译文：

昨天，前利比亚军情局局长、卡扎菲的妹夫、62 岁的赛努西从摩洛哥的卡萨布兰卡乘坐普通航班到达毛里塔尼亚首都努瓦克肖特，在机场被捕，他的护照是伪造的。利比亚当局已经向毛里塔尼亚方面申请立即引渡赛努西。与此同时，法国政府也将提出同样的请求，因为法方认为赛努西与 1989 年造成 54 名法国人和 116 名其他国家乘客丧生的空难事件有关。

关于这位利比亚前政权的核心人物——利比亚现政府曾宣布早已将其绳之以法——如今如何出现在努瓦克肖特机场以及其旅行的最终目的，仍存在许多疑点。

我们可以看到，编译的译文保留了原文的主干（时间、地点、人物、关键情节），甚至主要细节，只是结构和顺序略作调整，去掉少数无关宏旨的成分，突出了重点，保证了语义和逻辑的连贯。

以上三种方式，全译最忠实原文，节译次之，编译离原文稍远。但是，其总的原则都是不能偏离原文的实质内容，不能改动原文的实质信息。

在实际工作中，译者接触后两种方式的机会往往比全译还多，因为为了尽快获取最新和最需要的信息，只有最为经济和快捷的途径才是可取的。这一点特别体现在新闻、商贸公司或机关的文牍上。

需要指出的是，近年来在一些已出版的经过所谓节译或编译处理的文章上，常常看到译者不尊重原文，任意改动内容，对难译的部分轻率地予以删除，甚至将自己的主观臆断强加到译文中， 使译文与原文脱节。这种译法既不是节译，也不是编译，而是篡改。

翻译练习 2

I.　请用直译的方法翻译下列词组和句子：

1. megarrecesión de 2009
2. recortes de emisiones de CO_2
3. economías emergentes
4. energías renovables
5. Más bien morir a pie que vivir de rodillas.
6. asignaturas obligatorias

7. lluvia ácida
8. convenio de diversidad biológica
9. contaminación fluvial
10. Convenio Marco sobre el Cambio Climático
11. Banco Europeo para Reconstrucción y el Desarrollo
12. cadena de producción
13. cadena franquiciada
14. Comisión Económica para América Latina y el Caribe (CEPAL)
15. medidas antiinflacionistas
16. Organización Mundial para la Defensa de la Propiedad Intelectual (OMPI)
17. sociedad de inversión inmobiliaria
18. meter un gol
19. problemas de focos calientes
20. política de garrote y zanahoria
21. bebé probeta
22. niño de edad escolar
23. litigio civil
24. Comunidad de Estados Independientes (CEI)
25. foso generacional
26. reserva de divisas
27. inmunidad diplomática
28. tierra rara
29. círculo vicioso
30. Fuerzas de Operaciones Especiales (FOE)
31. En Europa los drásticos recortes en el gasto público no hicieron más que agravar la crisis económica, prolongar la recesión, empeorar la pobreza e, incluso, aumentó la mortalidad entre las personas mayores.

II. 请用意译或其他变通的方法翻译下列词组和句子：

1. épocas de vacas flacas
2. poder adquisitivo
3. acoso sexual
4. equidad de género

5. planificación familiar
6. Cualquier tiempo pasado fue mejor.
7. El que no se arriesga no pasa la mar.
8. Don dinero es gran caballero.
9. ¡Patria o muerte!
10. En América Latina hay 15 millones de niños de la calle y 30 millones de menores que trabajan. Los más olvidados son los indígenas y la marginación de la mujer hace que lo peor sea nacer niña y negra o indígena.
11. En víspera de la fiesta, las calles del casco urbano de Madrid terminan su lavado de cara.
12. A lo largo de estos años de trabajo nuestro grupo ha recibido aplausos por los éxitos, pero los palos también han sido inevitables.
13. Hacer de las calles del casco histórico de Barcelona un espacio más humano, donde peatones y coches pueden convivir sin apabullarse—más los segundos a los primeros, es el obejtivo del plan de reforma de estas calles que cofinancian las administraciones local, regional y central y la UE.
14. César o nada.
15. viaje sorpresa

III. 请用编译的方法处理下面的短文：

El tráfico aéreo permaneció obstaculizado en la mayoría de los principales aeropuertos europeos este sábado, dejando varados en tierra a millones de viajeros en todo el mundo, al tiempo que la nube de cenizas volcánicas continuó su progresión hacia el este y el sur del continente.

Por lo menos 16.000 vuelos fueron anulados el sábado en el espacio aéreo de Europa debido a la nube de cenizas volcánicas, anunció el sábado la organización europea para la seguridad de la navegación aérea, Eurocontrol.

“La nube de cenizas volcánicas seguirá perturbando la situación en las próximas 24 horas,”dijo la organización en un comunicado.

“Ningún despegue ni aterrización es posible para aparatos civiles en la mayoría de los países del norte y centro de Europa,”afirmó Eurocontrol.

“El espacio aéreo del sur de Europa, que incluye a España, el sur de los Balcanes, el sur de Italia, Bulgaria, Grecia y Turquía, sigue aún abierto y hay vuelos previstos en esos países,”añadió la organización.

La erupción del volcán noruego no mostraba signos de clamarse y los expertos advirtieron que podría durar varias semanas.

(*Correo del Orinoco*, No.226, 2010)

IV. 翻译下列句子，注意对修辞的处理。

1. América Latina huele de nuevo a pólvora. El poderoso vecino del norte, los EE.UU. mandaron su tropa a invadir un pequeño país: Grenada. No es la primera vez. Washington ha metido las narices en las ollas calientes de las Américas. Es el Gran Hermano, el Superpoli.
2. Bellver es una pequeña población situada a la falda de una colina, por detrás de la cual se ven elevarse, como las gradas de un colosal anfiteatro de granito, las empinadas y nebulosas crestas de los Pirineos. Los blancos caseríos que la rodean, salpicados aquí y allá sobre una ondulante sábana de verdura, parecen a lo lejos un bando de palomas que han abatido su vuelo para apagar su sed en las aguas de la ribera. (Gustavo Adolfo Bécquer, *Rimas y Leyendas*, p.159)
3. Delante parecía que se volcase toda la lumbre del cielo, dorando la iglesia, el portal del convento y la cruz de piedra roída de la plazuela enlosada.

   Desde allí se alcanzaba el ancho valle, rubio, callado, dormido, bajo el sol poniente.

   A la izquierda, levantábase un monte agudo y moreno. Una senda subía violenta, penosa, equivocándose, hasta el pico de la cumbre, donde blanqueaba, como un pañal tendido, la ermita de un santo. Era un monte, un sendero, y una ermita de fondo azul de cuadro antiguo.

(G. Miró, *Libro de Sigüenza*, p.32)

第二篇

翻译的基本技巧与实践

第 4 讲 翻译的程序

每位资深翻译都有自己的一套工作方法，但是通常都是在拿到原文作品之后，首先通读全文，了解背景，掌握脉络，熟悉语言，此为第一步；动笔时，从基本单位按顺序一步步地展开，此为第二步；译文基本完成后，需要严格认真的校对，此为第三步。

那么，我们在做翻译时具体从哪里入手呢？翻译的基本操作单位是什么呢？

4.1 解读与表达

我们常常看到学生们在拿到一篇原文时，提笔就译，对文章的内容和文体还不甚了解，全凭一个“译得快”支撑。这种做法是错误的，译文质量很难得到保证。

比较规范的做法，是把翻译的单位贴近语言单位，即音位（字位）—词素—单词—词组—句子—语段—篇章等各个层级。但在解读语篇时，往往**反向用之**，即从宏观到微观，整体到局部，从大到小，由表及里。否则，容易挂一漏万，或者局部准确，而整体失偏。

我们可以从以下几个环节实施操作。

4.1.1 相应的背景知识

无论什么题材和体裁的作品，在翻译落笔之前都要通读一遍，掌握基本内容；如果是文学或社会科学作品，初读也是认识作者的一个重要步骤：了解其观点、立场、主张、语言风格。

比如我们手头有一篇西班牙记者对基辛格博士的电视采访需要翻译成中文，首先我们要知道谁是基辛格，否则，对于他说的“He nacido para escribir la historia”这句话可能不理解：historia 指的是故事，小说还是历史？他的身份到底是什么？为什么记者称他为 profesor, 还提出了象“Después de haber dirigido durante años el destino del mundo, ¿cómo se siente al verse transformado en un espectador?”这样的问题？他的主要业绩是什么，为什么记者称他为 el primer experto del mundo en cuestiones internacionales，等等。我们在通读全文并查找资料之后得知：基辛格博士曾经担任两届美国政府的国务卿，现在是一系列重要美国国内和国际机构的顾问并领导若干研究机构，被聘为哈佛大学的教授，是美国 70 和 80 年代的外交风云人物，起过开拓性的作用，包括协助尼克松总统制定并实施访华和中美建交的战略举措，他是犹太移民的后裔。掌握了这些内容之后，我们对这篇采访就不再陌生了。

4.1.2 翻译的单位

了解了语篇的背景和相关的宏观知识之后，就进入直接解读语言的阶段。

首先我们要知道什么是翻译的单位，翻译学界对于这一点的争论颇多。

从教学的角度看，基本单位应该是具有完整意思的句子，意足为句，而不是句子中的某个词。但是句子是由词组成的，词是表达概念的最小单位。学生们在做翻译时，往往盯着一个个的单词，通过查字典找出意思，再一一串联成句。殊不知，词必须组织在语言信息系统中，准确的翻译应表达出“词语的句法组织程序”（刘宓庆）。通俗地说，脱离上下文的词，未必能表达完整的意思，而且往往无法与原句或原段落衔接。

例如，Halcones inquietos por repliegue en Iraq. 这是一篇新闻报道的标题。一个字一个字地查找对应的意思，就会排列成这样的文字：鹰群—不安—由于—撤出—伊拉克。但是如果把这句话放在文章的整个信息系统之中，就可以很容易地译成：鹰派人士对美军撤出伊拉克而感到不安。

具体来说，翻译单位可以有语言单位的的各层级，例如：音位层级的 Cola Cao（高乐高）；词素层级的 telefax（电话传真）；词层级的 Ella es catalana.（她是加泰罗尼亚人）；词组层级的 Se divirtió **de lo lindo**.（他玩得很开心）；句层级的 Se puso las botas.（他发迹了）；句群层级的以诗歌翻译为主。

但是尽管如此，经常作为翻译单位的主要是词组、短语和一些意义不能分割的短句。例如：

词组—planificación familiar（计划生育），noche vieja（除夕），abuso de niños（虐待儿童），disco interno（内驱动器），muela del juicio（智齿），caballo de fuerza（马力），venta al por mayor（批发）

短语—a contra pelo（不合时宜地），a todo trapo（全力地，全速地），hasta los topes（已到极限），canto de sirena（糖衣炮弹，危险的诱惑），espada de Damocles（危险一触即发，达摩克里斯之剑），a toda costa（不惜一切地），Del mal, el menos（两害相权取其轻）

短句—Ya basta（够了！). Es el colmo（够了！). No me digas（真的吗？）

在上述例子中，我们可以看到，一个符号有时并不能构成一个意义单位（a—todo—trapo，venta—a—por—mayor），一个实词也并非是一个完整的意义单位（planificación familiar 不是家庭的规划，noche vieja 不是旧的夜晚），所以在翻译时我们寻求的是一个意义不可切割开的基本单位，这样才能避免电报式的词字对应的死译。

资料链接

名词解释：

音位（fonema）—是一个语音系统中能够区别意义的最基础语音单位。

语素（morfema）—是语言中不能独立运用的最小音、义结合体，是词的构成部分。

短语（frase）—两个或两个以上的词，在词义搭配允许的情况下，依照一定的语法规则组合在一起，即成短语。短语也叫词组。

（参考赵士钰教授的《汉语、西班牙语双语比较》，外语教学与研究出版社，1999）

4.2 文风翻译：风格学的诠释

能够将原文的风格较完整地用译入语传达出来，那是译文的高境界，充分体现出译者的功底。对于我们本科高年级学生来说，尚难以达到这样的水准，但是这不等于说我们可以置原文的风格于不顾，把任何文风都混为一谈。

在基础翻译的学习和实践中，学生们应该在充分理解原文的前提下，至少能够区分出不同文体的写作风格，然后在译文中予以体现，例如口语和书面语言的区别；能够感觉到各种社会文化因素造成的区别，例如口语中不同阶层人物的话语风格；能够尊重书面语言方面各类体裁的风格特点，例如政论文、学术论文、文学作品、演讲、新闻报道、外贸应用文等。请看下面几例：

例 1. *"Mira quien acaba de colarse en el bar...Teresa López. Oye, esta noche está de gala.¡Es una verdadera buenona!"*（《西班牙语俚语》，16 页）

译文："快看谁来泡酒吧了……是特雷莎·洛佩斯。你看哪！今晚她可是一身光鲜哪！真靓！"

例 2. *"Soy una persona religiosa. Voy a misa. Los domingos lo hago con mis nietos aquí en Zarzuela, en la ermita del jardín. Al casarme pasé a ser católica sin problemas, porque la religión es la misma. Lo hice sin renegar del pasado. Lo único que cambian son las liturgias, los ritos, pero no la esencia de la religión."* (Carmen Enríquez Medina, *Doña Sofía,* p.43)

译文："我是个教徒。我做弥撒。礼拜天，我就和我的几个孙子在萨苏埃拉宫花园里的小礼拜堂做弥撒。婚后，我很顺利地成了天主教徒，因为宗教本为一体。我这样做并不是否定过去。唯一改变的只是那些典仪，那些宗教仪式，而宗教的本质并没有改变。"

例 3. *Después de hacerlo los presidentes de las Cortes, Congreso y Senado, el Rey rubrica con su pluma de oro el texto constitucional dispuesto en un ejemplar especaial del Boletín Oficial de las Cortes. Fuerzas de los tres Ejércitos se preparan en el exterior del Palacio para iniciar un solemne desfile. La fórmula de la sanción regia de nuestra Ley de leyes proclama:*

"Don Juan Carlos I, Rey de España. A todos los que las presentes vieren y entendieren, sabed: Que las Cortes han aprobado y el pueblo español ratificado la siguiente Constitución. Por tanto mando a todos los españoles, particulares y autoridades, que guarden y hagan guardar la Constitución como ley fundamental del Estado." (José Oneto, *Todo un Rey*, p.224)

译文："议长和参、众两院主席履行了程序之后（指在宪法上签了字之后——编者注），国王用他的金笔签署了宪法。宪法的文本将刊登在议会的《官方简报》所发的特刊上。在议会大厦外面，陆海空三军整装待命，即将举行庄严的阅兵式。

国王在宪法上的御批如下：

"西班牙国王堂胡安·卡洛斯一世，晓谕所有已拜读并理解宪法的人：这部宪法业已获得议会通过，并且得到西班牙人民的批准。因此，我命令所有的西班牙人，个人与政府官员，遵守宪法并把宪法作为国家的基本法而加以维护。"

例 4. *Así pasaron muchos meses. Tanto el pastor como el cordero redondearon sus formas carnales, especialmente el rumiante que apenas podía seguir a su zagal de gordo que se puso. A veces entraba parimoniosamente a mi habitación, me miraba con indiferencia, y salía dejándome un pequeño rosario de cuentas oscuras en el suelo.*

(Pablo Neruda, p.269)

译文：这样过了好几个月。牧羊人和羊羔的体型都变圆了，尤其是那只羊，它的个头都快赶上它那胖墩墩的牧羊人了。它有时小心翼翼地走进我的房间，漫不经心地看看我就走了，在地板上给我留下一串黑色念珠。（林光　译）

例 5. *La verdad es que sólo hacía diez minutos que habíamos dejado a mi madre llorando en el portal, como despiden las madres a los niños que se van a una guerra cruel. Mi padre tuvo que arrancarme de los brazos de mi madre. No le fue fácil. Mi madre podría trabajar de pulpo en un acuario, cuando te rodea con sus brazos es muy difícil asegurar que saldrás con vida.* (Elvira Lindo, *Manolito on the road,* p.28)

译文：说真的，我们 10 分钟前刚离开我妈妈，她在大门口哭着，就好像那些母亲送别要去打一场恶战的孩子一样。我爸爸不得不把我从她的怀里拔出来，这可不容易。我妈妈简直可以在水族馆里当一条章鱼，只要她抱住你，你很难活着挣脱出来。

第一个例子的语言是俚语，是街头口语，时下年轻人在酒吧这类场合喜欢使用。译文要尽量贴近说话人的俏皮、随意的风格。第二个例子是西班牙王后索菲娅在接见记者时说的一段话，虽然用词平常，但是很规范，平和，透露出王后的雍容大度。这段译文读起来朴实而谦和，同时又在字里行间流露出良好的修养。第三个例子类似官方文牍，使用了一些在其他文体中鲜见的字眼，如“御批”、“晓谕”等，以适应国王的身份。第四个例子摘自聂鲁达的《回首话沧桑》，讲述他和一个牧人及一只羊的故事。那只羊常独自踱进诗人的房间，离去时在地上留下几颗羊粪蛋。而诗人给这个有些难登大雅之堂的细节用了一个非常美妙而又不失幽默的比喻：一串黑色的念珠。译者忠实地保留了这一修辞形象，凸显了诗人的善良和幽默，也传递出原作风趣的风格。最后一个段落取自在西班牙曾风行一时的儿童文学作品《马诺利托》(*Manolito*)，说的是小学生马诺利托和爸爸远行前和妈妈告别的场景。从孩子的角度和语言来描写一位感情极其外露的妈妈，夸张而幽默，读起来十分生动。

如果我们不顾原文的文风特点，效果会大相径庭。

在笔译方面，举例来说，同样是文学大家，阿索林与聂鲁达的风格截然不同，前者以朴素自然、孤寂沉郁见长，后者则以雄浑大气、挥洒自如为特点。翻译时，译者要调动一切语言文化资源加上想象力和创造力予以配合，使译文即使不形神兼备，也要形似。同时，我们还可以发现，有些大师擅长用短句，语言简单；而有的则喜欢用环环相扣的长句，并且用词深奥，甚至晦涩。译者决不能擅自做主，替大师们把短句凑成长句，或把长句裁成短句，更不能更改语言风格。

下面的语段摘自《孤独的迷宫》，众所周知，帕斯的风格独步拉美文坛，译文只能亦步亦趋。

Viejo o adolescente, criollo o mestizo, general, obrero o licenciado, el mexicano se me parece como un ser que se encierra y se perserva: máscara el rostro y máscara la sonrisa. Plantado en su arisca soledad, espinoso y cortés a un tiempo, todo le sirve para defenderse: el silencio y la palabra, la cortesía y el desprecio, la ironía y la resignación. /.../ Su lenguaje está lleno de reticencias, de figuras y alusiones, de puntos suspensivos; en su silencio hay repliegues, matices, nubarrones, arco iris súbitos, amenazas indescifrables. Aun en la disputa prefiere la expresión velada a la injuria:¨al buen entendedor pocas palabras¨. En suma, entre la realidad y su persona establece una muralla, no por invisible menos infranqueable, de impasibilidad y lejanía. El mexicano siempre está lejos, lejos del mundo y de los demás. Lejos, también de sí mismo. (Octavio Paz: *El laberinto de la soledad,* p.26)

译文：在我看来，墨西哥人——老人或少年、土生白人或混血人、将军、工人或文人——都是一些自我封闭和自我保留的人：脸是面具，微笑是面具。他们植根于他们的难以理解的、难以接近的却又温文尔雅的孤独之中，他们利用一切来自我保护：沉默和言谈、礼貌和轻蔑、尖刻和隐忍。/……/ 墨西哥人的语言非常含蓄，充满各种修辞手段和种种暗示，充满此时无声胜有声的删节号；而在他们的沉默中有迂回，有种种色彩和味道，有大片的阴云，有一道道高悬的彩虹，有莫可名状的威胁。甚至在争执时，他们都愿意用"话不投机半句多"这样的话来替代怒骂。总而言之，墨西哥人在现实和他们本身之间建起了一道冷冰冰的、拒人于千里之外的城墙，这并非由于其无形，更不是由于其不可逾越。他们永远在远处，远离世间，远离其他人。也远离自己。

课上练习：下面三个段落分别摘自新闻报导、演讲和教科书，学生们可以在教师的指导下翻译，并且在翻译的同时，感受一下不同的语言风格。

1. Los globos con óxido nitroso han estado vendiéndose en bares de Oviedo a precios que oscilaban entre los dos o tres euros. Al aspirar el gas del globo éste provoca ¨una cierta embriaguez o sensación de bienestar y alegría con efectos euforizantes y trastornos psicodislépsicos¨. Algunos consumidores de óxido nitroso aseguraron que ¨te ríes y alucinas¨ al aspirar el gas. La policía llegó a intervenir 3.561 cápsulas de gas de la risa sin consumir y cifró en 20.232 las cápsulas consumidas en 5 locales de ocio de Oviedo. (*Levante*, 01-08-11)

2. Acabar con el terrorismo—desde el imperio de la Ley, la acción de la Justicia, la sacrificada entrega de las Fuerzas y Cuerpos de Seguridad, y la cooperación internacional—es un objetivo de todos los demócratas en defensa de la libertad y de los más elementales derechos humanos. Los avances en la lucha contra el terrorismo nos animan a redoblar esfuerzos. Se trata de una prioridad irrenunciable. Una lucha que se extiende al terrorismo internacional, que tan inmenso dolor ya ha causado, y que ha secuestrado de forma intolerable a varios compatriotas—volcados en nuestra Cooperación al desarrollo,cuya libertad exigimos. (*Mensaje de Navidad del Rey don Juan Carlos,* 25 de diciembre de 2009)

3. En climatología se denomina El Niño a un síndrome climático, erráticamente cíclico, que consiste en un cambio en los patrones de movimientos de las masas de aire provocando un retardo en los movimientos de las corrientes marinas, desencadenando el calentamiento de las aguas sudamericanas; provoca estragos a escala mundial, afectando a América del Sur y otras áreas muy extendidas.

4.3 校对

校对是整个翻译程序的最后一环，也是把关和质检的一环。我们的产品是否合格，就要看校对是否认真，审查的标准是否严格，译者本人是否有责任心。之所以强调责任心，是因为有些译者把校对自己的译品看做是一个走过场的程序，并不认真对待，一些不易觉察的错误就会这样被放过去，公然出现在出版物上。

例如："las doctrinas de Platón en la época clásica..." 被译成"普拉东的理论在古典时期……"。这个错误是荒谬的，"古典时期"是指古罗马帝国的统治时期，而"普拉东"是 19 世纪俄国的无政府主义的代表人物。很显然，此处的 Platón 应为柏拉图。

又如，"Entre los invitados de los monarcas helenos el hijo de los Barcelona se conoció por su futuro precario"，这句话被译成"在希腊君主的座上客中，人们都认为巴塞罗那之子前景堪忧。"其实，只要稍加仔细就会发现，los Barcelona 和 Barcalona 是两回事。前者加了复数形式的阳性定冠词，显然不是指巴塞罗那市，此处是指巴塞罗那伯爵夫妇（los condes de Barcelona），即当今西班牙国王的父母。

所以，认真的校对可以避免错误的扩展，保证译文的可信度。

校对的主要方面包括：内容（是否有错译，是否有遗漏），语言（是否有病句，是否有错别字，是否有硬伤，是否有遗漏），风格（是否符合原文的写作风格，是否有不协调之处）。如果译者添加了必要的注释，要核对相关参考资料的出处。

不少学生没有校对的习惯。其实，课后的翻译练习往往是单句和语段，校对并不复杂，如果能默读或朗读一遍更好，凡是拗口的部分和无法顺读的部分都说明有问题，应马上予以查对、修改。

4.4 影响翻译的若干因素

翻译是一项复杂的工作，作为一种目的性明确的跨文化交际活动，译者必须要克服不同语言和文字形式的差距，跨越不同文化形态的距离，调整不同意识形态的影响，为此要付出的艰辛劳动。

这实际上是一种再创造的过程，在这一过程中，译者会不可避免地遇到若干对其产生影响的因素，主要有以下几点：一，语言的差异；二，文化的差异；三，社会形态的差异；四，译者和原文作者的思维和表述方式的差异；五，译者本人的语言文化修养。

关于前三点，我们在第二讲中已经做过一定的分析。而后两点主要与翻译的主体——翻译者本人有直接的关系。

很明显，译者和原著者有着完全一样的思维方式和语言表达习惯的情况是没有的。但翻译时，译者必须想作者之所想，跟上作者的思路，追寻作者的语言轨迹，否则译者自己的根深蒂固的思想和特有的语言方式就会对译文产生干扰，破坏原文的效果。如果译者本人的双语功底不扎实，对本国文化和语言对象国文化都不甚了解，对译文产生的负面影响就会更大，比如是否能正确理解和完整获取原文信息，译文是否能贴切地传达出原文的各个层面的内容和涵义，等等。

对于现在的学生，还需要强调一点：由于目前小学和中学教学大纲的要求，英语教学在课程安排上占有很大比例，时间跨度达 6 年以上， 因此不可避免地对西班牙语学习产生很大的迁移作用，我们要加以注意的是其中的负迁移。之所以提到这一点，是希望学生们在翻译中有意识地避免干扰。至于我们母语的干扰也是经常出现在西译汉的过程之中，虽然不如对汉译西的影响大，也不可忽视。

文字作品的所有题材都可以翻译，但是在本教程中，我们仅选取其中的 4 种作为本科生翻译实践的基本素材，即：政论类（包括政府文告、演讲及相关的文章）、新闻类（包括新闻报道、评述、社论等）、经贸类（包括相关文章、商业宣传、部分贸易应用文等）和文学类（包括小说、散文、杂文等）。

之所以选择这 4 种类型， 是因为文学翻译是锤炼语言和提高技巧的最佳途径，而其余 3 类则与与学生们未来在社会上发展有密切的联系，换言之，是最实用的。我们要求学生利用文学翻译实践来打好一般翻译的语言基础，利用实用性强的其他三类翻译来逐步熟悉相关题材、内容、形式、术语和基本技巧。

在本书的最后一部分将逐题分析，介绍各个类型的翻译要点，并安排相应的翻译练习。

翻译练习 3

I. 翻译下列句子，注意意思单位的分割。（用于 4.1-4.2）

1. “Ahora ya no vale buscar culpables”, declaró Rajoy ayer en una entrevista con Europa

Press, un día después de conversar con el presidente del Gobierno sobre la difícil situación de España y su prima de riesgo. "Hay que generar confianza dentro y fuera de España. Podemos decir a los españoles que España no va a ser rescatada, pero que es urgente cambiar las cosas".

2. Ammán es la ciudad capital del reino hachemita, de cuya dinastía Hussein es el tercer monarca, nacido en 4 de noviembre de 1935, durante el protectorado británico.
3. Es un hombre que lleva toda su vida en el ojo del huracán y no pierde la esperanza de hallar un día la solución de los múltiples contenciosos del Medio Oriente.
4. Me miraba sin quitar ojo, mientras paseaba a mi alrededor, echando bocanadas de humo, y mordiendo el habano sin quitárselo de los labios.
5. La democracia sólo existirá en América Latina cuando los pueblos sean realmente libres para escoger, cuando los humildes no estén reducidos—por el hambre, la desigualdad social y el analfabetismo—, a la más ominosa impotencia.
6. Su madre era una mujer vulgar, de cortas luces y de instintos groseros. Adoraba a sus hijos, pero se lamentaba de los sacrificios que por ellos hacía, de la desconsolada vejez y triste muerte que iba a tener en medio de tanta pobreza.
7. Tarde de sol. 14 horas. El semáforo está en rojo y una camioneta importada frena de golpe. Un niño maneja tres bolas de colores, como si estuviera en un circo. El conductor no baja la ventana para darle una moneda. Es una escena muy común en las calles de San Paulo....
8. Como un retrato de Brasil, San Conrado nos muestra el país rico, colorista, con emprearios de éxito que llevan una vida de lujo, en contraste con un país en blanco y negro, de pobres que se quedan en las calles pidiendo limosna.
9. Desde maestros de escuela hasta reconocidos pedagogos, invitados, alfabetizados o sencillamente interesados en el tema, en más de 5 mil procedentes de 42 países, se reunieron en La Habana convocados por Pedagogía 2007 con el fin de intercambiar experiencias educativas y trabajar juntos para que el hombre no esté desvalido ante los retos que presenta el desarrollo.
10. El mensaje de Chile es claro al mundo entero. En primer lugar han demostrado haber dejado atrás todo vestigio autoritario o pinochetista. En segundo lugar, han abrazado a la democracia como régimen político y como ideal de vida definida por el pluralismo, la tolerancia y el ciudadano. En tercer lugar, la garantía del Estado de Derecho y del régimen de libertades que supone no sólo la autonomía de los poderes, sino además, el gobierno de leyes antes que el gobierno de hombres.

II. 翻译下列段落，注意语言风格的区别。

1. Análisis sobre el derecho constitucional (fragmento)

La Constitución española, aprobada en Referendum el día 6 de diciembre de 1978, regula la convivencia política de los españoles. Los principales aspectos de carácter político regulados en su articulado son los que a continuación se detallan.

...

El artículo 1 de la Constitución dispone que la forma política del Estado español es la monarquía parlamentaria y que la soberanía nacional reside en el pueblo, del que emanan todos los poderes del Estado.

...

El artículo 12 de la Constitución establece que la mayoría de edad de los españoles a los dieciocho años.

...

El artículo 14 establece la igualdad de los españoles ante la ley, sin que pueda existir discriminación alguna por razón de nacimiento, raza, sexo, religión, opinión o cualquier otra circunstancia personal o social.

2. *Manolito Gafotas* (fragmento)

Al final de curso, cuando entregué en casa las notas, mi madre sólo leyó el despiadado suspenso que mi señorita me había puesto en Matemáticas. El aprobado en el resto le importaba un pimiento. Salió a llorar en los brazos de su Luisa del alma. Mi abuelo me dijo:

-Tu madre equivocó su carrera, podría haber sido una gran actriz de carácter.

Durante los días siguientes me miraba con los ojos inundados en rencor, recordándome a cada momento que yo era ese niño tan burro que había suspendido una asignatura chupada. Tanta manía me cogió que el día en que la Luisa se despidió porque se iba a su mansión de Miraflores de la Sierra, mi madre le dijo para que yo lo oyera:

-Pues nosotros no nos vamos por culpa del mocoso este, que nos tiene a su padre y a mí sin dormir por culpa del dichoso suspenso.

(Elvira Lindo, *Manolito Gafotas*)

3. Reportaje

EFE Madrid

España pondrá en órbita en 2014《Ingenio》, el primer satélite óptico español que estará diseñado para tomar 2,5 millones de kilómetros cuadrados de imágenes al día, cinco veces la superficie del país, imágenes que se podrán utilizar con distintos fines, como la cartografía, el urbanismo o el control de desastres.

El proyecto está financiado por el Ministerio de Industria y está bajo la supervisión técnica de la Agencia Espacial Europea. La inversión total es de 195 millones de euros para el sistema completo que incluye los segmentos de vuelo y terreno y EADS Casa Espacio estima que se generarán unos 600 nuevos empleos directos y otros 200 indirectos con la construcción de este aparato.

Equipado con tecnología óptica, este satélite de casi 800 kilos constará de dos módulos principales: un módulo de servicio y la carga útil o los instrumentos.

第 5 讲 专有名词和新词语的翻译

刘绍安摄

专有名词主要指人名、国名、地名、团体和机构的名称、商标等等。其翻译技巧并不复杂，但是这的确是西译汉的基本功之一。不少学生对此极不重视，认为专有名词的翻译容易，只要用差不多的汉字对应上就行了，即使错了，也无所谓。其实专有名词的重要性无可替代，因为其译法要求百分之百的准确性，特别是政治性极强的词，否则会造成严重后果。

举例说明：在一次本科四年级学生的西译汉练习中，有出席 2009 年里约集团峰会的 6 位拉美国家领导人的名字：Lula Da Silva, Felipe Calderón, Evo Morales, Hugo Chávez, Rafael Correa y Daniel Ortega。有些学生不知道这些名字的统一译法，就想当然地按照自己的读法去翻译，于是就出现了这样一些莫名其妙的名字：露拉·达西尔瓦、菲利贝·卡德龙、胡哥·恰维斯、拉飞尔·克雷阿和达尼埃尔·欧特嘎。很难想象，如果这是正式场合，将会造成什么样的后果？

从西译汉的规则上讲，专有名词的译法以音译为主，基本上参照新华社译稿或者其他正式出版的工具书；长久沿袭的译名则尊重约定俗成的原则，不可以任意更改，无论其中有多么不合理的成分。例如：Asunción—亚松森、Guatemala—危地马拉、Alejandría—亚历山大城、Cabo de Horno—合恩角、Borbón—波旁、Napoleón—拿破仑、

nestoriano—聂斯脱利教教徒；景教教徒（该教是最早传入我国的基督教的一种教派）、tracio—古代色雷斯人、el río Amazonas—亚马逊河等。

译者在翻译西文的专有名词时，可以参照下列分类的基本原则：

5.1 人名

5.1.1 汉译名称以普通话的发音为基准

中国地缘辽阔，方言和民族语言众多，在把西语人名翻译成汉语时，必须以普通话的发音为唯一标准。例如：

Juan- 胡安
Carlos- 卡洛斯
López- 洛佩斯
Moreno- 莫莱诺
Allende- 阿连德
Leonor- 莱奥诺尔

具体翻译时，可参照西汉译音表或者相关工具书。

选择汉字时，要注意两点，一是应选取习惯上适宜作人名的字，剔除那些易于产生负面意思或滑稽可笑的字眼，二是适当体现出男女的性别差异，以方便读者的理解。例如：Dolores 是女人名，如译成多洛雷斯，容易给中国读者造成此人是男性的印象。所以，不妨译为多洛蕾丝。

不少西文名字或者姓氏有明显的含义，例如 Dolores，Trinidad，Consuelo，Victoria，Jesús, Santos, Reyes, Angel, Nieve 等，译时仍要采用音译的办法。例如：Santos 不能译成"圣徒"或"诸圣"，而是"桑托斯"。

5.1.2 尊重约定俗成的原则

由于历史的或其他的原因，许多从西文翻译过来的名称并不符合上面所说的原则。但是这些名称沿用已久，为各方面所接受，因此，通常不作改动。例如：

Aníbal- 汉尼拔
Napoleón- 拿破仑
César- 恺撒（或凯撒）
Horacio- 贺拉斯（古罗马《诗艺》作者）
Abraham- 亚伯拉罕（圣经人物）
Daniel- 但以理（圣经人物）
Magdalena- 抹大拿（圣经人物）
Habsburgo- 哈布斯堡
Borbón- 波旁
Dante- 但丁
Mateo Ricci- 利玛窦（意大利传教士）
等。

现在的罗马教皇 Benedicto XVI，按照传统译法，应该是本笃十六世，因为之前已经有了本笃一世、本笃二世等等，故不宜译成贝内迪多十六世。

5.1.3 缩略形式

西语民族的姓名较长，通常由三部分构成：教名-父姓-母姓；已婚女子的姓名则是在全名之后加上夫姓，用前置词 de 连接。一般情况下，只使用教名和父姓，而且教名常用缩略形式，即只保留名字的首写字母，如 J. Moreno。其译法有两种：一是 J.莫莱诺；二是查找出其教名，译出第一个音节，如果此处的 J 代表 Juan（胡安），则译名为胡·莫莱诺。

有一种例外：许多西语国家的居民非常喜欢用圣经中的人物或者历史上赫赫有名的人物的名字给自己的孩子命名，在这种情况下，译名最好不用旧译，以避免与正名混淆。例如，不少男子的教名是 Jesús，应译为赫苏斯，而不是耶稣。有一位著名的巴西球星叫 Julio César，被译为儒里奥·塞萨尔，而不是朱利叶斯·恺撒。（但是凡事都有例外。在一部英国推理小说中，一位野心勃勃的母亲给她的儿子取名为 Alejandro Bonaparte，意思是希望儿子将来成为像亚历山大大帝和拿破仑那样的伟人。此处的译名就要用这两位古人的本名亚历山大–波拿巴，否则就体现不出作者的特殊用意了。）

5.1.4 绰号

西班牙语的绰号通常是名词或名词化的形容词，可以独立使用，如 el Cordobés—科尔多瓦人（一位著名的斗牛士）；也可以放在教名的后面，如：Juan el Bueno—好人胡安，Juana la Loca—疯女胡安娜，Manolito Gafotas—四眼马诺利托等。

绰号往往采取意译的办法（如上面几例），而如果绰号本身没有任何实质性的意义，就用音译，例如：举世闻名的革命运动领袖、阿根廷人 Che Guevara，Che 是阿根廷人的口头语，于是他的战友们戏谑地称呼他“Che”，这便成了他的绰号，音译为切・格瓦拉。但是也有例外，像出生于希腊克里特岛的西班牙著名绘画大师 Domenico Teotocopulos，他的本名长而拗口，于是西班牙人便称他为“希腊人”（el Greco）。久而久之，这个绰号成了他的名字，甚至比他的本名更出名。中文的习惯译法是“格列柯”。

另外，汉译时，绰号放在在本名之前，或者独立使用。例如：Felipe el Hermoso，美男子费利佩。

起绰号的传统在西班牙历史悠久，特别是给名人冠上一个恰如其分的绰号，更是让百姓津津乐道的事。西班牙的历代君主中大部分人都有别名，这些别名甚至堂而皇之地进入了正史。例如：

Pedro I el Cruel

Enrique IV el Impotente

Alfonso X el Sabio

Juana la Loca

Felipe el Hermoso

Carlos II el Hechizado

Fernando VII el rey chispero

当今西班牙国王在登基之初，曾被他当时的政敌称为 Juan Carlos el Breve，而后他用自己的业绩彻底推翻了这个绰号。

学生可以试译上述几个例子，然后再与正式译名做对照。

5.1.5 复数姓氏

当姓氏以复数形式出现时，代表父子、兄弟、夫妻、一家人等家族观念，汉译时要予以体现例如：Nosotros los García Moreno tenemos la tradición de reunirnos en la Noche Buena. 意思是“我们加西亚・莫来诺家的人总是在平安夜团聚。”

5.1.6 名从主人

翻译非西班牙文的人名时，必须按照原文的读音。这是一个比较复杂的问题，需要译者认真查找、核实，否则译名就会与原文的读音相差很多。例如：前联合国秘书长 Dag Hammarskjold—达格・哈马舍尔德、著名经济学家 John Maynard Keynes—约翰・梅纳德・凯恩斯、秘鲁前总统（日裔）Fujimori—藤森、德国总理 Angela Merkel—默克尔、法国前总统 Jacques Chirac—雅克・希拉克、俄罗斯总统 Vladimir Putin—弗拉基米尔・普京等。

有很多外国人名被西班牙语化了，其译法依然要依照原文的发音。例如：

英王 Enrique VIII- 亨利第八
英国女王 Isabel II- 伊丽莎白二世
英国王储 El príncipe de Gales- 威尔士亲王
俄国女皇 Catalina- 叶卡捷琳娜
沙皇 Pedro el Grande- 彼得大帝
教皇 Juan Pablo II-约翰·保罗二世

需要指出的是，日文名字的读音与西文的拼音之间差距不大，但是从西文翻译成汉语时，必须按照日文名字的汉字写法转译。例如前面提到的秘鲁前总统 Fujimori，其译名应为藤森；日本前首相 Naoto Kan，汉译名是菅直人。

有的学生掉以轻心，疏于查找工具书，自身的知识又有限，在翻译时会出很荒唐的错误。请看下面一例（摘自一篇关于海地大地震的报道）：

...También han fallecido varios militares pertenecientes a las fuerzas de mantenimiento de la paz de la ONU y más de 150 empleados están desaparecidos, entre ellos el responsable de la Misión, el tunecino Hedi Annabi, según ha indicado el Secretario General de la ONU, Ban Ki Moon. (*El Siglo*, el 24 de enero de 2010)

有个别学生将联合国秘书长 Ban Ki Moon（潘基文）的名字错译成本·克·蒙，或班可墨；而联合国派驻海地的高级代表、突尼斯人阿纳比也被随心所欲地译成图内西诺人某某。于是这篇报道给我们提供了一些非常奇怪的信息：联合国秘书长换人了，地震遇难者中有一个不知名的国度的公民，他的死讯引起了新秘书长的关注，云云。

参考译文：据联合国秘书长潘基文指出，联合国维和部队的几名军人在地震中遇难，还有 150 多名雇员失踪，其中包括联合国派驻海地的使团负责人、突尼斯人阿纳比。

5.2 地名

地名包括地区名称、地理名称和国名。

5.2.1 音译

地名通常采用音译的办法，如：
Santiago- 圣地亚哥
Lima- 利马
Barcelona- 巴塞罗那
Nicaragua- 尼加拉瓜
Guadalajara- 瓜达拉哈拉
等。

即使名字本身有具体的含义（像 La Paz—拉巴斯、Los Angeles—洛杉矶、Venezuela—委内瑞拉、Costa Rica—哥斯达黎加、Trinidad y Tobago—特立尼达和多巴哥、Buenos Aires—布宜诺斯艾利斯等），也用音译。如：La Paz, 拉巴斯，不能译作和平之城。

偶尔也有例外，如 Costa Azul—蓝色海岸、Costa Dorada—黄金海岸和已不复存在的 Costa de Marfil—象牙海岸等。

5.2.2 意译

早期的翻译常常用意译的办法处理外国地名，以利于中国读者记忆。例如：

Cabo de Buena Esperanza-好望角
Puerto Principe 太子港
Mar Mediterráneo- 地中海
Mar Rojo- 红海
Costa del Sol- 太阳海岸
Casa Blanca- 白宫（美国总统府）
Pentágono- 五角大楼（美国国防部）
Islandia- 冰岛

上述译名已成定型，但是如今这种方法已鲜见。

5.2.3 音译+意译

这是一种较常见的方法，例如：

La Ciudad de Guatemala- 危地马拉城
Punto del Este- 埃斯特角
Cabo Verde- 佛得角
Nuevo México- 新墨西哥
El País Vasco- 巴斯克地区
Nuevo León- 新莱昂
Indias Occidentales- 西印度群岛
La Ciudad Real- 雷亚尔城
Dos Sicilias- 两西西里
Los Altos del Golán- 戈兰高地
Franja de Gaza- 加沙地带

这种方法有时要加字，即加上通名，如城、市、山、海等，否则意思不明确。例如：西班牙国王和王后居住的地方叫做 La Zarzuela，可译作萨苏埃拉宫；墨西哥总统的官邸 Los Pinos，译为松林别墅；阿根廷总统府 Casa Rosada，译为玫瑰宫，举世闻名的 el Prado，译做普拉多美术馆。又如：

例 1. *"En el andén mediterráneo, sobre todo en el Bajo Ebro y Almería, perviven tribus con un instrumental microlítico. Con él dan caza a ciervos y jabalíes."* (J.Vicens Vives,88:21)

译文："在地中海沿岸，尤其是埃布罗河下游及阿尔梅里亚地区，生活着某些以一种尖头石质工具谋生的部落。他们借此来捕杀鹿类和野猪。"

例 2. *"En la costa del Pacífico sucede lo mismo. El único lugar apropiado para un gran puerto es la desembocadura del Guayas, el único río de importancia que lleva sus aguas al Pacífico."* (E.Chang-Rodríguez, 83:22)

译文："太平洋沿岸的情况同样如此。唯一适于修建大型港口的地方是瓜亚斯河入海口。瓜亚斯河是仅有的一条注入太平洋的重要河流。"

下面是几个西语国家的政府办公地点，学生们可以根据上面的原则试译再与正式译名对照：

La Moncloa (España)
Palacio de Miraflores (Venezuela)

Palacio de La Moneda (Chile)
Palacio Nacional (México)
Palacio Quemado (Bolivia)

5.2.4 名从主人

在翻译报刊文章时，常常会遇见源自英文、法文、日文或其他文字的地名，如同人名一样，翻译时也必须遵从原文的读音，切不可以西文的读音为准。例如：

Aberdeen- 阿伯丁（英国港口）
Kioto- 京都
Croacia- 克罗地亚
El Danubio- 多瑙河
Nagasaki- 长崎
Fukushima- 福岛
Calais- 加莱
Hebrón- 希伯伦
Franja de Gaza- 加沙地带

5.2.5 约定俗成

许多旧译的地名和国名在沿用多年之后已经成为固定的专用名词，虽然其译法不符合现在的翻译标准，但是其形式不可变动。例如：

Gibraltar- 直布罗陀
España- 西班牙
Portugal- 葡萄牙
Macedonia- 马其顿
Belén- 伯利恒
La Habana- 哈瓦那
Caucaso- 高加索
Timor Oriental- 东帝汶
Cabo Verde- 佛得角
Asunción- 亚松森

一些有重要历史意义的地名和国名也基本有固定译法，例如：

Bizancio- 拜占庭
Cartago- 迦太基
Pompeya- 庞贝
Cerdeña- 撒丁岛
Asiria- 亚述
Dos Sicilias- 两西西里
Borgoña- 勃艮第

5.3 机构、团体、报刊

机构团体和报刊名称一般采用意译，其中比较重要的和时常见报的都有固定译法，译时可以查找工具书。例如：

Consejo Interamericano de Defensa- 美洲防务委员会
Organización de Estados Americanos(OEA)- 美洲国家组织
Secretaría de Educación Pública de México- 墨西哥教育部
Grupo de los 8(G-8)- 八国集团
Partido Socialista Obrero Español (PSOE)- 西班牙工人社会党
Agencia Mundial de la Propiedad Intelectual- 世界知识产权组织

为了符合汉语的表达习惯，译文常常增加通字；某一机构下属的各个单位，也要分别加上部、司、局、处等词，加以区别。比如：

玻利维亚的执政党 el Movimiento al Socialismo- 争取社会主义运动党
委内瑞拉的 Acción Democrática Venezolana- 委内瑞拉民主行动党
巴勒斯坦的 Autoridad Nacional Palestina(ANP)- 巴勒斯坦民族权力机构
联合国的 Desarrollo y Planificación de la ONU(UNDP)- 联合国开发计划署

报刊名称多为意译加通名，例如：

El País- 国家报
El Mundo- 世界报
La Vanguardia- 先锋报
Siempre- 永久周刊
Clarín- 号角报
Tiempo- 时代周刊

如果名称本身不含有具体意思，就按照音译加通字的办法，例如：

Granma- 格位玛报
ABC- 阿贝赛报

5.4 商标

在现代生活中，商标是人们接触最多的商业符号。自 20 世纪 80 年代以来，欧美和日本的商业品牌大量进入了中国市场，也进入了中国人的记忆。那些著名商标的译法必须遵照市场上久已认可的形式，不可擅改。例如：Cartier——卡地亚，Siemens——西门子，Sony——索尼，Mercedes——奔驰，Marco Polo——懋隆，Pierre Cardin——皮尔卡丹等。

商标的译法一般有以下 3 种：

5.4.1 音译

这是使用最多的一种形式，也是最简便、最直接的形式。译文要尽可能采用常见的、适于作名称的字眼，不要用生僻、拗口的字。例如：

Corona- 科罗那（墨西哥啤酒品牌）
Bacardi- 巴卡迪（古巴朗姆酒品牌）
Nokia- 诺基亚

ALSA- 阿尔萨（西班牙客车公司）
Panrico- 潘瑞克（西班牙烘焙类食品公司）
Obama- 奥巴马（古巴雪茄品牌）
Sony- 索尼（日本电器）
Zara- 莎拉（西班牙服装品牌）

有一种例外：当原文的名称取自于某一名人、名地或著名事件时，译名要遵照其原始译法。例如：古巴著名的雪茄牌子 Romeo y Julieta，不能按照读音译为罗梅奥和胡列塔牌，而是罗密欧与朱丽叶牌。

5.4.2　音译+谐音

商标的作用之一是吸引消费者的注意力，刺激其购买的愿望。所以，在基本上不偏离原文发音的前提下，中文译名要符合中国消费者的审美习惯和心理取向，尽量选取吉祥的、火爆的、向上的、有美感的、发音响亮的、形式简短的字词。例如：

Cola Cao- 高乐高
Johnson's- 强生
Ras- 娅丝（西班牙服装品牌）
Cohiba- 高希霸（古巴雪茄品牌）
Pizza Hut- 必胜客
San Miguel- 生力（啤酒）
Mercedes-Benz- 奔驰
IKEA- 宜家
Carrefour- 家乐福
Coca Cola- 可口可乐
Avon- 雅芳

5.4.3　意译

有些商标具有明确而具体的含义，如果这种含义可以被中国消费者接受，则可以直接将意思译出，以达到更直接的效果。例如：

Jaguar- 美洲豹/捷豹（美产汽车）
Apple- 苹果

Play Boy- 花花公子
Sangre de Toro- 公牛血（西班牙干红酒品牌）
Camel- 骆驼牌
Shell- 壳牌
Habana Club- 哈瓦那俱乐部（古巴雪茄品牌）
Monte Cristo- 基督山（古巴雪茄品牌）

当我们接触一些新的商标时，除了可以参照上述办法，还应注意简洁明了的原则，通常情况下不要超过 4 个字，因为太长的商标很难记住。如果原文名称过长，可以适当截取一两个单词，或者压缩意思。例如：德国著名的 Bayerishe Motore Werke 公司的品牌名称的汉译，就是利用了三个首写字母的缩略形式 BMW，译作“宝马”。此译可谓形神兼备，一方面，字数洗练，便于记忆；另一方面，又能使中国消费者联想到日行千里的良驹，将汽车的性能与宝马的特征联系在一起。试想，如果拘泥原文，把这一品牌译为“巴伐利亚发动机制造公司”，那效果会如何？

目前，越来越多的产自西班牙和拉美的商品进入我国市场，不少西语国家的商标是多音节的，长度可观，如何予以简化又能保持其特色，是对西译汉译者的一个挑战。总之，商标的翻译是一个非常严肃的任务。

5.4.4 商业金融机构（包括公司、企业、银行等）

上述机构的名称可用意译或者音译加意译的办法，有些要遵从传统译法。例如：
Marco Polo- 懋隆
Citibank- 花旗银行
BBVA- 西班牙对外银行
TELEFONICA- 西班牙电信公司
PEMEX 墨西哥石油公司

5.5 新词—外来词

在西班牙语词汇中，从来不乏外来词。早期的外来词主要来自于历史上三次大规模外族入侵所形成的民族文化融合，罗马人带来了拉丁语，西哥特人带来了日耳曼语，阿拉伯人把阿拉伯语带入伊比利亚半岛。由于西班牙和意大利的历史渊源，许多意大利语词汇也进入了卡斯蒂利亚语，主要是在文化艺术领域。地理大发现之后，美洲印第安语的一些词汇首先“征服”了那些欧洲征服者，而后逐步进入宗主国，最后得到皇家语言科学院（RAE）的承认，堂而皇之地进入大百科全书和各种权威字典。在 18 世纪伊始入主西班牙的波旁王朝引入了法语（主要是普罗旺斯语和上流社会的语汇），19 世纪之后英语逐渐强势起来，但是其影响是在 20 世纪 50 年代之后才真正深入到西班牙社会。

请看下列来自不同语源的词汇的例子：

julio 源于拉丁语：七月
sol 源于拉丁语：太阳
tropa 源于日耳曼语：军队
guerra 源于日耳曼语：战争
aduana 源于阿拉伯语：海关
cifra 源于阿拉伯语：数字
pantalón 源于法语：长裤
chaqueta 源于法语：外衣
diseño 源于意大利语：设计
casino 源于意大利语：赌场
hamaca 源于美洲印第安语：吊床
tomate 源于美洲印第安语：西红柿

随着 20 世纪科技的高速发展，与之相关的和与社会生活相关的新词也迅速增长。新词包括纯粹的外来词和对外来词进行本土化后形成的词汇。外来词主要来自英文，也有少量的来自法文、德文、日文、阿拉伯文、俄文等。这些外来词不仅出现在专业领域，也进入到日常生活之中。其普及率和使用率都非常高，任何一个人都可以在报刊上、广告上、电视上、广播里、书本上、青年俚语里、日常对话中接触到这些非本土的词语。例如：

web- 网页
Internet- 互联网（英）
tsunami- 海啸
robot- 机器人
software- 软件
hardware- 硬件
(países del) BRICS- 金砖国家

dumping- 倾销
fan- 追随者，爱好者，粉丝
marketing- 营销
ranking- 竞争力排行榜
perestroika- 改革（俄）
kamikaze- 自杀式袭击（日）
tour- 旅游（法）
empresas clean tech 清洁能源企业
flashback- 倒叙
best-seller- 畅销
bistec- 牛排
kimono- 和服（日）
karaoke- 卡拉 ok（日）
dingk- 丁克族
Al Qaeda- 基地组织（阿）
smoking 吸烟
judo 柔道（日）
parqué 交易所（法）

还有些西文词汇的含义被延伸，比如：
energía renovables 可再生能源
hidrocarburo 油气资源
etanol 从粮食中提炼的燃料
economías emergentes 新兴经济体
países periféricos 发展中国家
economía verde- 绿色经济
cuello verde- 绿领（从事环保工作的人）
navegar en la red- 网上漫游
mercadotecnia política 政治炒作
juegos en línea 网络游戏
capacidad de memoria 内存量
aterrizaje suave- 软着陆

在拉丁美洲，英语的影响似乎比西班牙本土更强势，特别是在与美国比邻的墨西哥，不仅大量科技用语直接进入西班牙语的词汇中，就连日常用语也逐渐“混血”，产生了为数不少的“嫁接词”。例如下列在墨西哥耳熟能详的单词都源自于英文*lunch*(午饭)：lonche（m. 午饭，小吃），lonchera（f. 饭盒），lonchería（f. 快餐店），lonchar（intr. 吃午饭）。其他的西语化的词，如：estrés(*stres*)-紧张、有压力，eslogen(*slogen*)-口号等。

语言的与时俱进主要体现在词汇上。为了适应新的社会需求和社会环境，许多合成词、派生词这一类新词也应运而生。例如：

cibercafé- 网吧
cibercrimen- 网络犯罪
ciberpoblación- 网络人口
ciberyihad- 网络圣战（指伊斯兰极端分子利用网络进行恐怖主义活动）
biodiversidad- 生物多样性
multiculturalidad- 文化多元化
ecoturismo- 生态旅游
narcodólar- 毒品美元
gasoducto- 输油管
pirateo de tarjeta- 盗用信用卡
teleconferencia- （通过电话或电视的）电信会议
ecosistema- 生态系统
bioética- 生物伦理学
transgénico- 转基因的
video-juegos- 电子游戏
telemática- 远程信息处理
videoconferencia 视频会议

不仅如此，在上述造词法依然不能满足需求的情况下，一些固有的词汇便“旧瓶装新酒”，被赋予了新的意义。比如：

icono- 图标；原意：圣像，偶像
memoria- 内存；原意：记忆
pirata informático- 黑客；原意：信息海盗
navegar- 浏览，网上冲浪；原意：航行
servidor- 服务器；原意：仆人，服务员

ratón- 鼠标；原意：老鼠
jirafa- 录音吊杆；原意：长颈鹿

这一类词或者词组的翻译并不难，一方面要查找相关的英汉词典、西汉词典和科技类工具书，在词典上查不到的时候，可根据其本身的概念并借助有关知识来译。当今是所谓知识爆炸的时代，新生事物层出不穷，新概念、新知识不断涌现，新旧交替常常是转瞬完成。只有持续地学习，才能较好地把握住对新词的翻译。

课上练习：

1. 下面一组词是近几十年来从人名派生出的名词或形容词，同学们可以试译，并指出其出处：

chavista(el gobierno chavista)
pinochetismo
allandino
castrista
kirchnerismo (modelo kirchneriano)
peronismo

2. 翻译下列科技术语和相关用语：

secuencia del genoma humano
intruso del ciberespacio
análisis de ADN

5.6 专有名词的回译

这是一个比较复杂的问题，许多中文专有名词译成外文时，已经被译者“做了手脚”以适应国外读者的习惯，在从外文回译时，译者就要费很大的周折，先去查找中文的原名是什么。举例来说，“厦门”最初被译成西文 Hamoy，发音可能受了闽人方言的影响。如今当我们在西班牙文典籍中再次碰到 Hamoy，就不能按其发音译成哈默侬，而是要返回原名“厦门”。

再如：el Puente de Marco Polo，是北京城附近的卢沟桥；el río Amur，是黑龙江，el

Puerto de Arturo，是旅顺口。这些西文地名都有其历史渊源，例如 Puerto de Arturo 即源于一艘英国战舰舰长的名字，他指挥的船于 1860 年闯入辽东湾，"发现"了旅顺口。按照当时西方人的霸权思维，他便用自己的名字给这个自旧石器时代便有人类文明的地方命名。从此西方地图上就以此名（阿瑟港）来标注旅顺口，若干年后才被取缔。

此类例子不胜枚举，需要学生们不断积累，回译时断不可随心所欲。

翻译练习 4

I. 翻译下列句子，注意句子中人名和地名的译法。

1. Los godos eran los pueblos nórdicos que empezaron a apoderarse del Imperio Romano. A la península Ibérica, por ejemplo, llegaron grandes grupos de invasores suevos, que se instalaron en Galicia, y vándalos y alanos, que pasaron a Andalucía y, más tarde, al norte de Africa.

   Pero otro grupo más potente y más culto iba a realizar una invasión más importante. Aquel pueblo visigodo capitaneado por Alarico, después de saquear a Roma, pasó al sur de Francia, donde creó un reino con capital de Toulouse, reino que fue atacado por otro pueblo gótico, los francos, provocando el repliegue de los visigodos hacia el sur, hacia la península Ibérica, estableciendo la primera unidad política independiente: el reino visigótico de España, con capitalidad en Toledo.

   (Díaz-Plaja, p.54)

2. Rodríguez Zapatero, Presidente de turno de la Unión Europea, en los días de los apasionados debates sobre cómo salvar la quiebra griega, pidió a Angela Merkel que apoyara la ayuda por razones de solidaridad y después apuntó que los problemas de Atenas podían ser el comienzo de un *tsunami* sobre Europa que terminaría ahogando la zona euro. Y como el euro es una de las almas de la UE, quedaría muy tocada la Unión. La fragilidad de la UE tiene muchos talones de Aquiles y, sin duda, uno de los más visibles es el euro y sus quebradizas circunstancias en algunos países, con Grecia como mascarón de proa.

   (*Tiempo*, 8-04-10)

3. Desde la Casa Rosada, sede presidencial argentina, Fernández de Kirchner firmó un decreto por el que obligaba al Banco Central a un pago de 6.500 millones de dólares para cubrir parte de la deuda pública internacional contraída con instituciones financieras y banca extranjera. Pero Martín Redrado, el gobernador del Banco, un economista peronista formado en Harvard, se negó a realizar la transferencia y le llegó la destitución

presidencial.

(*Cambio 16*, 24 de enero de 2010)

4. Nada se dejó Nixon en el tintero a lo largo de nuestra conversación en la entrevista, y como señalara la información de la prensa madrileña, se habló de todo: "Estrategia, política, familia, religión, Watergate, los Kennedy, Reagan, Francisco Franco, España y Oriente, Iberoamérica, Castro, misiles, Rusia, China, *chantajes* y el complejo mundo interno USA..."

(J.Soler: p.13)

5. En el capítulo "El poder presidencial" de sus Memorias, el expresidente norteamericano dejó escrito un decálogo de reglas de oro para sus sucesores en el Salón Ovalado. La primera dice: "Estar siempre dispuesto a negociar, pero nunca negociar sin estar preparado."

(Ibid, p.27)

6. Para su boda doña Sofía se preocupó personalmente de que la música fuese la adecuada para las grandes ocasiones y eligió el *Aleluya* de Haendel, una de sus obras favoritas.

(José Oneto, *El Rey*, p.62)

7. Antes de emprender un viaje real, la Reina doña Sofía lee todo lo referente al país o provincia española que van a visitar; y en todos los viajes oficiales se incluye algún recorrido artístico o arqueológico especial en el programa, a instancias suyas. En México los Reyes se trasladaron hasta Yucatán para ver las pirámides mayas. En Guatemala, un domingo, y con ropa cómoda, subieron a lo alto de la pirámide de Tical. En Indonesia voló a Java Central para conocer el templo de Borobudor.

(Ibid,p.63)

II. 翻译下列名称，请参阅相关的工具书。

Concertación de Partidos por la Democracia(de Chile)
Fuerzas Armadas Revolucionarias de Colombia (FARC)
Cumbre de Río (convocada por la ONU)
Convenio Marco de Naciones Unidas sobre Cambio Climático(UNFCC)
Confederación Española de Organizaciones Empresariales (CEOE)
reunión de Cancún
ronda de Doha
Consejo de Seguridad de la ONU
Banco Bilbao Vizcaya Argentaria (BBVA)-
Dirección General del Tesoro y Política Financiera (del Ministerio de Economía y

Hacienda de España)

Agencia Estatal de Administración Tributaria (del Ministerio de Economía y Hacienda de España)

Unión de Centro Democrático (España)

III. 翻译下列词组或单词。

Internet-dependencia
Internet-compulsión
ciberviuda
estrés laboral
SMS(Short Message Service)
flashback
tecnología digital
stand
merchandising
empresa clean tech
autocar interurbano
megarrecesión
política de austeridad
energía renovable
empresas de tecnología limpia (clean tech)
reactivación económica

IV. 翻译下列句子，注意其中一些机构名称、文件名称等专有名词的译法。

1. En los primeros días del mes, los principales puertos cubanos fueron minados, presumiblemente por grupos terroristas con el respaldo de la Agencia Central de Inteligencia (CIA). Este suceso obligó al Gobierno a presentar una acusación formal contra Estados Unidos en el Tribunal Internacional de La Haya por ¨violación del derecho internacional, al apoyar un ejército mercenario para derrocar al Gobierno y socavar su economía.¨
2. En efcto, en 1857 México adopta una carta constitucional liberal. Los conservadores apelan a las armas. Juárez responde con las Leyes de Reforma, que acaban con los ¨fueros¨ y destruyen el poder material de la Iglesia. Derrotado, el partido conservador acude al extranjero y, apoyado por las tropas de Napoleón III, instala en la capital a Maximiliano,

segundo emperador de México.

V. 用基本直译的方法翻译下列段落。

1. El vínculo histórico en Latinoamérica es como el cordón umbilical que une a los veinte países hispanohablantes. La historia de estos pueblos puede dividirse con criterio cronológico en dos importantes períodos: el precolombino y el poscolombino.
2. La belleza del continente americano, de norte a sur, de este a oeste, ha sido elogiado ampliamente por los europeos desde el siglo XVI. Los norteamericanos mismos, canadienses y estadounidenses, al viajar por Latinoamérica desde el siglo XVIII, no pueden evitar su asombro al ver ríos tan caudalosos que parecen brazos de mar; montañas tan altas, que desafían el infinito; y llanuras y bosques tan extensos que estimulan la imaginación. Todo parece requerir superlativos para su descripción.
3. Los españoles dominaron a América con la espada y la cruz, pero el Nuevo Mundo conquistó a estos mismos conquistadores dándoles una nueva estética, una nueva manera de pensar, una nueva manera de obrar y por consiguiente una nueva manera de ser.
4. En México, como en otras partes del mundo, las primeras manifestaciones artísticas son de carácter religioso: productos del temor a lo desconocido, del respeto a lo incomprensible, de interpretación mística del caos del mundo. En su manifestación más nítida y lograda, el arte, como la mayor parte de las actividades humanas, sirve para honrar a los dioses.

   (E.Chang-Rodríguez, *Latinoamérica: su civilización y su cultura*)
5. El mar liso y callado, copiaba mansamente los palmerales costaneros como las aguas dormidas de una alberca. Y el viajero sintió pueriles tentaciones de caminar por aquel ciclo acostado ante sus ojos. Por el horizonte pasaba una procesión de barcos de vela.

   Se alzó una gaviota, y remontada en el azul mostró la espuma de su pecho.
6. Son incalculables las fiestas que celebramos en México y los recursos y tiempo que gastamos en festejar. Recuerdo que hace años pregunté al presidente municipal de un poblado vecino a Mitla:

   —¿A cuánto ascienden los ingresos del Municipio por contribución?

   —A unos tres mil pesos anuales. Somos muy pobres. Por eso el señor Gobernador y la Federación nos ayudan cada año a completar nuestros gastos.

   —¿Y en qué utilizan esos tres mil pesos?

   —Pues casi todo en fiestas, señor. Chico como lo ve, el pueblo tiene dos Santos Patrones.

   (Octavio Paz, *El laberinto de la soledad,* p.43)

第 6 讲 词汇的处理

朱军摄

翻译的程序是个阅读、分析、理解、变通、转换、重组的复杂过程，其中我们首先接触到的是词汇。

6.1 语境与选词造句

按照现代语言学的划分，一篇文章的语言层次包括音位、词素、词、词组、语句、语段和语篇，而任何一个层次都是或可能是翻译单位，也就是说，具有独立的意义。

在翻译过程中，一个词常常可以构成最小的独立意义单位，词组、短语、句子也是由一个个的词组成。而一词多义的现象同样出现在汉语和西语中，成为翻译上的一个障碍。

西译汉过程中语义完全对应的情况并不多见（专门术语除外），因此，在翻译过程中，选择适当的词有时就成为难点，特别是汉语和西班牙语这两种分属不同语系和不同文化圈的语言之间的转换。例如 penetrar，这个词的意思是 introducirse un cuerpo en otro。但是在不同的语境中，同时也是为了适应汉语的需要，必须有形形色色的选词。

El agua penetra la tierra. 水渗入到土里。
El viento frío penetra hasta los huesos. 寒风刺骨。
Las palabras penetran el corazón. 这些话打动了人。
He logrado penetrar su secreto. 我识破了他的秘密。
Es muy difícil penetrar en su intimidad. 很难看透他的心思。
Penetra poco en este estudio. 他对此项研究不够深入。
El tren penetra en el tunel. 火车开进隧道。

在第一个例句中的“渗”字用的非常准确，如果用“流进”、“进入”、“滴入”等都不能达意，甚至于原文不符。总之，非“渗”字莫属。

在以上几例中，汉语用了不同的词来对应西文的 penetrar，这样汉语的译文才能通顺。在很多情况下，我们往往会忽略选词，不去注意原文词语的内涵和延伸的意义，而是通过西汉字典选择一个似乎对应的词来替换，认为这便是翻译，其实不然。我们可以看下面几组例子，对每个例句的两组译文做一下对比：

例 1. *El teñido de las campanas que, atravesando el aire, llegó a aquellas soledades, llamando a la oración a los fieles, hizo que Don Luis volviera de su éxtasis y se hallase de nuevo en el mundo real.*

(Juan Valera, p.142)

译文 1：钟声穿过空气，到达了荒凉的地方，让教徒们去祷告，也把堂路易斯从沉思中唤醒，使他回到了现实当中。

译文 2：钟声响了，越过长空，传到荒野，召唤教徒们去祈祷，把堂路易斯从神思恍惚的状态中唤醒，重新回到了现实世界。

例 2. *Nuestras riquezas pasaron a las manos de los imperialistas, nuestra historia falseada, nuestra administración y nuestra política moldeada por entero a los intereses de los interventores; la nación sometida a 60 años de asfixia política, económica y cultural.*

译文 1：我们的财富落入帝国主义者的手里，我们的历史被作假了，我们的政府和我们的政策也完全适应了入侵者的利益，全国在政治、经济和文化上被窒息了 60 年。

译文 2： 我们的财富被帝国主义者攫取，我们的历史被篡改，我们的政府和我们的政策完全屈从于入侵者的利益，我们的整个国家在政治、经济和文化上遭到窒息长达 60 年。

例 3. *En las tardes, al ponerse el sol, frente al balcón se desarrollaba un espectáculo diario que yo no me perdía por nada del mundo. Era la puesta de sol con grandiosos hacinamientos de colores, repartos de luz, abanicos inmensos de anaranjado y escarlata.* (Pablo Neruda, p. 73)

译文 1： 在傍晚，太阳下山时，阳台前变展现出一幅天天可见的、我不愿错过的美景。那是日落景色，五颜六色，光芒四射，像是黄色和红色的巨大扇子。

译文 2： 傍晚夕阳西下时，在阳台前方每天都展现出一幅美景，那是我丝毫也不肯错过的。这是日落时色彩纷呈的壮丽景色，霞光万道，形成橘黄和绯红的巨大扇面。

点评： 稍微有语感的人都会认为，每个例句的译文 2 更为可取，因为首先是用词讲究，贴切、准确、严谨、典雅、节奏紧凑，读起来朗朗上口，重现了原文的艺术效果。在例 2 中，“财富落入……手中”和“财富被攫取”，“历史被作假”和“历史被篡改”这两组用词，在力度上有很大区别，前者显轻，后者沉重。例 3 的译文 1 用词略显随意、浅显，没有体现出像聂鲁达这样大文豪的文采，读起来缺乏美感。而译文 2 的选词精当，仅“橘黄和绯红”就高于“黄色和红色”。在选词上做足了功夫，效果就会显现。

例 4. *Pero su tesoro más agudo y más desgarrador era un violín Stradivarius que conservó celosamente toda su vida. Sin tocarlo ni permitir que nadie lo tocara.* (Ibid, p.82)

译文 1： 不过，他最刻骨铭心珍爱的宝贝，却是他一辈子精心收藏的一把斯特拉迪瓦里小提琴，他自己不**碰**，也不许别人**碰**。

译文 2： 但是，他最刻骨铭心珍爱的宝贝，却是他一辈子精心收藏的一把斯特拉迪瓦里小提琴，他自己不**拉**，也不许别人**拉**。

点评： 上面两段译文的区别在于如何译 tocar，这个动词可以是动、碰、触摸、演奏等等，但是考虑到 tocar 是和 violín 搭配，采用“拉”应是最准确的。

我们在做汉译西时，也有同样的措辞问题。以“精神”一词为例，西语都有不同的对应方式：

乐观主义精神　espíritu optimista

做好精神准备 estar moralmente bien preparado

精神变态 psicopatía

精神恋爱 amor platónico

精神焕发 rebosante de vitalidad

精神枷锁 amarras mentales

那么，语境与词义之间有什么关系呢？

简而言之，语境制约词义。同一个词在不同的上下文或者不同的搭配中会有不同的语义。

我们从最简单的例子开始。republicano 在西班牙指主张共和体制的人，与君主制相对立；在西班牙内战期间指共和派，即与保皇派和民族运动派相对立的阵营；在美国，是指共和党人。而 primer ministro 一词在一般的国家指内阁总理，在君主制国家指首相。presidente 的译法也很多，如 el presidente de la junta directiva—董事长，el presidente de la universidad—校长，el presidente de México—墨西哥总统，El presidente de China—中国国家主席，el presidente del tribunal—庭长，el presidente del Gobierno de España—西班牙首相，el presidente de ESSO—埃索公司董事长等。canciller 一般译为“外长”，但是¨la cancillera alemana Angela Merkel¨不是“德国外长麦凯尔”，而是“德国总理默克尔”。

在第六届美洲国家峰会上，发言人不止一次地提到“Los países continentales debemos llegar al consenso de...”。按照字典的释义，可以译成“我们大陆国家应该达成共识……”，但是这样一来势必排除了所有加勒比国家，尽管它们都属于美洲。还可以译成“我们内陆国家应该达成共识……”，但是这样又排除了所有沿海国家。而正确的译法应该是“我们美洲国家应该达成共识……”，因为此时此地（美洲峰会上）的 continental 是指美洲大陆，泛指整个美洲，即北美、南美和加勒比地区。

在一篇报道中提到 Reglamento sobre la Marca Comunitaria，comunitario 派生自 comunidad，如果是泛指词，意思是社区的，团体的，共同体的，等等；如果是特指词，那么当然是指欧盟 la Comunidad Europea，一般情况下不会指独联体（Comunidad de Estados Independientes）。根据上下文（并且从逻辑上看），这篇文章说的是欧盟商标条例。

下面这个例子也非常能说明问题：“A la Reina doña Sofía le gustan también los cereales, los alimentos integrales, los quesos de distintas clases,/../”，做翻译练习的学生们基本上都毫不犹豫地写道：“索菲娅王后喜欢粮食食品……”或者“索菲娅王后喜欢米面食品……”。los cereales 在通常情况下是指粮食，但是在这个语境中，即在一位王后的食谱中被译为“粮食”或“米面”却不合适，而且听起来有点滑稽。比较可接受的方式是“谷物食品”

总之，这些简单词汇的译法必须符合上下文的要求。

再以汉语的“青”字为例，作为色彩，青可以是绿、蓝、蓝绿或黑。青草指绿草，青天指蓝天，青瓷指色度深浅不同的一种绿瓷，青丝指黑发，青衣侍儿指穿黑色衣裙的丫鬟（常见于古典文学作品），等等。由此而派生出许多词汇：青睐、青翠、青春、踏青、青黄不接、青史、汗青等。

将西文转换成中文时，语境同样制约词义，使其产生可变性。如 negro 作为色彩讲，与汉语的黑色完全对应。但是在下列词组中，二者就并非完全对应了：

futuro negro- 前途暗淡
novela negra- 犯罪小说
suerte negra- 运交华盖
cine negro- 惊险暴力电影
tener el alma negra- 心肠歹毒
pasarlas negras- 身处困境

翻译过程中的语境是个广泛的概念，包括语言语境、社会文化背景和实际情景。el indio，是个很普通的单词，指印度人（大部分字典的第一解释）、印第安人等等。在一篇描写委内瑞拉热带草原生活的小说中，有这样一句话，...dos indios lo acompañaron a cruzar el Orinoco para entrar en la sabana... 译者将句子译成“两个印度人陪他穿过奥里诺科河，进入草原”。其实我们只要从上下文分析，就可以得出结论，在委内瑞拉，在奥里诺科河流域，在热带草原，在这样一个环境中出现一个印度人的概率实在相当低，出现两个印度人的概率更是微乎其微，而印第安人在此地活动却是天经地义的。所以，这句话的意思是“两个印第安人陪同他穿过奥里诺科河，进入草原”。语境加上一点逻辑，我们就能选择适当的词汇。

还有一个例子也很说明问题。在一部介绍切·格瓦拉在玻利维亚打游击的书中，出现了有关 unos campesinos chinos 这个细节，译者译成“几个中国农民”。问题变得十分诡谲，彼时（20 世纪 70 年代），彼地（玻利维亚的深山区），哪里来的中国人？而且是中国农民？！实际上，彼处的“chino”是指印第安的其诺族人。

语境也包括语言搭配的限定，即语言语境。一些短语的搭配已经形成近乎固定的模式，例如：sangre azul 并不能译成蓝血，而要译成贵族，此处有文化背景的限制；gente guapa 在特定环境下，是指上流社会，而非漂亮人儿；tener padrino 并非总是译成“有教父”，有时其含义是“有后台”或者“有靠山”；hijo de papá 有时指“娇生惯养的孩子”或“纨绔子弟”；“ángel caído”不是降落的天使，而是恶魔（也可译为堕落天使）；sueño americano 是“美国梦”，而 sueño americano de Bolívar 就不能译成“玻利瓦尔的美国梦”，因为玻利瓦尔从来没有做过什么美国梦，此处要译作“玻利瓦尔的美洲梦想”，这才符合历史事实。

一些常用的动词与补语的搭配看似简单，在翻译时也必须考虑同词异译的原则。例如：

sentir sus pasos 听到他的脚步声
sentir olor de café 闻到咖啡的香味
sentir la música 有音乐感
sentir cansancio 感到疲乏
Los animales sienten las mudanzas del tiempo. 动物能预感到天气变化。

在下列句子中，我们也可以根据对句子本身的分析，对同一个词“horizonte” 给予不同的译法。

例 1. *Se calcula que ese partido centrista no tendrá otro horizonte que el gobierno de coalición con otros partidos.*

译文：据估计，那个中间派政党除了与其他党组成联合政府之外，别无出路。

例 2. *Estos conservadores tienen horizontes muy limitados.*

译文：这些保守派思想狭隘。

例 3. *Esos campesinos vienen a la ciudad en busca de nuevos horizontes.*

译文：农民们进城是为了需求新的生活。

例 4. *En la pampa lo único que entra en la visión del viajero es el horizonte, un horizonte extendido, que lo rodea desde todos los lados.*

译文：在大草原上，唯一进入旅人视野的就是地平线，辽阔的地平线从各个角度环抱着他。

例 5. *En los países altamente industrializados, la gente, a veces, cuando consiguió el éxito pleno en el campo profesional, decidió ampliar sus horizontes y dedicarse más a mejorar el mundo en que vive.*

译文：在那些高度工业化的国家，有时候一些人会在他们的事业达到顶峰时，决心去开拓自己的未来，更多地投入到使世界变得更美好的行动中。

译者在解读原文之后，应该能够比较准确地掌握了西班牙语词语所表达的意思。但是当他把这些词语翻译成中文时，常常会在选择适当中文词语时踌躇再三。杨绛先生曾说过，“译者需储有大量词汇：通俗的、典雅的、说理的、叙述的、形容的等等，供他随意使用。”选词之难，不在于选取最华丽的、最响亮的、最抢眼的词，而是最恰当的、最贴近原文意思的词。汉语词汇浩如烟海，找寻对应词绝非易事。例如，说到一位先生熟悉托雷多的历史、传说、习俗和各种大事小情时，用了这样一句话：Este señor podrá ser cronista de Toledo. 句子很短，用词简单，但是 cronista 应该怎么译才贴切，史学家？编年史作者？其实在这个语境中，比较适宜的也许莫过于“那位先生可以成为托雷多的掌故专家”。

课上练习：请看下面的句子，注意选取最适当的词语来翻译其中划线的部分。

1. Sobre España ha llovido durante los primeros años de este siglo una millonaria inversión extranjera, mayoritariamente alemana y francesa.

2. Con el respaldo popular aumentado hasta más de 54 por ciento de los votantes, la presidenta de Argentina, Cristina Fernández, inaugurará este sábado su segundo mandato en un clima de optimismo y confianza sobre el futuro pese a los nubarrones económicos que vienen del Norte.

3. La expansión del monocultivo de soja en Argentina, que deja cuantiosas divisas a los operadores del sector y a las arcas del Estado, tiene su contracara en el impacto de la fumigación con agrotóxico cerca de la población ubicada a la vera de las plantaciones.

4. El intento de cambiar el tratado de la UE para resolver la crisis de deuda de la eurozona zozobró en la cumbre de jefes de Estado y de gobierno del bloque.

5. Todo el mundo hablaba del agridulce aniversario del gobierno de Rajoy cuando España sigue enclando en la crisis.

6. Las migraciones interiores fueron numerosas desde finales del XIX hasta los años sesenta y setenta del siglo pasado, Barcelona y Madrid –pero también Bilbao y otras ciudades en expansión—recibieron oleadas de gentes que huían de sus lugares de origen, ubicadas en la España que era pobre, casi miserable, para instalarse en el *paraíso* de las regiones desarrolladas.

7. Los inmigrantes llegan y llegan. Y llegarán más. No se pueden poner puertas al hambre. Ni vallas. Ni muros. Ni despliegues impresionantes de fuerzas de seguridad. Es una oleada que

puede frenarse, pero no controlarse. Algunos de ellos, por lo demás, delinquen o delinquerán y hasta formarán parte de redes organizadas para la extorsión o el tráfico de drogas, o la trata de blancas, de negras o de amarillas. Pero también hay numerosos delincuentes entre los españoles de **pura cepa**, de muchas generaciones.

建议：

读者可以适当关注并收集 solidaridad, inquietud, línea, posibilidad 等几个使用率非常高的单词的语例，并注意在不同语境中对这些语例采取的不同译法。

6.2 多义词与歧义

词的多义现象不仅存在于汉语，同样也是西班牙文的特点。越是形态简单的词，其含义越多。像 ser, dar, hacer, poner 等动词，每个都有 30 多个以上的意思。像 casa 这样的名词，也是多义词，有家、房子、厅堂、商号、机构等等的含义。一旦对这类词理解有误，就会产生歧义。例如在餐馆里，侍者向你推荐一种菜式时说"Este es el plato de casa."，决不能译成"这是家常菜"，而是"这是本店的招牌菜"。casa 不是指家庭，而是这家餐馆。Es sabido que el sueldo de muchos españoles no llega al fin del mes. 这是时下（金融危机期间）在西班牙很普通的一句话，不少学生译成"众所周知，很多西班牙人月底拿不到工资"。如果确实是这样的话，那么对一个欧盟成员国来说，问题就相当严重了。然而，这句话的意思只是"很多西班牙人的工资维持不到月底。"El director viajaba mucho y la firma corría con los gastos. 句子实在太简单了，但是 viajar 是什么意思？因公出差，还是外出旅游？我们中国人很容易感同身受地译成"经理常常外出旅游，公司给报销"。然而在一般情况下，也就是说，在正常情况下，应该译为"经理时常出差，由公司支付其费用。"

bronce 一词有多重含义，翻译时不能在理解和措辞上犯错误。看下面一组例句：

例 1. *Los indígenas, raza de bronce, habitan en la sabana.*
译文：被称为青铜种族的印第安人居住在大草原上。

例 2. *José es de bronce.*
译文：何塞是一条硬汉。

例 3. *¿Crees que yo tengo el corazón de bronce?*
译文：你认为我是铁石心肠吗？

例 4. *¿Es posible encontrar un bronce en el cementerio de los bereberes?*
译文：在柏柏尔人的墓地里发现青铜器是可能的吗？

例 5. *Habla el bronce.*
译文：开炮了。

再看下面几个例子（注意划线部分）：

例 1. *Carlos dijo que iba a trabajar en una fábrica de óptica de no sabía qué ciudad, donde a un buen técnico como él le pagarían barbariedades.*
译文：卡洛斯说，他要去一家地点在某个城市的眼镜厂工作，那里对于像他这么优秀的技师会给予非常优厚的报酬。

例 2. *Estos tres eurodiputados son tres insólitos mosqueteros de la política.*
译文：这三位欧洲议会的议员是难得一见的政治三剑客。

例 3. *Desde que irrumpió en el mundo del flamenco, Sara no ha dejado de buscar apuestos de mayor calado. Su calidad artística y una gran capacidad de trabajo completan las virtudes de esta bailadora que se aleja del estereotipo.*
译文：自从萨拉闯进弗拉门戈舞坛，就一直在寻求最大的一搏。她的艺术造诣加上杰出的工作能力，使这位卓尔不群的舞者的天赋臻于完美。

上面三个例句中划线的部分都可以有不同于译文的解释，如 mosquetero，根据西汉字典，有火枪手、滑膛枪手、剧院里买站票的观众、无所事事的人等意思。但是由于该词是指三个议员，那么读者应该很快就联想到大仲马那部脍炙人口的小说《三剑客》（旧译《三个火枪手》），说的是三位行侠仗义的英雄。因此，mosquetero 译成剑客最合适。

许多西班牙语词汇看似简单，意思似乎一目了然，学生们在做翻译练习时很容易忽略这些单词的多义性，不假思索地把自己掌握的意思写上。例如：

Mi hermano me dirigió una mirada asesina. 我弟弟像个杀人犯似的看了我一眼。

Ese error monumental que cometí me arruinó. 我犯的那个历史性错误让我破产了。

La perfecta tempestad es una película muy taquillera.《完美风暴》是一部叫座的片子。

Alguna que otra vez tiene laguna en la mente. 偶尔在他的脑海里出现了湖泊。

Lleva una vida continente. 他在内陆生活。

如果对 asesino, monumental, perfecto, laguna, continente 等 5 个单词多一些了解，就会知道，在第一句应该是“我弟弟恶狠狠地看了我一眼”，第二句是“我犯的那个严重错误把我毁了，”第三句是“《大风暴》是一部上座率很高的片子”，第四句“偶尔他脑子会出现空白”，最后一句是“他过着一种淡泊的生活”（continente 此处为形容词：有节制的）。

这类情况相当普遍，但是如果发生在法律事务方面，译者就更要三思而后行。例如西班牙颁布了一项法规：Ley de Inversiones Exteriores（Real Decreto 664-1999），exterior 一词应该译成“对外”（就像 Banco Exterior de España，其正式译名是西班牙对外银行）还是“外国的”？根据法规的内容，我们可以得出结论：应译成《外国投资法》，指外国人在西班牙的投资管理法规。

有些短语和词组也存在多义和歧义的现象，解决起来并不难：查阅工具书或者向教师或内行请教。但是我们的学生有时会凭借脑子里储备的些许语言知识和常识，想当然地推导出这些短语和词组的意义，于是就不可避免地出现了错误。请看下面的例子：

La cuesta del régimen [de Franco],ya imparable, toca fondo con la enfermedad y muerte de Franco, su creador y sustentador. El hecho ocurre en la madrugada del 20 de noviembre de 1975. Al día siguiente, es decir, entre la muerte de Franco y el día de la proclamación de don Juan Carlos como rey de España ante unas Cortes enlutadas y con el cadáver del general expuesto en la capilla ardiente del Palacio Real, […]

划线的部分从字面上看，似乎是“着火的小教堂”，然而从逻辑的角度和史实的角度看，无论如何也不可能把当时的国家元首佛朗哥的遗体放在燃烧的教堂里。la capilla ardiente 是一个词组，意思是灵堂。所以这段话的译文可以是：

佛朗哥政权走下坡路的趋势无法遏制了，在其创建者和维护者佛朗哥患病去世时便跌落到谷底。1975 年 11 月 20 日凌晨佛朗哥去世。次日，即从他死后到堂胡安·卡洛斯在身着丧服的议会成员面前、在将军的遗体还陈放在王宫的灵堂里的情况下被宣布为西班牙国王的这一天的间隙，/……/

6.3 词性的转换

翻译的变通手法很多，词性转换是最常见的一种。由于译出语和译入语本身的不同表达习惯，由于不同的思维逻辑和不同的审美角度，词性的转换是必不可少的。请看下面的例句：

例 1. *Es importante el entendimiento mutuo.*
译文： 双方相互了解是很重要的。

例 2. *—Lo perdí todo—, dice entre lágrimas María.*
译文： "我什么都没有了"，玛利亚边哭边说。

例 3. *No seas adulador*。
译文： 你别拍马屁。（或你别奉承人。）

很明显，这三个句子中都有一些词在译文中做了调整，否则其译文分别是："相互的了解是重要的"，"……玛利亚在泪水中说……"，"你别当个拍马屁者"。这样的翻译太外国味了。

只要双语语义基本对应，任何词类都能够进行转换。如果从词性和结构上分析，我们会注意到西语的形容词、动词（动词短语）、介词（介词结构）等均可转换成汉语的不同词类。

在西汉互译中，较常见的是名词与动词、动词与形容词、形容词与动词、形容词与副词、短语与形容词以及其他类型的转换。通过分析我们得知，在汉西两种语言中，占有优势的词类是不同的，汉语使用动词的频率高于西语，而西语使用名词、动名词和介词的频率高于汉语。因此，为了达到最佳可读性，必须转换词性。例如：Su frecuente merodeo por la calle le llevó a conocer casi a todos los vecinos. 主语 Su frecuente merodeo 如果直译，是"他的经常的游逛"，这种表述方式显然不自然，可行的办法是把名词换成动词，译文是："他经常在街上游逛，使得他认识了几乎所有的居民。"

通过对下列例句的分析，我们可以熟悉上述转换技巧。

例 1. *La oportuna llegada de las mercancías le prometió beneficios abundantes.*
译文： 由于货物及时到达，他获利丰厚。（名词变动词）

例 2. *Es un chiflado, además, charlatán.*
译文： 这个人疯疯癫癫，而且还饶舌。（形容词变动词）

例 3. *Te reitero mi agradecimiento por lo que has hecho.*
译文： 我再次对你所做的表示感谢。（名词变动词）

例 4. *La libertad para nosotros, la muerte para enemigos.*
译文： 自由属于我们，敌人一定灭亡。（介词变动词）

例 5. *Hay que adaptarse a lo que está por venir.*
译文： 应该顺应未来。（短语变名词）

例 6. *La situación del Medio Oriente está al rojo vivo.*
译文： 中东形势严峻。（短语变形容词）

例 7. *José volvió a lo de siempre.*
译文： 何塞又旧话重提。（动词变副词）

例 8. *La jerarquía y autoridad paterna, en decadencia. Ahora hay una comunicación más fluida entre padres e hijos. En algunos casos el orden jerárquico y autoritario anterior ha pasado a una gran permisividad.*
译文： 家庭中的等级观念和家长权威正在萎缩。现在在父母和子女之间的交流较为顺畅。在有些情况下，过去家里的等级制和家长制已经变得非常宽松。（名词变形容词，等）

下面通过简单的分类来加深对词形转换的理解：

1）西语的名词转换成汉语的动词

例 1. *El gran volumen de la* ***exportación*** *de productos alimenticios le permite situarse entre las corporaciones de piloto de la misma rama en Chile.*

译文：该公司食品**出口**数量大，位居智利同类企业中的先进行列。

例 2. *Tenemos mucho interés en **la representación** en exclusiva de sus productos –en especial, los lácteos—en los países miembros del Cono Sur.*

译文：我们很希望在南锥体成员国独家**代理**贵公司的产品，特别是奶制品。

例 3. *Nuestra **evolución** cultural, artística, social y política ha tenido en esta Institución como su eje diamantino durante siglos.*

译文：数百年来，我国的文化、艺术、社会和政治的**发展**，均以这一体制为其“坚强轴心”。

例 4. *Con **el saqueo** del Museo Arqueológico de Iraq y **el incendio** de la Biblioteca de Bagdad se destruye una parte esencial de la historia de la humanidad. **La reacción** de la UNESCO ha sido inmediata, con la reunión celebrada el 17 de abril en París para nombrar una comisión que se dirige a Iraq a evaluar los daños.*

译文：由于伊拉克考古博物馆遭**洗劫**，巴格达图书馆被**焚毁**，人类历史的一个重要部分遭到破坏。联合国教科文组织立即做出了**反应**，该组织于4月17日在巴黎召开会议，任命一个委员会前往伊拉克评估损失。

例 5. *zona de exclusión de vuelos*

译文：禁飞区

2）西语的形容词转换成汉语的动词

例 1. *El conocimiento de la Institución Monárquica y de las personas que la encarnan se hace más **necesario** que nunca para un pueblo que quiere analizar y estudiar la función que desempeña la Corona en la sociedad española contemporánea.*

译文：西班牙人民愿意分析和研究王权在当代西班牙社会中所起的作用，这样的人民比以往任何时候都更**需要**认识君主制及其代表者。

例 2. *Es cierto que los viajes ilustran, nos ayudan a conocer otras culturas y otras gentes, por lo que son muy **enriquecedores.***

译文：旅游确实能开启人的智慧，有助于了解异地的文化和人，所以极大地**丰富**了我们的身心。

例 3. *Pasado el primer momento de estupor, exclamó el lego:*

—¡Está **loco**!

—¡Está loco!—repitieron los pastores, y atizaron de nuevo la lumbre y se agruparon alrededor del hogar. (Gustavo Adolfo Bécquer, p159.)

译文：这几个人刚从震惊中清醒过来，执事僧大声说：

——他**疯**了！

——他疯了！——牧人们附和着说。他们重新拨旺了火，又围着火塘坐了下来。

例 4. *Tengo la pierna* ***herida.***

译文：我的腿**受伤**了。

3）西语的动词转换成汉语的形容词

例 1. *Hace algunos meses, que visitando la célebre abadía de Fitero y* ***ocupándome*** *en revolver algunos volúmenes en su abandonada biblioteca, descubrí...*

译文：数月前，就在我访问著名的菲特罗修道院并且在那座久已废弃的图书馆里**认真地**查阅一些藏书时，我发现了……

例 2. *Su manía* ***se reconcentró*** *con los años.*

译文：随着年龄的增长，他的怪癖更**严重**了。

4）西语的前置词转换成汉语的动词

例 1. *La cordillera pirenaica ha sido para España, según las circunstancias históricas, barrera* ***frente a*** *Europa o vía de unión con ella.*

译文：对于西班牙来说，在不同历史时期，比利牛斯山有时是**对抗**欧洲的屏障，有时是连接欧洲的通道。

例 2. ***Ante*** *esta anécdota H. Barrera se quedó más tranquilo.*

译文：听了这段逸闻，H·巴雷拉的情绪已十分平静了。

例 3. *Después de recorrer toda Alemania, toda Italia y la mayor parte de este país clásico* ***para*** *la música religiosa, aún no he oído un Miserere en que pueda inspirarme, ni uno...*

译文： 我走遍了德国、意大利和这个古老国家的大部分地区来**研究**宗教音乐，但是至今我也没有听过一首可以给我灵感的《亚萨的诗》，一首也没有……

5）西语的名词转换成汉语的形容词或副词

例 1. *La alegre cordialidad del padre, sus chistes, sus* ***muestras de afecto****, no pudieron sacar a Juan de la melancolía ni abrirle el apetito.*

译文： 父亲愉快热情，谈笑风生，**和霭亲切**，然而这样并不能消除胡安的忧郁心情，引起他的食欲。

例 2. *¡Patria o* ***muerte!***

译文： **誓死**保卫祖国！

6）西语短语的转换

除了上述转换形式，还应该关注短语（包括介词结构、副词结构等）和词组的转换。在西班牙语的词汇中，短语和词组占有很大比例，由于其表现力强，形式活泼，使用频率相当高。译成汉语时，可以有不同的对应方式：可以译成动词、名词、形容词、副词或者短语、习语等。例如：

例 1. *Los funcionarios locales* ***hacían oídos sordos a*** *las críticas provenientes de los que trabajan en la ONG.*

译文： 地方官员对于来自非政府组织的批评置若罔闻。

例 2. *Todo el mundo está esperando* ***el adiós a las armas*** *de ETA, Al Qaeda así como otras organizaciones terroristas más temibles que se conocen hoy día.*

译文： 全世界都期盼着埃塔、基地组织和其他最可怕的恐怖组织放下武器。

例 3. *La economía de ese país mediterráneo se ha visto afectada por la desafavorable situación internacional, aunque ha sabido sortear la crisis mejor que el resto de Europa, según* ***las fuentes bien informadas.***

译文： 据消息灵通人士说，那个地中海国家的经济受到了国际形势的不利影响，尽管它能够比其他欧洲国家更好地规避危机。

例 4. El canciller cubano dijo:¨Para mí, lo más importante de mi visita a España es haber establecido un canal de comunicación a los más altos niveles que nos permitiera escuchar y ser escuchados. Y eso ha podido hacerse con **el más amplio espectro de** la sociedad española.¨

译文： 古巴外长说："对于我来说，最重要的是，此次对西班牙的访问建立了有助于我们双方交流的与西班牙高层的通话渠道，如此可以成为与西班牙社会的全方位的交流。"

例 5. *Pasamos luego a abordar uno de los temas que ha hecho al Ministro* ***poner más carne en el asador,*** *el de la cooperación internacional.*

译文： 之后，我们谈到了让部长更加紧张的另一个话题——国际合作。

例 6. *El reportero habla con el diplomático sobre un tema delicado y personal: la familia. Lo plantea un poco* ***con la boca chica.***

译文： 记者小心翼翼地与这位外交官谈到了一个很敏感又很个人的话题：家庭。

例 7. *Siempre lo veía a ese* ***sin techo*** *deambulando por estos callejones, acompamañado por un perro.*

译文： 我总是看见那个流浪汉在这几条胡同徘徊，后面跟着一条狗。

对于短语的翻译，需要特别强调的是，不可望文生义，不可误解意义单位，不可忽略上下文的语义联系。有时，学生会把短语或词组理解成若干个意义单位（例如：capilla—ardiente），或者简单地望文生义，甚至穿凿附会（例如：colegio—mayor），这样会歪曲原文含义，影响译文的整体效果。

课上练习

1. Parece que fue ayer cuando los españoles nos llevábamos las manos a la cabeza al ver en televisión las atrocidades cometidas en Estados Unidos e Italia por la mafia, y es que por la piel de toro sólo ¨disfrutábamos¨de delincuentes locales, perfectamente, por nuestros cuerpos y fuerzas de seguridad. (Cambio 16 , 02-09-02)

2. Bajo la presión de la opinión pública, el ministro se vio obligado a anunciar su

renuncia para salir por la puerta grande.

3. En Europa, los casos de corrupción surgen desde los altos estamentos del poder. En Francia, el ex presidente se protegió bajo el blindaje de su inmunidad para esquivar varias investigaciones judiciales por financiación política irregular, mientras el primogénito de su sucesor se envuelve en un escándalo de tráfico de armas a un país africano...

之所以列出上面这么多分类，证明了词性的转换很灵活，没有刻板的一定之规。基本原则就是在不影响原文的语义，不违背译入语的语用规则的前提下进行双语之间的词性调换。

最后要说明的一点是，词性的转换可分为**选择性的和强制性的**，第一种是指可换也可不换的情况，具体如何做，要根据上下文和译出语的惯用标准而定。例如，El embajador es representante de un Estado determinado. 可以译为“大使是某个国家的代表”，也可以译为“大使代表某一个国家”，前一句的词性没有变化。第二种是指非换不可的情况，例如: No soy menos inteligente que usted.此处应把形容词 inteligente 转换成名词，句子的译文是“我的聪明不亚于你”，这样的变通使译文显得自然。

6.4 肯定与否定的转换

这也是西译汉常用的技巧，即在需要的情况下，把西语的否定形式译成汉语的肯定形式；或者把西语的肯定形式译成汉语的否定形式。这种方法也被称为正说与反说的转换。换言之，就是由于两种语言的表达习惯不同，西语用正面形式表达的意思，汉语可能用反面的形式予以表达，或者相反。这种陈述方式的转换的“基本作用机制是双语在概念命名、话题表述、情态表达、强调分布时的角度、侧重面、着眼点及特征选择或描摹方式等方面的差异”。（刘宓庆，188 页）

这里所说的否定形式，就是指西班牙文的 no, ni, sin, nada, nadie, ninguno 以及一些带有 des-(desconfiar, deshacer)，dis-(disconformidad, discontinuidad)，in-(inculto, inamovilidad), im-(improcedente, imposible)等前缀的词。还有像 no... sion，no... hasta 等实际上表示正说的形式，也因其使用否定词而归入此类。在汉语是指句子中带有“不”、“无”、“非”、“未”、“否”、“没”等字。

正说与反说的转换形式很多，例如：

¡Cómo no!　　（西文是否定式）
当然。　　（中文是肯定式）

¡No me digas!　　（西文是否定式）
真的吗？　　（中文是肯定式）

La primavera se aproxima.　　（西文是肯定式）
春天不远了。　　（中文是否定式）

La tienda no se abre hasta las nueve.　　（西文是否定式）
商店 9 点开门。　　（中文是肯定式）

Tras tantos años mi abuelo no recuerda sino unos detalles imprecisos de aquella navegación.（西文是否定式）
那么多年之后，我爷爷只记得那次航行的一些模糊细节。（中文是肯定式）

这种陈述方式的转换很必要，因为汉西两种语言在话题表述、信息的侧重点、角度、描摹方式、特征的选取等方面存在差异，肯定与否定的转换就是要把差异尽量弥合，使译出语显得自然。从效果上看，尽管陈述方式有变化，但是不会影响概念的内涵。例如：中文的“无核区”是否定形态，西班牙文是 zona libre de armas nucleares，是肯定式；中文的“不冻港”是否定式，对应西文的 puerto libre de hielo，是肯定式；同样，“宣判无罪”一词的西文译文是 absolución libre，不带否定词。

下面将这一技巧分别予以介绍。

肯定形态转换为否定形态

例 1. —*¿Qué has dicho?*
　　—*Lo que has oído.*
译文：“你说什么？”
　　“你不是听见了。”

例 2. *Se cabreó con razón.*
译文：他没法不生气。

例 3. *Pierde cuidad.*

译文：别担心。

例 4. *Es fácil notar su inquietud.*

译文：不难发现他的焦虑。

例 5. *Pablo será digno de tu confianza.*

译文：帕布洛不会辜负你的信任。

点评：此句也可以译成肯定形态。

例 6. *¡Cuánto me pesa de haber venido por aquí y de permanecer aquí tan largo tiempo!*

译文：我悔不该到这里来，而且还在这里逗留这么久。

例 7. *Simplemente quería decirme sus impresiones sobre el nuevo empleo.*

译文：她只不过是想告诉我她对新工作的想法。

例 8. *Córdoba es la ciudad más armoniosa y bella de España. Su pasado cultural y su patrimonio son abrumadores, su mobiliario urbano es descomunalmente hermoso, su actividad cultural es estimable y su gastromía tiene pocos rivales en ciudades de su tamaño.*

译文：科尔多瓦是西班牙最和谐和美丽的城市。它有丰富的充满文化色彩的历史和古迹，它有美不胜收的城市建设，它的文化活动值得赞赏，而它的美食在同类城市中几乎无可匹敌。

<u>否定形态转换为肯定形态</u>

例 1. *En un principio casi todo el mundo creía que los nazis no eran sino unos moros sin cabeza.*

译文：最初，几乎所有的人都认为，纳粹分子只不过是一群乌合之众。

点评：moros sin cabeza 是一句成语，字面意义是指"失去首领的摩尔人"，否定词（sin, 介词）在译成汉语后消失。

例 2. *Frente a una situación sin control, el ministro del Interior, un hombre tan indeciso, quedó totalmente sin saber nada.*

译文：面对失控的局面，优柔寡断的内政部长完全束手无策了。

点评：形容词 indeciso 的否定意义，在译文中变成正面词汇"优柔寡断"。

例 3. *Al fin y al cabo, no menos de la mitad de los territorios de Bolivia, Brasil, Chile, Ecuador, Paraguay y Venezuela está habitada por nadie.*

译文：总而言之，玻利维亚、巴西、智利、厄瓜多尔、巴拉圭和委内瑞拉一多半的土地流于荒芜。

例 4. *En algunas ocasiones, citan a Samuel Huntington, un profesor prestigioso de Havard cuyas teorías no dejan indiferente a nadie y al que sus críticos tachan de racista.*

译文：有时，人们引用亨廷顿的观点。亨廷顿是哈佛大学一位名教授，他的那些理论引起所有人的关注，他的论敌甚至指责他是种族主义者。

在日常用语中，这一类例子不胜枚举，例如：

例 1. *No puedo pedir más.*
我知足了。

例 2. *El obispo no tenía duda alguna sobre su devoción.*
主教完全相信他的忠心。

例 3. *No me dejes la palabra en la boca.*
你让我把话说完。

例 4. —¿Me puedes ayudar?
—Sin condiciones.
"你能帮帮我吗？"
"当然。"

例 5. *Es una mujer muy leída, ¿no?*
她是一位知识渊博的女子，是吧？

例 6. —*¿No existe un reglamento o un estatuto al respecto?*
—*¡Afortunadamente!*
"没有相关的规定或者章程吗？"
"幸亏**没有**！"

例 7. *No pude verle a Alberti hasta que volvió de sus 40 año de expatriación.*
直到阿尔维蒂在流亡 40 年后回来时，我才得以见到他。

除了上述几种最常见的情况，下面的例句也需要灵活转换：

例 1.*"No crea usted que es vulgar el entendimiento del señor Vicario: es un espíritu inculto, pero despejado y claro. No hay desgracia que no remedie, ni infortunio que no consuele, ni humillación que no procure restaurar, ni pobreza a que no acuda solícito con un socorro."*（Juan Valera, p.40）

译文：您不要以为本堂神父才智平庸，他是没文化的人，然而头脑清晰，性格坦率。凡有灾祸，他必去救助；凡有不幸，他必去抚慰；凡有受屈辱者，他必设法为之昭雪；凡有穷困者，他必施以援手。（刘玉树　译）

点评：在这一段话的第二句，出现了 no...no...，ni...que no...等双重否定式，中文译文没有照此直译，而是予以转换，句式的排列则遵照了原文的安排，整个段落显得非常紧凑，语言也很有说服力。

例 2. *China y Chile firmaron el histórico Tratado de Libre Comercio(TLC). Las reacciones de los representantes de amabos países en la Cumbre de APEC, donde fue el escenario del evento, no se dejaron esperar.*

译文：中国和智利在 APEC 峰会期间签署了历史性的自由贸易协定，双方代表都迅速做出了反应。

例 3. *Uno de los objetivos del Tratado es aumentar la competitividad de las empresas mexicanas, canadienses y estadounidenses, sin descuidar la protección del medio ambiente.*

译文：该项协定的目的之一是增强墨西哥、加拿大和美国的企业竞争力，同时关注环境保护。

例 4. *Pienso que el hombre debe vivir en su patria y creo que el desarraigo de los seres humanos es una frustración que de alguna manera u otra entorpece la claridad del alma. Yo no puedo vivir sino en mi propia tierra; no puedo vivir sin poner los pies, las manos y el oído en ella, sin sentir la circulación de sus aguas y de sus sombras, sin sentir cómo mis raíces buscan en su légamo las substancias maternas.* (Pablo Neruda, *Confieso que he vivido*, p.204)

译文：我认为，一个人应该生活在他自己的祖国；我还认为，人类失去自己的根，就意味着失落，会不同形式地破坏灵魂的安宁。我只能生活在故土；我要把手、脚和耳朵紧贴着它，我要聆听地上河流的流淌和树荫的移动，聆听我的根如何在土壤中觅取母亲的养分，否则我无法活下去。（林光　译，《回首话沧桑》）

西语的一些否定形式在转换译法上有一定的规律性，下面分别介绍其中的几种：

1）No + verbo + sin + sustantivo 否定意义被抵消

例：*No lo hizo sin trabajo.* 他此事做得很艰难。（他做此事并非轻而易举。）

No lo consiguió sin dificultad. 他千方百计才弄到手。

2）Verbo + no +sin +sustantivo 否定意义被抵消

例：*Hablaba no sin ironía.* 他用讥讽的口吻说。（他不无讥讽地说。）

Entró no sin miedo. 他战战兢兢地进去了。

3）No + verbo + no + verbo 否定意义被抵消

例：*No puedo no ir.* 我得去。（我不能不去。）

No te conviene no contestar. 你应该作答。（你不答复不合适。）

No llegaron a ver el río hasta que no alcanzaban el borde del ribazo. 他们一直走到陡坡边上才看到那条河。（他们不走到陡坡边上就看不到河。）

4）几种短语：

No tardar en... 很快，即将

例：China no tarda en ser una potencia altamente industrializada.

译文：中国很快就会成为一个高度工业化的强国。

No es más que... 只是……

例：Eso no es más que una broma.

译文：这只是个玩笑。

No tener más remedio que... 只能……

No queda más salida que... 只能……

例：El premier no tenía más remedio que aceptar todas las condiciones que pusieron los partidos de la oposición.

译文：首相只能接受各反对党提出的全部条件。

No...sino... 只是……

例：No deseo sino contárselo todo.

译文：我只想把一切都告诉他。

No...más que... 只有……

例：En su bolsillo no hay más que un euro.

译文：他口袋里只有一欧元。

肯定形式和否定形式的转换**只是在必要的情况下**才实施，有时可以转换也可以不转换，译者就要根据具体情况而定。比如，acto incivil 可以是“不文明的行为”，也可以是“野蛮的行为”；una sonrisa irresistible 可以是“不可抗拒的微笑”，也可以是“迷人的微笑”；hablar no sin melancolía 可以译为“他不无伤感地说”，也可译为“他伤感地说”。但是如果二者都可行，则应尽可能与原文保持形式上的一致。

西班牙语使用否定词的频率很高，有时否定式的表述方式甚至比肯定式的力度还强。这时，译者就要忠实于原文的风格。例如：

(El candidato del PSOE a la Presidencia del Gobierno, Alfredo Pérez Rubalcaba, reconoció ayer *errores* durante la gestión del Gobierno que impidieron encarar mejor la crisis y aseguró que no renegará de Zapatero.) ¨*Ni me voy a esconder, ni voy a decir que no he estado allí e intentar que la gente olvide que fui ministro de Zapatero*¨, *afirmó*.

西班牙工社党现任总书记的这段话可以译为：“我不会躲躲藏藏，不会言之凿凿地撇清自己，也不会企图让大家忘记我曾是萨帕特洛政府的部长。”

课上练习：口译下面几段话，请学生自行选择正说或反说的方式。

1. En EE UU hay 17 millones de electores hispanos, es decir, el 8,6% del censo. Y si su progresión demográfica no se frena, en las presidenciales del año próximo podrán llegar al 10%. La comunidad hispana se ha movilizado como nunca: su participación se ha incrementado en 1,5 millones. El 70% de los hispanos ha votado demócrata.

2. El portavoz del PSOE consideró el discurso del Rey ¨pegado a la realidad¨, y dijo que Don Juan Carlos no pudo hacer un diagnóstico ¨más acertado¨ y más próximo a los problemas de los españoles al apelar a un crecimiento sostenible ¨manteniendo la más alta protección social¨.

3. De acuerdo con el rector del Instituto Pedagógico Latinoamericano y Caribeño (IPLAC), Bolivia se ha trazado el reto de declararse libre de analfabetismo en 30 meses, para ello debería alfabetizar a más de un millón de personas, meta que no parece imposible si se

tiene en cuenta que en tres meses fueron alfabetizadas las primeras mil.

4. En algunas ocasiones, los altos responsables de la Administración Bush citan a Samuel Huntington, un prestigioso profesor de Harvard cuyas teorías no dejan indiferente a nadie y al que sus críticos tachan de recista. Huntington es el autor de *El choque de civilizaciones,* entre muchos otros ensayos. En uno de los últimos, titulado *¿Quiénes somos?—Los desafíos de la identidad nacional americana,* postula que la inmigración latina es una amenaza para la identidad cultural estadounidense. Especialmente la de origen mexicano.

5. La política de ese Grupo se ha caracterizado siempre por un intento de lograr en lo posible la unidad del mundo latinoamericano. Esa unidad, ¿es posible, o no deja de ser una utopía?

6.5 词义的引伸

所谓词义的引申，是指根据上下文的语境要求，对词义做一定的调整和变动，而不是完全拘泥于词典的释义，以求达到使译文更顺畅、更自然和更富于表现力的目的。而缺少翻译经验的学生常常会把字典的解释照抄到译文中，不顾语境的限定和译入语的规则，这一点在学生的翻译练习中是最多见的问题。

引申的方式和范围要根据文体而有所调整，大多数文体允许词义的引申，新闻报道与文艺作品中涉及到一些背景知识（历史、传统文化、社会习俗等），一些细腻的描写和叙述（语气、情感），以及一些思维方式（逻辑推断）时，可以从词义的广义与狭义、抽象与具体、概念的大与小等方面进行引申。科技、经贸类的题材在重事实和概念的前提下，词义的引申要服从逻辑关系和专业要求。而政论性题材的情况较特殊，特别是一些政策性或理论性很强的文体，例如外交文件、专论等，做引申处理时要比其他文体更加谨慎。

6.5.1 广义与狭义（概念的大与小）

所谓“广义与狭义”是指在用词上，有时可以用含义广、概念大的词来指代含义相对狭窄、概念相对小的事物，或者反之。例如：

例 1. *La fuga de <u>cerebro</u> obliga al Gobierno a reflexionar sobre sus políticas aplicadas.*

译文：人才外流现象迫使政府对其执行的政策进行反思。

例 2. *No es justo meter a ese joven entre rejas.*

译文： 把那个年轻人关进监牢是不公平的。

例 3. *Hay muchas personas sin techo.*

译文： 很多人没有家。

在上述例句中，cerebro（头脑）这个狭义词扩展为“人才”，rejas（栏杆，铁栅栏）以复数的形式指“监狱”，techo 是屋檐，翻译时可以把这个概念扩大为“家”。

6.5.2　抽象与具体

西班牙语常常用抽象词指代具体事物，或者反之。如，fenómeno 其本意是现象，但是也指奇人；visita 的意思是访问、拜访，但是也指访客，客人；bolsillo 的意思是口袋，衣兜，同时也代指经济条件。一种更常见的情况是，用非常普通的表示具体事物的词代指抽象概念，比如用 trono 指王权，用 plata, lana, oro 表示钱财，用 laurel 表示功劳或成就，用 corona 指王室，用 riendas 或者 batuta 指权力、权柄。但是这一特点未必在任何情况下都符合汉语的规范，因此有时要予以改动或变通。例如：

例 1. *¿Vas a Bermudas de vacaciones?¡Genial! Pues mi bolsillo no me permite este lujo.*

译文： 你要去百慕大度假？太棒了！我囊中羞涩，不可能如此奢侈。

点评： bolsillo 的本意是衣兜，口袋，是具体的概念，译文“囊中羞涩”是一个相对抽象的词汇。

例 2. *Hoy en día, las nuevas economías, por ejemplo, los del BRIC, representan la tendencia del desarrollo del mundo,según el análisis de los economistas.*

译文： 根据经济学家们的分析，当今是那些新兴经济体——比如金砖四国——代表了世界发展的走向。

点评： “经济”是个抽象名词，而“经济体”则是具体的，在本句中指国家。

例 3. *Periodista: —A pesar de su enorme importancia como escritor, no es usted hombre que viva de la pluma.*

Entrevistado: —Si hubiera tenido que vivir de la pluma estaría esquelético y difunto.

译文： 记者：虽然您是一位文学巨匠，但是您并不是个以写作为生的人。

受访者：我要是真的以写作为生的话，早就饿死了。

点评：pluma（笔）是个具体的物体，但是在此处表示的是“写作”这个抽象概念。

例 4. *En cuanto a precios, la colección de plata cuenta con un amplio abanico de posibilidades para todos los bolsillos.*

译文：至于价格，这批银器的价位有高有低，对各种经济条件的人都适宜。

点评：bolsillo 是具体的，此处指经济条件；un amplio abanico de posibilidades 意思是宽泛的范围里的各种可能性，这个说法比较虚，译文将此改为相对更“实”的内容。

例 5. *¿Cómo se puede salir del túnel? —Eso es lo que piensan diariamente, devanándose los sesos, los políticos y economistas de los países europeos más impactados por la crisis financiera.*

译文：“如何才能摆脱困境呢？”这是那些受金融危机影响最严重的国家的政治家和经济学家们日夜苦思冥想的问题。

点评：túnel 的意思是隧道，管道，暗不见天的地方，是个具体的东西，在本句中指“困境”——一个抽象的概念。但是此处如果直译为“如何才能走出隧道”，似乎不符合我们的通常表达方式。

6.5.3 形象的变通

在多数情况下，不同语言所构建的形象是有差异的。

语言形象与修辞手法有关，而譬喻独占鳌头，如明喻、隐喻、借代等，这是人类喻象思维在语言上的体现。无论是汉语还是西班牙语，由于人们认知的规律特点，比喻在词汇的构成中占有极大的比率。含喻意的词汇在我们日常生活中，在我们使用的书面语言和口语中铺天盖地，乃至于我们往往忽略了其原始喻意，例如汉语的文盲、靠山、领袖、山脚、河口、环节、电脑、试金石、落下帷幕、冠冕堂皇等，西语的 flor y nata（花朵和奶油—精华），boca del río（河的嘴—河口），cumbre（山峰—峰会），cúpula（顶层—上层），abril（四月—青春年华），cruzada（十字军远征—艰难的任务），novela rosa（玫瑰小说—言情小说）等。

汉语和西班牙语所构建的形象有相似甚至相同之处（如上面所示），但是差异是不可否认的，因为像比喻这种修辞手段是民族历史和民族文化的积淀，必定带有深深的民族印记。这就是语言形象的个性，个性就是差异，而差异往往会给翻译造成困扰。那么，在翻译时是否有必要加以修改或变通呢？答案是肯定的。我们先看看下面硬译的例子是否可以接受：

例 1. *La editorial se dio cuenta de que esa autora era una mina.*

出版社意识到，那位女作家是个矿。

例 2. *Todos los días se metía en la selva de papel.*

他日复一日地埋头于文件的森林。

例 3. *...pero a nosotros lo único que nos importa es arreglar el escaparate.*

……但是对于我们来说，唯一要紧的是整理橱窗。

例 4. *La Junta Militar de los golpistas de ese pais africano coquetea con la sociedad civil.*

那个非洲国家的政变分子组成的军事委员会向民间社会调情。

例 5. *Del 21 al 25 de noviembre cuando se celebró el Festival Internacional de Danza en Cuba, la Habana se convirtió en la Meca de los artistas de todo el mundo.*

从 11 月 21 日到 25 日举行古巴国际舞蹈节期间，哈瓦那变成了全世界艺术家的麦加。

例 6. *De acuerdo con la agenda del Partido, los barones de las Comunidades Autónomas se reunieron en Madrid para...*

根据党内的工作日程，各个自治大区的男爵们都齐聚马德里……

从汉语的角度看，上述译文都显得很生硬，有的甚至令人不解，如“女作家是个矿”；有的意思不清，如“整理橱窗”；有的尚不能被一般读者理解，如“调情”、“麦加”、“男爵”等。

那么对于这些与汉语审美习惯或认知程度有差距的语言形象应该采取何等策略来加以变通呢？

1）对原文的形象进行“归化”

如果原文的比喻或者其他修辞手段没有特殊的含义，翻译时可以适当地“靠近”汉语，译出其深层意义，甚至改变喻体。比如，

例 1 可以译为“出版社意识到，那位女作家是个宝（或是一棵摇钱树）”。

点评：“矿”指可以带来丰厚利润的矿脉，与“宝”、“摇钱树”的喻意相同。

例 2 的译文是“他每天都埋头于堆积如山的案牍之中”。

点评：“如林”和“如山”都表示数量大，而后者易于为中国读者接受。

例 3 的译文是“对于我们来说，唯一要紧的是做好门面”。

点评：“橱窗”指外在的，给别人看的，用来装饰的，其意与“门面”同。

例 4 是“那个非洲国家的政变分子组成的军事委员会和百姓及社会团体拉关系”。

点评： coquetear 的意思是调情，也指保持肤浅的、不严肃的、初步的接触。在该句中，政变军人们仅与国内社会有一些非深层的、非正式的接触而已。

更明显的例子是例 6，按照上面的译文，似乎把读者带回了中古的骑士时代。此处不妨译为“来自各个自治大区的实力派人物齐聚马德里”。

经过这样的变通处理，译文就能够被读者接受了。

类似的例子不少，人们接受的是经过引申的形象。例如：

culebrón- 原意：蟒蛇；译为冗长、空洞的电视连续剧（在一般情况下）。

flor y nata- 原意：花朵和奶油；译为精华。

cabeza de turco- 原意：土耳其人的头；译为替罪羊。

pagar los platos rotos- 原意：赔偿打碎的盘子；译为代人受过。

como una piña- 原意：象菠萝一样；译为紧密团结。

garabanzo negro- 原意：黑色鹰嘴豆；译为害群之马。

mirlo blanco- 原意：白乌鸦；译为不同寻常之人。

plato fuerte- 原意：主菜；译为主打，重头戏。

2）采取加字的办法，明示原文的喻意

上文例 5 提到的麦加，并不是所有的中国读者都能理解其喻意是“圣地”，因此译文中可以把这深层意思加上，即“哈瓦那成了全世界艺术家的麦加圣地”。意思一目了然，原文的色彩不受丝毫影响。类似的例子很多，如：

例 1. *El gobernador de esa provincia sureña, con todo su aire de califa...*

译文： 那个南方省的省长一副十足的哈里发大王的派头……

比较： 那个南方省的省长一副十足的哈里发派头……

例 2. *¡Qué maquillavélico eres!*

译文： 你简直就像马基雅维利那么老谋深算！

比较： 你真是个马基雅维利！

例 3. *Antes de la revolución de terciopelo en Checoslovaquia, los eslovacos se consideraron la Cenicienta del país.*

译文：在发生捷克斯洛伐克的不流血的天鹅绒革命之前，斯洛伐克人曾被看做受气的灰姑娘。

比较：在发生捷克斯洛伐克的天鹅绒革命之前，斯洛伐克人曾被看做灰姑娘。

例 4. *Por la mañana los coches inundaban las calles.*

译文：早晨，汽车像潮水般的淹没了街道。

试想，有多少读者理解什么是"哈里发"？什么是"马基雅维利"？什么是"天鹅绒革命"？而"灰姑娘"虽然广为人知，但是其含义在时下许多年轻人的心目中是"出身寒微，最终嫁个白马王子的幸运儿"，几乎是个令人羡慕的形象，而并非是受尽虐待的孤女。所以在译文中必须加字直接点明喻意。

3）按照原文的形象结构，隐喻的译为隐喻，明喻的译为明喻

在汉语和西班牙语的本体和喻体基本一致的情况下，尽可能采取直译。例如：

例 1. *Todo se bañaba de un azul purísimo, y las lejanas costas palidecían semejando nieblas dormidas, reclinadas sobre el mar liso, inmóvil, como de hielo.*

(Gabriel Miró: *Libro de Sigüenza*)

译文：一切都浸染在一片纯蓝色中，远处的海岸线变得暗淡了，如同卧在海面上的沉睡的云雾；大海平滑，静静的，像是凝冻的冰面。

例 2. *Este hombrecito era un archivero, amarillento, crispado como una edición de 1670,...* (Ibid)

译文：这位小矮人儿是个史料档案管理员，皮肤枯黄，皱皱巴巴，活像是一本 1670 年版本的书。

例 3. *Los años han nevado su cabello.*

译文：岁月如雪，染白了他的头发。

例 4. *El esquema mental de estos burócratas se asemeja a la estructura del reloj moderno: impermeable, inoxidable y antichoque.*

译文：这些官僚们的头脑就像现代钟表的结构：不透水，耐氧化，而且抗震动。

课上练习：根据上述策略，学生们可以在教师指导下，试译下列段落，并要特别关注划线部分。

1. "Fijo ahora la lente del recuerdo. Han pasado más de 14 años, pero no hay borrosidad. Lo evoco con nitidez: la Casa de Juntas de Gernika es un recinto pequeño. Esa mañana está abarrotada de gente hasta los topes del techo. No cabe un alfiler ni en los bancos de los junteros ni en las tribunas. Yo me he ubicado bien: apretujada como piojo en costura; pero en un alto balconcillo desde el que veo toda la escena…"(Pilar Urbano, *La Reina*, p.14)

2. "Un escalofrío de tensión y de temor incierto nos estremece a todos. La reacción es súbita. Unánime. Compacta. Dos, tres centenares de políticos, de todas las políticas allí concertadas, rompen a aplaudir. Estalla una ovación caliente y maciza como un pan, incesante y trabada como una cordillera." (Ibid. P.15)

3. "…porque la humildad es una rara orquídea, y más entre esas personas singulares (miembros de la realeza) a quienes desde la cuna se les ha dicho una y mil veces que ellos son distintos, que ellos están por encima del común de los mortales, que ellos son de estirpe regia." (Ibid. p.31)

4. Estados Unidos se halla bajo una economía de guerra que sangra un ya endeudado erario público.

5. Colombia apostó a ser un país bisagra, es decir, capaz de tener un papel facilitador entre bloques ideológicos.

6. Esta es la historia de un niño que creió en una granja y acabó convirtiéndose en un gurú del maquillaje de pasarela de París. El no tenía ni la menor idea de que lo sería. De hecho, en sus inicios profesionales se dedicaba al noble arte de la repostería. De ahí a su fichaje en 2009 como director creativo de maquillaje de Estée Lauder hay todo un mundo. (*El País Semanal,*06-05-2012)

7. Pero también en eso, son cientos de anónimos voluntarios, sin más preparación que la de su humanidad, quienes asumen en gran parte la tarea de ayudar, de ofrecer su hombro a un desconocido... (Fragmento de un reportaje sobre el atentado de Madrid del 11 de marzo de 2014)

6.5.4 改变语言的逻辑关系

译文的语言应该符合逻辑，否则读者难以接受。中国人和西语国家的人在思维上有许多不同，这一点明显地反映在语言的表达方式上。因此，逻辑修辞的引申在很多情况下是必要的。

例 1. sistema de robo，按字面解释，应该是偷盗系统，但是如果家家户户都安装这个系统，就匪夷所思了。它的实际意思是防盗系统，这样就符合译出语的逻辑了。

例 2. poder de disuasión，按字面解释，应该是说服人的能力，也就是说，是使别人改变意愿或行为的能力；其实际意思是威慑力，如 disuasión nuclear（核威慑力），disuasión militar（军事威慑）等。

例 3. escalera de incendio，火灾的梯子，意思是消防梯。

例 4. El domingo pasado sonó el teléfono de Mario Vargas Llosa y el Nobel escuchó la propuesta de su interlocutor. Fue el rey Juan Carlos quien llamó al escritor para pedirle que presidiera el Instituto Cervantes.

句中 el Nobel 并不是指诺贝尔奖，更不是指诺贝尔本人，而是指诺贝尔奖得主，此处当然是指巴尔加斯·略萨。用奖项代指奖项得主的表述方法不符合汉语的思维逻辑，因此在译文中要予以改动：

译文：上星期日，马里奥·巴尔加斯·略萨的电话响了，这位诺贝尔奖得主听了打电话的人向他提的建议。那是胡安·卡洛斯国王打给他的，请他主持塞万提斯学院。

在同一篇报道中，还有类似的例子：

例 5. Y es ahí donde sin duda podría jugar un papel de representación crucial el premio Nobel. Vargas Llosa, dueño de una agenda internacional privilegiada tanto en el plano cultural como en el político, presidiría el Cervantes con una perfil marcadamente simbólico.

在这里，除了 el premio Nobel 是指奖项得主和 el Cervantes 是指塞万提斯学院，这种看似不合逻辑的简称非常普遍，像 el Reina Sofía（指索菲娅王后现代艺术中心），la Real Madrid（皇家马德里队）等等。

例 6. *Felipe Calderón, el nuevo inquilino de Los Pinos inició su sexeño con buen pie.*

硬译：“松林别墅的新房客费利佩·卡尔德隆顺利地开始了他的 6 年期”。

按照对墨西哥知之不多的一般中国读者的逻辑，指的是一位入住新房的房客，租期 6 年。他绝不会想到用“房客”一词来代指总统，松林别墅是墨西哥的总统府，其房客当然是指总统。因此，译文可以加以适当调整："松林别墅的新主人费利佩·卡尔德隆，顺利地开始了为期 6 年的总统任期。"

例 7. *Ultimamente Felipe sale con una chica rubia que, según dicen, proviene de una familia podrida de dinero.*

硬译：最近费利佩常和一位金发姑娘出去，据说，她来自一个被钱给腐烂了的家庭。

对于西班牙人和拉美人，异性之间的交往就是二人结伴而行，所以用 salir con 来表示； podrido 是用夸张的手法形容某样东西太多了。译文可以是："最近费利佩常和一位金发姑娘约会，据说她家富得流油"。

从逻辑上对词语进行"修理"的情况非常多，学生们可以注意下面例句中划线的部分并加以分析：

例 1. *Hasta ese momento Dalí no era nadie..*

译文：直到那时，达利还什么都不是。

比较：直到那时，达利还谁都不是。

点评：按照我们语言逻辑的表达习惯，当一个人没有地位，没有任何影响力时，贬义的说法是"他什么都不是"，而西语是"他谁都不是"。

例 2. *¿Quieres pasear en el Zócalo a las diez de la noche? Olvídalo.*

译文：你想在夜里 10 点钟去中心广场散步？想都别想！

比较：你想在夜里 10 点钟去中心广场散步？忘了这件事吧！

例 3. *Los jugadores azulgrana ya están allí en la cancha esperando la final.*

译文：巴萨队员们都在场上等待着决赛。

比较：那些蓝色和石榴红色的运动员们在场上等待着决赛。

例 4. *El timón del gobierno de Guatemala dará un drástico giro a la derecha con el triunfo electoral del general retirado Otto Pérez, quien recibirá en enero, junto con la banda de presidente, las brasas ardientes de la pobreza y la inseguridad ciudadana.*

译文：由于退休将军奥托·佩雷斯在大选中胜出，危地马拉政府的主导将急剧向右转。新当选的总统将在 1 月接受总统绶带，同时也接手棘手的贫困问题和百姓的安全问题。

比较：新当选的总统将接过来烫手的贫困和百姓的不安全。

点评：按照我们的逻辑，“安全问题”就是指“不安全”。如：“要重视食品安全问题”或者“交通安全必须有保障”，等等。汉语从不说“食品的不安全问题”，或者“交通的不安全问题”。所以任何国家的安全部的任务都是处理不安全问题。

6.6 词语的加减

在翻译中，适当地增加一些词汇或者减少某些成分是一种常见的技巧。具有一定语言知识和修养的人，在翻译过程中有时会本能地采取这种方法，但是原则是不能破坏原文的词义。例如：

例 1. *Después de la lluvia el aire huele a rosa.*
译文：雨后，空气中有玫瑰**的芬芳**。（加字）

例 2. *La crisis financiera que se vive en Argentina está afectando a la estabilidad política de América Latina.*
译文：阿根廷的金融危机正在影响着拉丁美洲的政治稳定。（减字）

例 3. *Sus palabras huelen a traición.*
译文：他的话里有叛逆的**味道**。（加字）

如果不加字，第一、三句的中文就不通顺；如果不减字，第二句的译文会显得啰嗦。

采取这种方法的目的主要是为了适应译出语的语言习惯和特点，使语句顺畅，意思清楚，衔接自然，表述到位；同时也是为了在两种语言和文化之间寻找一个平衡点，促进二者的有效转换。

没有翻译经验的新手，往往不太敢增字或减词，不知在什么情况下自己有主动权。其他人在翻译名家名作或者重要文件时，有时也会缩手缩脚，担心因自己的“介入”而掩盖了原文的精彩，或狗尾续貂。

在此，我们介绍几个简单的技巧：

6.6.1 增词

增词就是在原文的基础上增添必要的语言成分以得到更适宜的效果。

可以增加哪类词呢？概括地说，只要符合译文的需要并且不以词害意，凡名词、副词、动词、介词等词类都可以添加。请看下面的例子：

1）增加名词

例 1. *Lucharé contra la delincuencia. Además, trataremos, mi equipo y yo, de eliminar el caos circular que agobia a nuestra ciudad.*

译文：我要和犯罪**现象**作斗争。此外，我和我的班子要努力消灭给我们城市造成严重影响的交通混乱**状况**。——添加名词

例 2. *Venezuela sigue en vilo.*

译文：委内瑞拉**形势**依然不明朗。——添加名词

例 3. *Si quieres, vamos a la entraña del asunto.*

译文：如果你愿意，我们就谈谈事情的核心**问题**。

例 4. *Lo que hacía ella en casa no era más que limpiar, lavar, fregar, cocinar y planchar.*

译文：过去她在家里所做的不外乎就是打扫**房间**、洗洗**衣服**、擦试**器物**，做做**饭**和熨烫**衣物**。

例 5. *China es la segunda economía del mundo.*

译文：中国是世界第二大经济**体**。

例 6. *En la profunda paz resonaban las hachas de los leñadores.*

译文：在一片静谧中回荡着樵夫们的斧**声**。

例 7. *Hasta ahora no he podido escribirle a usted.*

译文：直到现在我才能给您写**信**。

2）增加动词

例 1. *Por fin, tomé la decisión de decírselo a mi padre cuanto antes. "Esta noche o nunca", me dije.*

译文：终于，我决定了，要尽早把事情告诉我父亲。"要么今晚**说**，要么永远不**说**"，我对自己说道。——添加动词和连接词

例 2. *A la distancia, el puerto se le antojaba un gigantesco palomar.*

译文：远远**望去**，他觉得港口像个巨大的鸽子笼。——添加动词

例 3. *El flujo masivo de sudaneses que huyen de las guerras desborda los campamentos humanitarios en Sudan del Sur y la consecuente escasez de agua ya comenzó a hacer estragos en las últimas 4 horas.*

译文：大批逃离战乱的苏丹人涌入**设在**南苏丹的人道主义组织**搭建**的难民营，而随之而来的缺水问题在最近的 4 个小时内已经成为灾难了。

例 4. *Ella se lo merece todo.*

译文：她值得**拥有**这一切。

3）增加副词

例 1. *El rostro de Isabel se iluminó al enterarse de la noticia.*

译文：伊莎贝尔听到这个消息，**顿时**满脸放光。——添加副词

例 2. *Estuve llorando toda la noche, pero por la mañana sentí que ya no era la misma..*

译文：整个晚上我**一直在**哭，但是第二天早上，我觉得自己已不再是原来的**我**了。——添加副词和代词

例 3. *No se admiten devoluciones en los artículos rebajados.*

译文：减价商品**一律**不退。——添加副词

例 4. *... y las paradas aguas, que de tiempo en tiempo hacían una blanda palpitación, ofrecían el sol infinitamente roto.*

译文：……而静止的海水，时不时**缓缓地**泛起微波，水面上洒满了太阳的散碎金辉。

4）增加形容词

例 1. *La isla de Tabarca, que siempre tiene un misterio azul de distancia, como hecha de humo, mostrábase cercana, clara, desnuda y virginal.*

译文：塔巴卡岛总是笼罩在远远的、神秘的**蔚**蓝之中，宛如一团云雾，显得很近，很清晰，一览无余，如处女般**圣洁**。

例 2. *Los países de la región deben tomar medidas unánimes para afrontar la crisis que proviene del Norte.*

译文：本地区的各国应该采取一致措施来应对来自北方的危机。

另外一个需要添加形容词的情况体现在西语的若干名词上，如 cantidad, calidad, marca, rango, éxito, categoría, nivel 等。从语义的角度看，这些词本身具备了比汉语同义词更进一步的强调性，所以在翻译时在上述名词前要加形容词。例如：

例 3. *Mi padre me compró un reloj de marca como regalo de cumpleaños.*

译文：我父亲给我买了一块**名**牌手表作为生日礼物。

例 4. *Los manifestantes demandan una educación gratuita y de calidad.*

译文：示威者要求**高**质量的免费教育。

例 5. *En esta casa se venden vinos de calidad.*

译文：这家店出售**优**质葡萄酒。

例 6. *La novia ha recibido cantidad de regalos.*

译文：新娘收到**大量的**礼物。

例 7. *A pesar de su rango trata a todos con gran llaneza.*

译文：尽管他的级别**高**，但是对大家都十分平易近人。

例 8. *Necesito un despacho con vistas.*

译文：我需要一间景观**好**的办公室。

5）增加量词

关于增词的技巧，我们还会发现其他一些规律性。比如，在西译汉时常常要添加量词。汉语表示单位的量词在书面语言中是不可省略的，且数量多，分类细。如：一头（牛）、一匹（马）、一只（羊）、一条（鱼）、一口（猪）、一堵（墙）、一幢（楼）、一根（葱）、一缕（阳光）、一堆（谷子）、一粒（米）、一串（糖葫芦）、一块（石头）、一朵（云）、一束（花）、一片（叶子）、一滴（水）、一群（人）、一篇（文章）、一位（老人）、一个（小孩）、一座（山）一幅（画）、一副（牌）、一首（诗）、一顿（饭）、一支（军队）、一把（香蕉）、一具（尸体）、一头（白发）、一道（烟）、一辆（车）、一门（炮）、一架（战机）、一艘（快艇），等等。

而西班牙语不然，这一类单位词往往可以省略，就像上面这些词组中的绝大多数量词均属此类，例如：una vaca, un caballo, un toro, un cerdo, una pared, un edificio, una piedra,una nube, un anciano, un niño, una hoja, una montaña, una pintura, una comida, un avión, un buque, un cadáver, un artículo, un poema, un cañón 等。

也有一些例外，例如：un rayo de sol, un grano de arroz, un ramo de flores, una columna de humo, una cucharada de aceite de olivo, una mano de plátano, un diente de ajo, una pieza de ajedrez, una taza de té, una botella de sidra 等。

西语还有若干夸张的量词短语，如 una nube de (niños), un mar de (lágrimas), un montón de (preguntas), un chorro de(agua), una lluvia de (balas), una tempestad de (protesta), un átomo de (juicio), una avalancha de (pedidos), un océano de (problemas), una tempestad de (aplausos) 等等。

我们在做西译汉时，可以在译文中添加适当的、规范的量词，充分发挥汉语在这方面的特长。请看下面几例：

例 1. *Me enviaron un pañuelo de seda, un rioja y 24 rosas color champán.*

译文：我收到了一条丝巾、一**瓶**里奥哈葡萄酒和 24 **朵**淡黄色的玫瑰。

例 2. *En la última década, los gobiernos peruanos han hecho esfuerzos incesantes para firmar el Tratado de Libre Comercio con Estados Unidos.*

译文：近 10 年来，秘鲁的**历届**政府为了和美国签订自由贸易协定都做出了不懈的努力。

例 3. *¿Qué es la historia del pueblo cubano sino la historia de los pueblos de este hemisferio?*

译文： 古巴人民的历史难道不正是本半球**各国**人民的历史吗？

例 4. *Se espera la cooperación de las administraciones.*

译文： 期待**各级**职能部门的配合。

例 5. *La alcaldesa pronunció un discurso en la inauguración de la Exposición, a su lado, sonriente, estaba el Presidente y más allá las autoridades.*

译文： 市长在展览会的开幕式上发表了讲话，总统微笑着站在她旁边，后面是**各位**政要。

例 6. *...y empezó a mortificarme el desairado papel que me tocaba hacer al lado de la robusta tía doña Casilda y del padre Vicario, yendo nosotros a retaguardia, pacíficos y serenos como en coche, ...* (Juan Valera, p.54)

译文： ……我得同壮实的姑妈卡西尔达和本堂神父一道走在后边，像坐车一样慢慢吞吞，四平八稳……

6）根据汉语修辞特点的需要，在译文中增词

最明显的例子之一就是对所谓“重复”的处理。西班牙语忌讳重复词汇，一般情况下，要用同义词、近义词或替代词来避免在较短篇幅内出现某一单词的重复（当然，修辞上的排比形式另当别论）。而汉语不完全排斥词汇的重复，与西语比要相对宽松些。在翻译时，汉语要再现这些被省略的词语。例如：

En la decoración del Palacio Real hay varios cuadros de la Familia Real española, un Sorolla de Alfonso XIII, un retrato que hizo Dalí al Rey, que decora una sala de estar, dos de Picasso y un Miró.

译文： 在王宫的装饰品中，有几幅西班牙王室的画，有一幅索洛亚画的阿方索十三世的肖像，一幅挂在客厅里的达利画的国王肖像，还有两幅毕加索创作的作品和一幅米罗的作品。

点评： 在这段话里，cuadro 和 retrato 分别只用了一次，但是译成汉语时要加上“画作”和“肖像”，否则意思不清楚。

（还要提一下的是，学生要知道这段话的背景知识，即这些人名指的是谁，画的是谁，谁是画家，谁是被画的人。否则，原文的意思无法准确地予以传递。曾有学生是这样译的："装饰着王宫的有几张西班牙王室的画，有一张是索罗亚·德·阿方索十三，一张是达利为了国王而画的画作，还有两张毕加索的肖像和一个米洛。"这样的译文会把读者的脑子彻底搞乱，似乎是毕加索把自己的肖像挂在王宫的墙上，"索洛亚……"不知是何许人，而"米洛"不知是何物。）

另外一种重复形式出现在较长的句子里，有时一个中心词连接若干个补语，为了避免中间出现脱节，可以重复中心词。而有时仅仅是为了避免句子结构的头重脚轻的毛病，也需要重复某个名词、代词或者动词。例如：

例 1. *Hay temas relevantes en la agenda bilateral entre Estados Unidos y México que deben enfrentarse con la visión de dos pueblos que comparten no sólo una frontera común, sino un destino, su presente y su futuro.*

译文：在美国和墨西哥的双边关系中，有一些突出的问题需要两国人民去解决，需要他们本着一种共边界、共命运、共现实，也共未来的理念来应对。

例 2. *Aparecen las primeras barreras, contrafuertes azules y blancos de las cordilleras himalayas. Por ahí andará el imponente hombre de las nieves en su soledad espantosa. Después, a la izquierda, se destaca la masa del monte Everest como un pequeño accidente más entre las diademas de nieve. El sol da plenamente sobre el paisaje extraño; su luz recorta los perfiles, las rocas dentadas, el dominante poderío del silencio nevado.* (Pablo Neruda, *Confieso que he vivido*, p.275)

译文：最初的几道屏障—喜马拉雅山脉的几条蓝色和白色的支脉—出现了。那里也许有令人畏惧的雪人在可怕的孤独中行走。随后，在左侧，在众多的雪冠中巍然耸立着埃佛勒斯山（指喜马拉雅山—编者注）主峰，它像一顶更为突兀的雪冠。太阳直射在这奇异的景物上，它的光线**削出**轮廓，**削出**锯齿形的岩石，**削出**寂静雪国的凛凛威风。

例 3. *Hacemos un llamamiento a los jefes de Estado de los países industrializados para un diálogo político que permita superar los obstáculos al desarrollo, a la reordenación de la economía mundial y a la toma de decisiones en materia de paz y seguridad.*

译文： 我们向工业化国家的国家元首们发出号召，要进行一场政治对话，以克服妨碍发展、妨碍整顿世界经济秩序和妨碍做出关于和平和安全的决策的障碍。

7）增加连接词或语气词

由于两种语言传达信息的方式有差别，有时西语的某些连接成分或表示语气的成分可以省略而不影响表意，但是汉译部分必须加以补充。例如：

例 1. *¡Alto o disparo!*

译文： 站住！**不然**就开枪了！

例 2. *"Ni Evita ni Hillary Clinton. Cristina."*（阿根廷女总统克里斯蒂娜·费尔南德斯的竞选词之一。）

译文："我不是爱娃，也不是希拉里。**我是**克里斯蒂娜。"

例 3. *América, que es un continente de natalidad elevada, tiene una mortalidad elevada.*

译文： 美洲的出生率很高，**但是**死亡率也很高。

在对话中，由于有特定的语境，交谈者也可以省略掉句子的一些成分，彼此依旧心照不宣。但是在译文中这些省去的成分（包括连接成分）往往要译出，否则句子便不完整。

例 1. *—En cuanto pueda, me voy a la sierra.*

—¡Y yo contigo!

译文： ——有可能的话，我要去登山。

——我**也**去！（如果译成"我和你"，显得句子上下不连贯。）

例 2. *—¿Serás capaz de haber hecho semejante cosa?*

—Sí y además no me arrepiento.

译文： ——你竟会做出这种事吗？

——我会的，**而且**做了还不后悔。

例 3. *—¿Te diviertes?*

—La mar.

译文："你很开心吗？"

"开心**极了**！"

例 4. —*¿Qué hará usted si le toca el Gordo?*

—*Tapar agujeros y viajar.*

译文："您要是中了彩票大奖，想干什么？"

"**先**还债，**然后**旅游。"

8）增加背景词

在有些情况下，原文作者无需交代背景，而中国读者可能对此不甚了解，译者要加字予以说明。例如：

例 1. *Se secó los párpados con el pañuelo de seda con sus iniciales.*

译文：他用一块**绣着姓名**首写字母的丝帕擦了擦眼睛。

点评：由于 iniciales 不为大多数中国读者所熟悉，这个单词的信息必须全部译出。之所以加上"绣着"，是因为凡是带有首写字母的绢帕一类的用物均表示主人的较高社会地位，从传统来讲，标识只能是绣的。

例 2. *Minc dijo que respalda a la candidata del PT a la presidencia porque ella es la que puede llevar una ¨bandera verde¨en defensa del equilibrio ecológico de Brasil.*

译文：敏可说，他支持劳动党的总统候选人，是因为此人才是能够举起绿色**环保**大旗，保护巴西生态平衡的人。

加字看起来不难，但是要掌握分寸；掌握了分寸，还要有相当的灵活度。我们不能机械地照搬教科书的说法来考虑在哪里该加字，是加名词还是加副词。我们要看的是译文是否顺畅和自然，意思是否走样。例如下面的这两个短句：

例 1. *Los años han nevado sobre su cabello.*

译文 1：岁月如雪，染白了他的头发。

译文 2：岁月使他平添华发。

点评：第一种译法不仅增加了动词，还改变了结构，从修词和风格上更贴近原文。所以我们说，灵活多变也是译者必须掌握的分寸之一。

例 2. *Hay que resolver los problemas por orden de importancia y urgencia.*

译文 1：应该按照事情的重要性和急迫性的顺序来予以解决。

译文 2：解决问题要根据轻重缓急。

点评：第一种译法啰嗦，翻译味过浓。第二种较好，把 importancia，urgencia 改成选择式的“轻重”和“缓急”，符合汉语的表达习惯。

此外，西班牙语语法的特定性也要求在译文中适当地添加词，其原则与上面一节完全一样。例如，体现在同位语、西语名词的复数、动词的可能式、将来时、过去时、虚拟式、副动词、过去分词等方面。这一部分我们将在后面第 8 讲详细阐述。

课上练习：学生们可以考虑在翻译下列句子时是否需要加字并完成译文。

1. Muerto el general Franco, borrón y cuenta nueva.

2. Un sueldo alto, un despacho con vistas, un traje caro, un coche alemán... Eso es, históricamente, el estereotipo del éxito profesional.

3. ¨Hugo Chávez hizo historia. Primero, en su propio país, Chávez hizo que quienes vivían en la miseria tuvieran bienestar económico, participación política, orgullo cultural (de su sangre, a menudo africana o indígena), dignidad social, yendo más allá del coeficiente de Gini para medir la creciente igualdad.¨ (IPSNOTICIA, 25-3-13)

6.6.2 减字

所谓减字，是减掉原文一些不必要的、不言而喻的成分，目的是为了使译文的行文更加流畅、精炼。一般来说，去掉的可能是名词、形容词、连接词、代词、起修饰作用的从句类或限定用语等等。原则是减词不减意。

初学翻译的学生常常不敢减字，怕影响原文的意思，于是一丝不苟地、逐字逐句地翻译，形成不中不西的句子，效果并不好。在这一节，主要探讨减什么成分和如何减。

1）语法意义上的减字。

由于西语的一些特殊性（包括源自于语法规则的要求和逻辑思维的要求），下列的表述方式（划线部分）在中文中是不需要的，甚至显得啰嗦：

例 1. *Los sauces <u>que se ven</u> a ambos lados del río se reflejan en el agua.*

译文：沿河两岸的柳树倒影在水中。

例 2. *A él <u>lo que</u> le mueve es el dinero.*

译文：他的动力是钱。（或者，他是无利不起早。）

例 3. *Resultó muy positiva la conversación que mantuvieron la delegación gubernamental argentina y la uruguaya.*

译文：阿根廷政府代表团和乌拉圭代表团的谈判很有成效。

例 4. *La primera Cumbre Iberoamericana que tuvo lugar en 1978 es un evento que hace época.*

译文：1978 年的第一届伊比利亚美洲峰会是个划时代的事件。

例 5. *Mi padre, a pesar de sus 65 años, está tan bien que puede poner envidia a los más gallardos mozos del pueblo.*

译文：我父亲虽说有 65 岁了，但身体很好，连镇上最英武的小伙子都羡慕他。

例 6. *Mi madre me dirigió una mirada de ésas que te dejan completamente fosilizado.*

译文：我妈盯了我一眼，那目光镇得我呆若木鸡。

例 7. *(La Guardia Civil detuvo a una joven de 22 años que presuntamente apuñaló a una mujer de 82 años.) La anciana fue operada por las heridas que le causaron dos puñaladas que recibió en la parte derecha del abdomen y se encuentra en estado grave.*

译文：老妇人被刺两刀，伤口在腹部右侧，为此她接受了手术，目前情况严重。

课上练习：口译下列句子，注意划线部分的译法。

1. ...El anuncio fue hecho en la clausura de la cumbre que se ha celebrado en Sauípe (Brasil) por el presidente brasileño Lula da Silva, y el mexicano, Felipe Calderón, acompañados por otros seis mandatarios latinoamericanos, entre ellos Hugo Chávez, Evo Morales y Rafael Correa.

2. Uno de los mecanismos más mencionados fue la creación de una unidad de cuenta latinoamericana que permita el comercio intrarregional sin pasar por el dólar ni el euro.

3. La reciente incorporación al Mercosur de Venezuela como miembro pleno, junto a Argentina, Brasil, Uruguay y Paraguay; tendió a ser visto como un fortalecimiento del bloque, al sumar a uno de los países que cuenta con una de las mayores reservas energéticas de la región.

2）修辞意义上的删减或合并同义词或近义词。

正如我们在前面提到过的，语言的表述习惯是根深蒂固的，每种语言在表述形式上都有一些似乎不合理但却使用不衰的特点。比如同义词的罗列就是汉语的一个特点，如千山万水、背井离乡、千言万语、土崩瓦解、铜墙铁壁、咬牙切齿、聚精会神、千姿百态等等。这些四字词组所表达的意思很简单，译成西班牙语大约用一两个单词即可，但是从语言的审美意义上看，音韵整齐，语义对称，形态稳重，有很强的表现力。西班牙语也有类似的排列法以加强语气，不少固定词组就是由两个同义词或近义词组成，所表达的是一个意思。如 común y corriente, a más y mejor, todos y cada uno, de una vez por todas, al fin y a la postre 等，在这种情况下，可以译成一个词。例如：

例 1. *Se debe aplicar esta política de manera* ***discreta y prudente.***
译文：实行此项政策应该慎重。

例 2. *El señor López era un padre* ***frío y distante.*** *Ignora a sus hijos.*
译文：洛佩斯先生是个冷漠的父亲，他根本不了解自己的子女。

例 3. *Luis recogió todo el dinero con* ***indiferencia y reposo.***
译文：路易斯不动声色地把钱都收了起来。

例 4. *Caminamos* ***pacíficos y serenos*** *como en coche.*
译文：我们四平八稳地走着，象坐车一样。

例 5. *No tiene ni* ***casa*** *ni* ***hogar.***
译文：他无家无业。

例 6. *A nuestros hijos les pedimos que sea* ***los primeros y mejores.***
译文：我们要求自己的子女成为佼佼者。

例 7. *El Papa Alejandro VI convirtió a la reina Isabel en* ***dueña y señora*** *del Nuevo Mundo.*
译文：教皇亚历山大六世使伊莎贝尔女王成为新大陆的女主人。

3）省略部分连接词。

汉语的意合形式可以把西班牙语的许多形合句式简化，这个过程就需要减字，包括连接词、短语、同位语、代词等。例如：

例 1. *El Palacio Real fue construido en el siglo XVIII,* ***por lo que*** *tiene casi 300 años de historia. Aquí residieron 8 reyes de la dinastía de Borbón hasta el año 1931,* ***año en que*** *el último soberano abdicó.*

译文： 王宫建于 18 世纪，已有将近 300 年历史了。在宫里居住过 8 位波旁王朝的国王，直到 1931 年最后一位君主退位为止。

例 2. *Caminaremos hasta el puente* ***donde*** *tomaremos un barco,* ***que*** *nos acercará a la salida.*

译文： 我们要一直走到桥那里，然后坐船到出口。

例 3. ***Cuando*** *Lucio se despertó, hacía rato que su mujer estaba levantada.*

译文： 卢西奥一觉醒来，他妻子早已起床了。

例 4. ***Si*** *estoy cerca de ella, la amo;* ***si*** *estoy lejos, la odio. A su vista, en su presencia, me enamora, me atrae, me rinde con suavidad, me pone un yugo dulcísimo. Quiero librarme de esta mujer y no puedo.*

译文： 我同她在一起，就爱她；远离了，就恨她。见到她，在她面前，我对她情意绵绵；她能吸引我，她的温柔使我屈服，给我套上了一副极其甜蜜的枷锁。我想摆脱这个女人，却办不到。

例 5. *Felipe II envió unos cuestionarios para obtener una descripción* ***tan*** *exacta* ***como*** *fuera posible, de su inmenso imperio.*

译文： 费利佩二世派发出一些调查表，以获取对其庞大帝国的尽可能准确的描述。

例 6. *De los primeros meses de mi estancia en París conservo un recuerdo preciso* ***e*** *imborrable.*

译文： 我清清楚楚地记得我在巴黎最初几个月的情景。

4）省略介词

例 1. *Les molestó mucho a los clientes la indiferencia* ***con*** *que atenió la dependienta.*

译文： 那个女店员的冷淡态度让客人们很不舒服。

例 2. *El propietario había cerrado la tienda* ***para*** *volver a casa.*

译文： 店主早已关上店门回家了。

例 3. *No le des motivo* ***para que*** *se enfade.*

译文： 你别惹他发火。

例 4. *El joven dejó el comedor* ***para*** *no ver a nadie, y volvió a su dormitorio* ***para*** *abismarse más profundamente en sus ideas.*

译文： 那个年轻人离开餐室，他不愿见任何人，躲进卧室，深深地沉浸在思绪中。

但是，有些重复的词语有其修辞含义，我们不能随随便便地予以删减。请看下面两个例子。

例 1. *"Pero Cuba se levantó, Cuba pudo redimirse a sí misma del bastardo tutelaje. Cuba rompió las cadenas que ataban su suerte al imperio opresor, rescató sus riquezas, reivindicó su cultura, y desplegó su bandera soberana de Territorio y Pueblo Libre de América."* (*La Declaración de La Habana*)

译文： 但是，古巴奋起了。古巴自力摆脱了卑鄙的保护制。古巴挣脱了把它的命运同压迫者的帝国拴在一起的锁链，收回了自己的财富，恢复了自己的文化，升起了美洲自由土地和自由人民的主权旗帜。

点评： 在本例中，Cuba 一词重复三次，在译文中也必须如此，才能传达出原文的力度。

例 2. *Para mí, Andrés Segovia es el terciopelo con alma de hierro. El artista sublime con una estructura férrea, hecha de esfuerzo, voluntad y disciplina. Sus dedos son inexplicables: esa suavidad, esa ternura, esa firmeza, esa domeñada sonoridad, esa vibración sensible, esa energía.* (J.Soler Serrano: *Personajes a fondo*, p.291)

译文： 对于我来说，安德烈斯·赛哥维亚（著名西班牙吉他演奏家—编者注）是一位外柔内刚的人。这位大师通过刻苦努力，顽强意志和严于律已，练就坚毅如钢的品格。他的妙不可言的手指，表现出了那样的温柔，那样的纯正，那样的坚定，那样控制自如的声音，那样对心灵的震慑，那样的力量。

如同前面讲过的增字法，使用减字法的原则也是灵活的，译者要把握住“度”，也就是分寸。有些句子的字词可减也可不减，例如上面举的例子“Se debe aplicar esta política de manera discreta y prudente”，其中 discreto 和 prudente 是近义词，翻译时，可以如前将二词合并，也可逐一译出：“实行此项政策应该慎之又慎”。

孰优孰劣，译者可以根据上下文来定夺。

课上练习：

1. 学生可以在教师指导下翻译下面的句子，注意减字。

1) “Yo soy muy respetuoso con las decisiones de cada cual, igual que soy muy respetuoso con el ámbito de mi competencia. Yo hablo las cosas que hago con Zapatero, pero al final decido yo, y él habla las cosas conmigo, pero al final decide él.”（这段话是西班牙前执政党工社党的领导人阿尔弗雷多·佩雷斯·卢瓦卡瓦 Alfredo Pérez Rubalcaba 回答记者提问时的回答。）

2) No hay razón en el terrorismo, no hay sentido en el terrorismo, no hay política en el terrorismo. Sólo hay terror, muerte, chantaje. Sólo hay voluntad de someter, de sojuzgar, de destruir la moral de los hombres, de eliminar sus convicciones.

（这段话摘自西班牙前首相萨帕特洛的讲话）

3) Sólo espero que la justicia de nuestros objetivos sea reconocida con el tiempo por todos y en todos los rincones del mundo.

2. 翻译下面的两个段落（分别是关于海地大地震和加拉加斯市的报道），学生可考虑采用减字法还是保持原来风格。。

1) Es difícil hacer una evaluación correcta del número de víctimas y de cuántas construcciones, cuántos edificios de Puerto Príncipe se derrumbaron. El Parlamento se derrumbó. La Oficina de la ONU en Haití se derrumbó. Las escuelas se derrumbaron. Los hospitales se derrumbaron. ... Poco, muy poco es lo que se mantiene en pie, quizá la fuerza inquebrantable de un pueblo acostumbrado a nadar a contracorriente en sus convulsos dos siglos de historia como país independiente.

2) Entre el aeropuerto de Simón Bolívar y la Gran Caracas, el forastero se enfrenta a la imagen de una ciudad agitada, contradictoria y cercada por los humildes barrios que crecieron en las faldas de El Avila a partir de los 60, cuando el boom petrolero prometía el paraíso que se repartieron unos pocos. Así, el Oeste de la urbe se convirtió en una selva de ranchos, destinada a las clases marginales, a los obreros, a los rostros indios y a los brazos negros.

6.7 汉语四字词组的运用

许多翻译教材都把这个题目列入到翻译技巧之中，究其原因，就是在语言转换的过程中，如果能够充分调动作为汉语长项的四字词组，可以使译文的文字表述更为生动：拉近译文与汉语读者的距离，加深译文对读者的印象，同时与西文相比，形式上大相异趣，既言简意赅，又具有很强的表现力。

汉语四字词组的运用可以考验译者中文修养的水平。如果我们的译者头脑中有大量的词汇储存，就会在适当的时候以适当的方式加以运用。实际上，许多西语单词、词组和短语本身就可以直接翻译成四字词组。例如：

capricho 异想天开
cara dura 厚颜无耻
influyente 举足轻重的
inimaginable 无法想象的
estar como en brasas 如坐针毡
no valer un huevo 一文不值
valer un Potosí 价值连城
pudiente 有权有势的
andar de mal en peor 每况愈下
sembrar en arena 徒劳无益
tierra estéril 不毛之地
nevar copiosamente 大雪纷飞
buscar el bachiler en Salamanca 大海捞针

下列句子和短语也可以适当采用汉语四字词组：

例 1. *María le aguantaba y le decía a todo amén.*

译文：玛利亚对她**忍气吞声，百依百顺**。

例 2. *El nombre del general Ramírez paraliza el sentido.*

译文： 拉米雷斯将军的名字**令人闻风丧胆**。

例 3. *Cualquier genio palidece ante Picasso.*

译文： 任何天才在毕加索面前都**相形见绌**。

例 4. *No debes creer en sus promesas de abandonar el mal camino. Ya verás pronto que volverá a las andadas.*

译文： 你别相信他**信誓旦旦**地要**改邪归正**，你很快就会看到他又**重蹈覆辙**了。

例 5. *El calentamiento global se ha convertido en uno de los problemas más espinosos. Hasta el momento no pocos países han tomado medidas para resolverlo, lo cual ha sido calificado por la gente de una gota de agua en el desierto.*

译文： 地球变暖现象变成了一个最棘手的问题。到目前为止，不少国家都采取了一些解决措施，而这种做法被百姓视为**杯水车薪**。

例 6. *Eran las primeras de la mañana; se respiraba un aire fresco; estaba el firmamento depejado, de un azul intenso. A esta hora eran rarísimos transeúntes. Las calles se enmarañan, tuercen y retuercen en un laberinto inextricable.*

译文： 拂晓时分，空气清爽，天空晴朗，一片湛蓝。在这个时候，行人稀少。街道**萦回曲折**，**纵横交错**，形成一个复杂的迷宫。

例 7. *Ricardo, como si el mismo diablo lo hubiera dispuesto, se encontró cara a cara con el alcalde, su enemigo jurado.*

译文： 就好像**鬼使神差**似的，里卡多和镇长——他的死敌——面对面地相遇了。

例 8. *Quiero divertirme, estoy en la flor de la mocedad y quiero gozar de ella.*

译文： 我想玩玩，趁着青春年华，**及时行乐**。

例 9. *La última semana de febrero partimos hacia el Cusco, y de ahí, por una carretera más teórica que real, luego de 24 horas de viaje, llegamos a Ivochote.*

译文： 二月的最后一周，我们出发去了库斯科，再从那里沿着一条**有名无实**的路，走了 24 小时之后到达了伊沃乔特。

四字词组的运用不是一种语言装饰或者炫耀，更不是矫饰，而是为了加强语言的表现力；不是刻意追求的效果，而是自然而然的、顺理成章的流露；不是词组的堆砌，而是要精当，要恰到好处。我们可以看一下在下面语段里的例子（划线的部分均被译成了四字词组）：

Aunque los mejores años de mi vida transcurrieron de espaldas al mundo, dedicado al estudio de la teología y al aprendizaje de las lenguas muertas, a nadie, más que a mí mismo, puedo culpar de las innombrables desventuras que me acechan.

Ingresé en el Semanario por voluntad propia, desoyendo súplicas y consejos, enfrentándome al ardiente anticlericalismo de mi familia y llenándome de orgullo cada vez que mi padre se tomaba la molestia de recordarme por escrito su firme propósito de olvidarse de mí a la hora de otorgar testamento. Con la noticia de su muerte, sin embargo, una sensación perturbadora fue adueñándose de mi espíritu. Al principio no le concedí importancia, atribuí tal molestar a la pérdida que acababa de sufrir e intenté aturdirme con mis ocupaciones favoritas: la lectura y el estudio. Pero la soberbia biblioteca del convento dejó de pronto, de ejercer su irresistible dominio, los libros se amontonaban indolentes sobre la mesa de la celda, y las cotidianas traducciones de griego—trabajo en el que solía distinguirme—se vieron inundadas, con alarmante frecuencia, de inexcusables y bochornosos errores.

(Cristina Fernández Cubas: *El Año De Gracia,* p.13-14)

译文：我一生之中最好的时光都是在**远离红尘**的生活中流逝了，我研究的是神学和那些已经死亡的语言。尽管如此，我只能把发生在我身边的那些无法提及的不幸归咎于自己，而不**怨天尤人**。

我当时进入神学院是**自觉自愿**的，对于别人的种种恳求和劝告**充耳不闻**，和我家里强烈的反教权主义对着干。而且每逢我父亲**不厌其烦**地提醒我，说他将来立遗嘱绝对把我排除在外时，我总是感到骄傲。但是在得知了他去世的消息，我在内心深处却**饱受冲击**。起初，我对此并不在意，以为这种困扰是由于我刚刚遭受丧父之痛，于是我便埋头于我最喜欢的事情以麻痹自己，那就是读书和研究。然而，修道院里那座令人**肃然起敬**的图书馆突然之间变得乏味了，书籍懒懒散散地堆放在静修室的桌子上，每日必做的希腊文翻译—那是我每每**显露才华**的工作—竟然常常充斥着大量**莫名其妙**的、**令人汗颜**的错误。

（克·费尔南德斯·库巴斯：《恩赐之年》，朱凯 译，第 3 页）

课上练习：以下的句子比较简单，学生们可以在教师指导下做口译练习，对其中的一些词汇和短语适当采用汉语四字词组。

1. Un camino, tortuoso y estrecho, se aleja serpenteando.

2. Las ciudades se adornan con miles de luces y motivos navideños y la gente sale a la calle para hacer compras y celebrarlo con la familia y los amigos.

3. Las invitaciones llovían sobre la orquesta de Los Santos, que gozaba de fama nacional e internacional.

4. Enseñando se aprende.

5. Fue una heróica empresa que nunca había ocurrido desde el principio del mundo.

6. Las paredes oyen.

7. La pobreza no está escrita en los astros, el subdesarrollo no es el fruto de un oscuro designio de Dios.

8. Ante la crisis no tenemos que estar con los brazos cruzados para esperar la resolución.

9. Dormí con la profundidad y despreocupación de un niño.

10. Lo que me llamó la atención ese señor fue su impecable traje de etiqueta.

11. En la época de posguerra esa nación se resignó a tolerar lo intolerable y consagró sus mejores esfuerzos a la tarea de convertir su país en una potencia de primer orden.

12. Lo haremos como podamos.

13. Ellos fueron caudillos que se enfrentaron a las batallas y a las balas.

14. Sigo haciendo la misma vida de siempre y detenido aquí a ruego de mi madre. La vida de este pueblo tiene cierto encanto, sobre todo, para quien no sueña con la gloria, para quien no ambiciona nada.

翻译练习 5

I. 翻译下列句子。（用于 6.1—语境与选词）

1. Aquí puedo dar el testimonio de Matilde Urrutia en sus años de viudez. Ella me contó que Neruda le había dictado estas páginas mientras estaba en cama en su dormitorio de Isla Negra y miraba la playa y el mar. De pronto vio que la playa, en la parte cercana a su casa, empezaba a llenarse de soldados armados hasta los dientes. Un oficial se asomó a la puerta de su dormitorio y dijo que tenía órdenes de efectuar un allanamiento. Lo trató de “don Pablo” y dijo que podría comenzar por el resto de la casa para no molestarlo.

"Si no me quiere molestar", replicó el poeta, "es mejor que comience por aquí y así me dejan tranquilo."El oficial empezó a buscar los roperos, en las cómodas, en los rincones.

"Busque todo lo que quiera", dijo Pablo Neruda desde su lecho de enfermo, "aquí hay una sola cosa peligrosa para ustedes."

"¿Qué cosa?", preguntó el oficial, alarmado.

"¡La poesía!"

(Pablo Neruda, *Confieso que he vivido*, Prólogo, p.16-17)

2. ... Bajo los volcanes, junto a los ventisqueros, entre los grandes lagos, el fragante, el silencioso, el enmarañado bosque chileno... Se hunden los pies en el follaje muerto, crepitó una rama quebradiza, los gigantescos raulíes levantan su encrespada estatura, un pájaro de la selva fría cruza, aletea, se detiene entre los sombríos ramajes. Y luego desde su escondite suena como un oboe... Me entra por las narices hasta el alma el aroma salvaje del laurel, el aroma oscuro del boldo... El ciprés de las Guaitecas intercepta mi paso... Es un mundo vertical: una nación de pájaros, una muchedumbre de hojas...

(Ibid. p.23)

3. Mi gobierno me mandaba a México. Lleno de esa pesadumbre mortal producida por tantos dolores y desorden, llegué en el año 1940 a respirar en la meseta de Anáhuac lo que Alfonso Reyes ponderaba como la región más transparente del aire.

   México, con su nopal y su serpiente; México florido y espinudo, seco y huracanado, violento de dibujo y de color, violento de erupción y creación, me cubrió con su sortilegio y su luz sorpresiva.

(Ibid. p.186)

4. "Fidel ha dicho hace unos días que esta batalla no la hemos perdido, yo, diría más: la estamos ganando y la ganaremos." (Palabras de Chávez cuando fue a Cuba a visitr a Castro quien se estaba recuperando de la operación. *Granma Internacional*, enero de 2007)
5. En la fauna de nuestra América, los grandes dictadores han sido saurios gigantescos, sobrevivientes de un feudalismo colosal en tierras prehistóricas. El judas chileno—el presidente del país—fue sólo un aprendiz de tirano y en la escala de los saurios no pasaría de ser un venenoso lagarto. Sin embargo, hizo lo suficiente para descalabrar a Chile. Por lo menos retrocedió al país en su historia.

(Pablo Neruda, p.211)

6. México vive este año la mayor ola de violencia interna de su historia, por la acción de los cárteles del narcotráfico. Ante este preocupante escenario, el secretario de Seguridad

Pública, Genaro García, afirmó en una rueda de prensa, que las autoridades no van a dar su brazo a torcer, sino más bien redoblar sus esfuerzos.

7. Chile, con "tarjeta amarilla" en competitividad.
   Cinco lugares cayó Chile en el ranking mundial de competitividad de este año elaborado por el IMD de Suiza. La irrupción de economías emergentes como China, Malasia, India y Estonia, la volatilidad cambiaria en el mercado bursátil y la baja de precios de cobre constituyen motivos por los cuales Chile queda atrasado frente a la posición del año anterior.
8. leer
   En su rostro se lee una profunda tristeza.
   Dicen que las gitanas son capaces de leer la mano, o sea, pueden predecir el futuro de alguien como profetas.
9. ... no se oía el más leve rumor. Sólo sonaba el agua de la fuente del jardincillo. Ni un leve soplo de viento interrumpía el sosiego de la noche y la serenidad del ambiente. Penetraban por la ventana el perfume de las flores y el resplandor de la luna.
10. Con 58,9% de opiniones favorables a su gestión según sondeos realizados en diciembre, la mandataria chilena, que cuenta 10 meses de gestión, puede encarar con optimismo el año que viene. Sin embargo, el malestar de los estudiantes de colegios públicos ha sido su punto álgido.
11. Durante el mandato de Uribe, Colombia se ha erigido como el único gran amigo de EE.UU., ¨matrimonio¨que se selló este año, después de una ardua negociación con un tratado de libre comercio.
12. A pesar de que recientemente dos acusaciones particulares solicitaron investigar al propio presidente por nexos con los paramilitares, Uribe ya tiene fama de estar bendecido con el ¨efecto teflón¨, pues su popularidad, aunque con altibajos, sale ilesa escándalo tras escándalo.
13. Los olores de las huertas y del mar llegaron hasta el corazón del forastero. Miraba y aspiraba este hombre con tanto ímpetu, que llegó a sentir cansancio y dolor en su carne. Y nunca se saciaba, sino que le parecía que le faltaba tiempo para hundir sus ojos en aquellas hermosuras. Allí estaba el Levante frondoso, lleno, regado, alborozado y fecundo. Allí las montañas daban aguas muy delgadas y dulces, y tenían tierras de buena grosura que llevan la sementera, la viña y el olivo; allí el hondo y la solana, todo estaba cuajado

de huertas que apretadamente llegaban hasta las arenas de la costa ...

II. 翻译下列句子及词组。（用于 6.2—多义词与歧义）

1. filosofía positiva
2. gobierno paritario
3. población activa
4. poder de disuasión
5. padre biológico
6. franco tirador
7. puerto franco
8. reacción positiva
9. igualdad de género
10. correo electrónico
11. película de suspense
12. Una de las reglas de oro para los políticos es: Dejar siempre al adversario una línea de retirada que le permita "salvar la cara"...
13. ... Este cambio se debió principalmente a la necesidad de garantizar un abastecimiento continuo de las materias primas y también por la inestabilidad de las economías industrializadas.
14. He asegurado la casa de campo que está en Miraflores en dos millones el continente y en un millón el contenido.
15. Gracia seguía siendo una mujer atractiva a pesar de que la edad hubiera acentuado la dureza de sus rasgos y de que de la antigua luminosidad de sus ojos no quedara más que un lejano recuerdo. Tampoco yo, pensé, debía de parecerle el mismo.
16. Más allá de las controversias que resaltaron algunos medios (Banco del Sur, la impasse entre Chile y Venezuela) y tras horas de negociaciones, primero entre los ministros de Energía, después entre los titulares de Relaciones Exteriores y más tarde entre los Presidentes, los países sudamericanos lograron un consenso básico acerca de un gran tratado energético para la región, en el que se contempla utilizar de manera complementaria los hidrocarburos, los llamados biocombustibles y la hidroelectricidad, además de diversas formas de energías alternativas, como la eólica y la solar.

III. 翻译下列句子。（用于 6.3—词性的转换）

1. A pesar de la reaparición de la violencia callejera en el casco de San Sebastián, el Ministerio del Interior no trabaja con la hipótesis de que este fenómeno pueda seguir creciendo hasta alcanzar las magnitudes que tuvo antaño.
2. Todas las luces están al rojo vivo para el futuro turístico español, un sector que contribuye en un 12 por ciento en la creación de riqueza nacional. Por ejemplo, en el caso de Cataluña, la alerta llega a originar alarma, en pleno mes de agosto, cuando se ve que el turismo hace aguas.
3. La verdades que tú no vas a reconocerlo. Ha envejecido en una semana, a raíz de la viudez.
4. Es curioso este personaje, Omar Torrijos, presidente panameño, que está a mitad de camino entre Perón y Fidel. Tiene una mirada desconfiada y penetrante. Muerde sin cesar un habano con su nombre estampado en la vitola. Paradójico y contradictorio, se me aparecía a lo lejos como un ser lleno de perfiles atractivos, una personalidad por encima de la mayoría de los comandantes en jefe o cabecillas políticas del hemisferio americano.
5. Han sido varios los momentos en los que el Rey don Juan Carlos se ha acercado a La Moncloa para dar su apoyo mortal al Presidente cuando sabía que ese apoyo moral era necesario para resolver un tema de Estado. Pero él insiste siempre: el apoyo, la amistad y las buenas relaciones son siempre con el presidente del Gobierno, no con una persona determinada. Y no le retirará ni su apoyo ni su confianza en tanto en cuanto continúe al frente del país. (José Oneto, *El Rey*, p38)
6. En el tren, la niña miró hacia el exterior. No vio nada más que la llanura desierta y silenciosa, donde reinaba un misterio amenazante y represivo, que se le pusieron los pelos de punta.
7. La Asamblea Popular Nacional de Cuba condena la ausencia de maestros, de escuelas, de médicos y de hospitales; la falta de protección a la vejez y la desigualdad entre los sexos que imperan en los países de este hemisferio.
8. Se proclama en el mitin el derecho de los campesinos a la tierra, el derecho de los obreros al fruto de sus trabajos, el derecho de los niños a la educación, el derecho de los intelectuales a la libre creación.

IV. 翻译下列句子。（用于 6.4—肯定与否定的转换）

1. Hay que aprovechar los años universitarios para adquirir conocimientos que después serían difíciles de conseguir una vez que el trabajo y las responsabilidades te dejen sin tiempo

para ello.

2. El canciller chileno tenía toda la razón para ser optimista en este aspecto.
3. No duden en ponerse en contacto con nosotros si nos precisan.
4. En el plano político nuestras autoridades deben apurar el paso en el proceso de descentralización, así como en la consolidación de la regionalización. De igual modo, no se debe perder de vista la consolidación del liderazgo de los alcaldes para evitar los problemas que hemos enfrentado este año.
5. Cuando uno ve el dinamismo de los sectores emergentes y conversa con los protagonistas de la gesta que está cambiando al país no puede dejar de admirar la energía de nuestra gente. Sin embargo la energía pura no es garantía de nada como el movimiento por sí no necesariamente indica avance. La fuerza de un río puede destruir, pero si se encauza es fuente de fecundidad.
6. M. González, líder del principal partido de la oposición, había organizado minuciosamente su primera entrevista con el Presidente. Su equipo y compañeros de ejecutiva habían preparado incluso las respuestas para las posibles preguntas que podría formularle el Presidente y no dejar prácticamente nada a la improvisación.
7. I.U. fue nombrado miembro del Comité Olímpico español sin olvidar sus responsabilidades como integrante de la Familia Real.
8. En Perú el tuteo no se utiliza hasta que se alcanza un alto nivel de confianza.
9. Eso no es algo que el Gobierno no pueda manejar y ya sabemos cuánto nos va a costar darle la mano a quienes salgan perdiendo con el TLC.
10. No deja de ser curioso cómo el Fondo Monetario Internacional, controlado por EE UU, está apretando las tuercas a Argentina.
11. No es imposible que el régimen de Fox llegase a un entendimiento con los “narcos” mexicanos para que con su dinero ayudara a la balanza de pagos. Hoy, el consumo, la exportación y el tráfico de drogas en México son mayores que nunca.
12. No sin razón se preguntaba: ¿Qué pueden esperar estas masas inmensas que producen las riquezas, que crean los valores, qué pueden esperar del imperialismo, esa boca insaciable, sin otro horizonte inmediato que la miseria y el desamparo más absoluto?
13. No podemos olvidar que un pasado tan luminoso nos ha conducido a un presente no menos importante. La Universidad de Salamanca es hoy una institución joven, dinámica, abierta al futuro y deseosa de llenar sus aulas con gentes de todo el mundo.
14. Reconocemos que esta oferta es irresistible, en especial en este momento cuando nos

agobian las deudas.

15. Sin mayores peripecias llegamos al punto de destino. Era una hacienda muy grande, aparentemente despoblada. El agua la tocaba por todas partes.
16. América Latina se recobra y la mayoría de nuestros países se encaminan hacia formas de gobierno más democrática y plural. México vive un intenso período de modernización que no será fácil detener; lo mismo sucede en Chile; la Argentina se endereza y en casi todas partes se inicia la recuperación.

V. 翻译下列句子。（用于 6.5—词义的引申）

1. Por fin las Cortes Generales toman la decisión de dar la luz verde al proyecto sobre la reforma de la Ley de Extranjería, que entró en vigencia en 2002 con la aprobación de la mayoría parlamentaria.
2. Entre el aeropuerto Simón Bolívar y la Gran Caracas, el forastero se enfrenta a la imagen de una ciudad agitada, contradictoria y cercada, cerro arriba, por los humildes barrios que crecieron en las faldas de El Avila a partir de los 60, cuando el boom petrolero prometía el paraíso que se repartieron unos pocos. Así, el Oeste de la urbe se convirtió en una selva de ranchos, destinada a las clases marginales, a los obreros, a los rostros indios y a los brazos negros.
3. Frente a las cámaras, los dinosaurios de la Cuarta República (el régimen anterior de Venezuela) destilan odio y vociferan que el Gobierno ha destruido a PDVSA, porque ahora destina parte de sus ingresos a construir viviendas, escuelas bolivarianas o entrega becas a 300,000 muchachos pobres para que puedan estudiar.
4. Media España pasa las vacaciones en casa. El bolsillo es el que marca el paso en chancletas y pantalón corto. Se ajusta el presupuesto para poder llegar a fin de mes con los menores problemas posibles. La realidad es dura en muchas ocasiones.
5. Franco había estado a las puertas de la muerte hacía menos de un año. A pesar de su reasunción del poder, era evidente que el régimen estaba en sus estertores finales. Los franquistas estaban hipersensibilizados con el tema de la sucesión, del que ya se hablaba sin recato en libros y periódicos. El presidente del Gobierno, Carlos Arias, sólo trataba de interpretar el más imperceptible movimiento de cejas del Caudillo para moverse y actuar.
6. La declaración de alto el fuego permanente anunciada por ETA marca un antes y un después en la historia del País Vasco. Ha llegado el momento de constatar que las palabras van acompañadas por los hechos, que se acabaron los asesinatos, las extorsiones, el

chantaje, la lucha callejera, que se abre paso el camino de la normalización política en esa zona.

7. El gobierno se decidió a tomar por las astas al toro de la recesión económica.
8. Según ellos, el populismo fue “pan para hoy, hambre para mañana”, el liberalismo es “hambre para hoy, pan para mañana”.
9. Lo cierto es que la vida de Maradona está salpicada de escándalos. Sus vicios terminaron sirviéndose a sus enemigos para hacerlo bajar del cielo.
10. Las gaviotas parecían que volasen en un recinto guardado entre dos cristales: el del cielo y el del mar, porque el mar estaba tan liso, tan inmóvil como si se hubiera cuajado en una delgada lámina y bajo de ella no hubiese más agua, sino el fondo enjuto, alumbrado de sol.
11. Trabajar puede perjudicar seriamente la salud. Sufrir un infarto o caer en estados de estrés, depresión o ansiedad suele ser moneda corriente para aquellas personas que acaban entregando la vida a su profesión.
12. Evidentemente, Francia no es España. Siglos de cultura democrática y divergentes experiencias históricas nos separan y nos distancian, con más rotundidad que los Pirineos…
13. El presidente del gobierno lo tiene muy negro, al menos, este abril. Terrorismo, escándalos políticos… Las nubes son cada vez más negras sobre su cabeza y sobre la Moncloa, pronto lloverá.
14. Colombia fue un coctel de cocaína, guerrilla, ejército y crisis económica y social.
15. Tras mucho enseñar los dientes sin llegar a morder, el presidente norteamericano se decide a cambiar la vacilante diplomacia de la superpotencia.
16. Toda mujer que entre en la vida política necesita una piel como la del rinoceronte.

VI. 翻译下列句子。（用于 6.6.1—增词法）

1. …la condición humana hace que el poder acabe corrompiendo, y si el poder es mucho, en cantidad, calidad o tiempo dilatado, corrompe más. Y no es preciso que corrompa en el sentido de meter la mano en la caja o de favorecer o dejarse favorecer. Y lo peor es corromper las ideas.
2. Comparado con la lucha de los años 60, los manifestantes parecen tener menos pasión por lo que es la esencia de lo que tratan de cambiar. El movimiento (manifestación en la Freedom Plaza, Washington) tiene posibilidades mientras esté dispuesto a tener paciencia.

Llevará tiempo cambiar lo que ocurrió en los últimos 50 años.

3. En el campo o en la ciudad, el móvil es un objeto de gran consumo, cuando hace unos años era un aparato elitista y de un coste privativo para algunos bolsillos.
4. Los museos de Bagdad fueron saqueados e incendiados. Los expertos europeos conocen la valía de las obras de arte de Iraq, de ahí su preocupación.
5. España y China aspiran a mantener una relación estratégica en este nuevo mundo del siglo XXI. Así lo han declarado los líderes políticos de ambos países y así ha quedado reflejado en el acuerdo suscrito el pasado mes de noviembre durante la visita del Presidente Hu Jintao a España.
6. La guerrilla campesina de Chiapas resume así sus reivindicaciones: Tierra para todos los campesinos, dignidad para los indígenas, democracia y elecciones libres para todos los mexicanos.
7. La Asamblea Nacional del Pueblo de Cuba proclama: El derecho de los campesinos a la tierra, /…/ el derecho de los enfermos a la asistencia médica, el derecho de los jóvenes al trabajo, el derecho de los negros y los indios a la dignidad plena del hombre, el derecho de la mujer a la igualdad civil, social y política, el derecho del anciano a una vejez segura ...
8. Según una encuesta sobre consumo, organizada por la Cámara de Comercio de Madrid, en verano "se controla menos el gasto, porque se autoriza a uno mismo ciertos caprichos".
9. Durante los ocho años de este gobierno no se permitió avanzar a la España diversa y hasta se intentó criminalizar a los nacionalistas por el hecho de serlo. Ha llegado la hora, con otro poder de corte socialista, de que cada cual imprima sus singularidades.
10. La urgencia de disminuir las cifras desbordadas de analfabetos en el mundo, ante la pasividad de muchos gobiernos mueve a los miles de personas que buscan soluciones y mucho más cuando están conscientes de que para el 2015 el mundo contará con la misma cantidad de analfabetos, mientras la educación para todos esté lejos de ser una realidad.
11. ¿Qué pueden esperar los obreros indígenas con sus salarios de hambre, los trabajos más rudos, las condiciones más miserables, la desnutrición, las enfermedades y todos los males que incuba la miseria?
12. El poder corrompe.
13. Los presidentes de América Latina aprovecharon el inicio de la Cumbre del Milenio para pedir una reforma de la organización de las Naciones Unidas que permita mayor representación mundial.
14. Mi sobrino acaba de regresar del Caribe de viaje, pero lo que pasa es que ese lujo está por

encima de sus posibilidades.

VII. 翻译下列句子。(用于 6.6.2—减词法)

1. Los jefes de Estado y de Gobierno europeos han discutido en la cumbre de Bruselas distintas ideas para estabilizar la crisis de deuda soberana que afronta la zona euro, más allá del ya descontado fondo de rescate permanente para países con problemas. Entre las propuestas que han manejado los líderes europeos han estado la creación de los eurobonos, el incremento de la donación del fondo de la zona euro para países con problemas de financiación, entre otras.
2. La educación de nuestros hijos es un tema de suma importancia, pues no hay que dejar nada para mañana en este problema.
3. Se debe mirar las cosas con un poco de perspectiva y esperar a ver qué pasa los próximos días.
4. Como es habitual cada verano en el comienzo de sus vacaciones en Mallorca, don Juan Carlos recibió a los políticos de Baleares y esta vez le sirvió para conocer a los nuevos gobernantes del PP. Para la mayoría, era la primera cita de su vida con el monarca, caso del presidente autónomo, José Ramón Bauzá, y del alcalde de Palma, Mateo Isern.
5. Tiene talentos y valentía más que de sobra para conquistar el puesto que anhelaba.
6. Tiene la casa limpísima y todo en un orden perfecto. Los muebles no son artísticos ni elegantes; pero tampoco se advierte en ellos nada de pretencioso y de mal gusto. Para poetizar su estancia, tanto en el patio como en las salas y galerías hay multitud de flores y plantas.
7. Aquella noche Dámaso entró al cuarto con tanta cautela, que cuando Ana lo advertió entre sueños fumaba el segundo cigarro, estirado en la cama.
8. Déjate llevar por tus corazonadas.
9. La crisis económica que se vive en Bolivia está afectando a la estabilidad y el equilibrio de América Latina.
10. En la magnífica Biblioteca de la Universidad de Salamanca, donde se custodian manuscritos incunables y volúmenes de incalculable valor, fueros quedando las huellas que dan fe de una historia tan dilatada como esplendorosa.

VIII. 综合翻译练习。

En memoria de Su Alteza Real Don Juan de Borbón y Battenberg

Don Juan de Borbón y Battenberg, Conde de Barcelona, hijo del Rey Alfonso XIII y padre del Rey Juan Carlos I, ha muerto.

Al hacer pública tan triste noticia, el Ayuntamiento de Madrid, en representación de todos los ciudadanos, se une al dolor de la Familia Real y lo hace suyo, puesto que era uno de nuestros más queridos y significados vecinos, al que ya la Corporación le otorgó su más alta distinción.

Don Juan, que vivió por y para España, realizando sin una queja los mayores sacrificios por su decidida vocación de servicio a todos los españoles, y que, con su firme voluntad de defender a su patria, hizo posible la unión de todos bajo la legítima Monarquía Constitucional, se mereció el cariño y el respeto de España entera.

A los madrileños nos corresponde en estas horas de dolor representar, una vez más, a todos los españoles y testimoniar, en su nombre, de modo visible, el sentimiento de pena que nuestros compatriotas tienen.

Por eso, como alcalde presidente del Ayuntamiento de la capital, os convoco a tributar a Don Juan el testimonio de la lealtad y el amor que él nos profesó a todos los españoles.

Que en estos tristes momentos nuestra Familia Real se encuentre acompañada por la solidaridad de los madrileños.

Presentémonos en el Palacio Real para, con serenidad y fe, elevar nuestras oraciones por el eterno descanso de quien hizo de España su razón de existir.

El alcalde de Madrid

José María Alvarez del Manzano y López del Hierro

Madrid, 1 de abril de 1993

第 7 讲 句法翻译的处理

刘绍安摄

7.1 句子成分和句子结构的变换

任何接触过西译汉的人都知道，在大多数情况下，西语的句子结构在转换成汉语时要有所变化，小到词序改变，大到句子的模式被彻底颠覆。不如此，译文的语言就不可能是地道的汉语。例如：

例 1. *Me duele el estómago.*
译文：我胃痛。（西语的间接补语变成汉语的主语）
比较：胃使我痛。

例 2. *El marisco me sienta mal.*
译文：我不宜吃海鲜。（西语的主语变成汉语的间接补语）
比较：海鲜使我感觉坏。

例 3. *El deja vagar la vista...*
译文：他目光飘忽不定……（间接补语变主语）
比较：他让他的目光漫游……

例 4. *Me parece muy chillona la camisa.*
译文：我觉得这件衬衣太花哨了。（间接补语变主语）
比较：这件衬衣使我觉得太花哨了。

例 5. *Los casos de corrupción están en manos de la Justicia.*
译文：由司法机构负责贪污案。（补语变主语）
比较：贪污案在司法机构的手里。

例 6. *Usted tiene mi palabra.*
译文：我向您担保。
比较：您有我的诺言。

例 7. *Se han despertado en mí dos aficiones: la matemática y las ciencias naturales.*
译文：我有两个爱好：数学和自然科学。
比较：两个爱好在我身上醒了：数学和自然科学。

例 8. *Me tocó padecer y luchar, amar y cantar; /.../*
译文：我必须去受苦和斗争，去爱和歌唱；/……/
比较：轮到我去受苦和斗争，去爱和歌唱；/……/

以下简单句的译文也都改变了原句的结构和成分：

例 1. *Juan es el vivo retrato de su padre.*
译文：胡安活像他父亲。

例 2. *El día amanece radiante.*
译文：早晨天气晴好。

例 3. *Chicos,¿qué tal me queda?(mostrando la nueva camisa)*
译文：诸位，我怎么样？（同时展示自己的新衬衫。）

例 4. *La mayor parte de sus obras han entrado en el olvido.*
译文：他的大部分作品被人遗忘了。

例 5. *Le han suspendido en matemáticas.*
译文：他算数课不及格。

例 6. *Su felicidad no tiene límite.*
译文：她感到无比幸福。

例 7. *Creo que a la señora se le han pasado copas.*
译文：我觉得那位太太喝醉了。

例 8. *Golpe a golpe, el caos se apoderó de este país africano.*
译文：政变一个接一个，这个非洲国家陷入了混乱。

例 9. *Se nos ponía la piel de gallina.*
译文：我们（激动得）身上都起了鸡皮疙瘩。

例 10. *Mi país original es China.*
译文：我在中国出生。

例 12. *La calentura dejó a la enferma.*
译文：病人退烧了。

相对来说，简单句的转换比较简单，而复合句就要复杂一些。

我们在前面第二讲中已经大致谈到汉语和西班牙语在句法上的差异。正是由于这种差异，我们可以断言：西汉翻译绝不是仅仅停留在词汇的对应上，而是往往需要做句型的转换和调整。也就是说，译者要在空间结构和线性结构之间、形合和意合之间以及信息代码系统（以词汇为主）方面进行转换。简而言之，**我们在把西班牙语的信息转换成汉语时，需要改变思维；或者用“西汉翻译教程”的编者盛力教授的观点，“要变换角度”，这样才能找到适宜的句型转换方略。**

我们看下面几种转换类型：

例 1. *A menudo se ha insistido en la creencia hipotética de la existencia de varias Américas Latinas. Claro, aquí no nos ocuparemos de quienes se interesan en que haya real o ficticiamente varias Américas Latinas porque sus argumentos sólo justifican el lema de Divide et impera.*

译文：人们常常笃信一种假设的观念，认为存在着若干个拉丁美洲。对于那些向往着实际存在或者虚构出几个拉丁美洲的人，我们在这里当然不必理会，因为他们的论据只不过是为“分而治之”的说法作辩解罢了。

点评：译文中对第二句话采取了分解的办法，否则太长；同时，改变语序，将 ocuparse de 的补语提前。

例 2. *Las diferencias en torno al gas y la decisión estadounidense de instalar una cortina de misiles en Polonia y Chequia han disparado la tensión entre Washington y Moscú casi a niveles que recuerdan los tiempos de la Guerra Fría.*

译文：在有关天然气以及美国决定在波兰和捷克设置导弹系统的这两个问题上，华盛顿和莫斯科之间存在着分歧，这些分歧使美俄两国的关系骤然紧张，令人想起冷战时代的状态。

点评：原文是个主谓结构的句子：las diferencias... han disparado la tensión... 但是如果原样照搬的话，中文会不顺畅。所以，我们把原文译成两句话，把原文的主语的补语 en torno al gas y la decisión...译成汉语的介宾结构，而把原文的主语 las diferencias 分别译成第一个句子的宾语和第二个句子的主语。

例 3. *Benedicto XVI ha pisado tierra musulmana en un país que lleva con orgullo ser laico. Su deseo más fervoroso durante estos días de visita en Turquía ha sido buscar el acercamiento de dos formas de entender la religión que hasta ahora no sólo se han dado la espalda sino que se han mantenido irreconciliables.*

译文： 教皇本笃十六世踏上了土耳其的穆斯林地区，这是一个以自己的世俗地位为荣的国家。在访问该国的这些日子里，教皇最殷切的愿望就是寻求一种使两种宗教信仰相互接近的渠道，这两种信仰始终相互敌视，势同水火。

点评： 这一段的译文实际上主要做了语序的调整。如果完全直译，前一部分应该是"教皇本笃十六世踏上了一个以自己的世俗地位为荣的国家的穆斯林地区。在访问土耳其的这些日子里……"。似乎土耳其与"国家"和"穆斯林地区"没有关系，尽管这个"国家"就是指土耳其。所以，把"土耳其"提前到第一句。

例 4. *El barco se entra en la negrura del mar. Están las aguas tan paradas, que las estrellas se copian en su quietud como las lumbrecillas de un pueblo infinito y glorioso.*

译文： 轮船驶入黑黝黝的大海，海水水波不兴，连星星都倒映在平静如镜的海面上，宛如一个繁盛的大村镇的万家灯火。

从上述几个例句的翻译可以看出，改变句子结构和成分的要点之一，是力求把西班牙语的主谓型结构转换成汉语的主述型结构，也就是说，译文要跟着话题走，每一部分可以自成一句，不必像西文那样跟着主语—谓语的结构走下去。汉语需要的是意思的顺畅、自然，而西文强调的是形式的规范和严谨。

当然，西译汉并不是百分之百地要求译文改变结构并调整成分。在少数情况下，西语和汉语可以形成基本对应的关系。在这时，译者就没必要生硬地、大动干戈地对译文加以改造了。请看下例：

El giro que México emprendió en años recientes lo han insertado en las grandes transformaciones políticas y económicas del mundo actual. La apertura es evidente: se redujeron aranceles y eliminaron los permisos de importación, se simplificaron trámites administrativos, se desincorporaron empresas paraestatales y se alentó la inversión extranjera. El país experimenta un profundo proceso de cambio.

译文： 墨西哥在近几年所实施的变革已经被列入当前世界的重大政治和经济变化之中。其开放情况是明显的：降低关税、取消进口许可证、简化行政程序、撤消半官方企业、鼓励国外投资。墨西哥正经历着一场深刻的改革。

课上练习（在翻译下面几个例句时，都需要改变句子的成分或者结构。学生们可以在老师指导下试译）：

1. La complicidad de la Unión Europea con los crímenes y agresiones de Estados Unidos contra Cuba a través de su infame e hipócrita conducta en Ginebra y su bochornoso entendimiento y convivencia con la ley Helms-Burton, de inaceptable e ignominoso carácter extraterritorial, la hacen indigna de ser tomada en serio por nuestro pueblo. (Fidel Castro, *Mensaje al pueblo mexicano,* 26 de mayo, 2004)

2. Sevilla ha sido la ciudad española escogida para celebrar durante los días 8 y 9 de febrero el segundo encuentro de países del Diálogo Mediterráneo, que tendrá lugar durante la reunión informal de la OTAN organizada tras la cumbre de Riga, que tuvo lugar en noviembre del año pasado.

3. La injusticia, los conflictos armados, la pobreza, el peso de la deuda externa, la lucha contra el sida, la situación de las mujeres, el medio ambiente, la seguridad alimentaria, el acceso a las tecnologías o la injusticia de los acuerdos mundiales sobre comercio han sido sólo algunos de los temas que se han tratado en el marco de la séptima edición del Foro Social Mundial que se celebró en Nairobi (Kenia, Africa) del 20 al 25 de enero pasado. ¨Cinco días de resistencia cultural y celebraciones¨, en palabras de sus organizadores, donde han tenido cabida hasta más de 60 actividades diarias.

4. La extrañeza que provoca nuestro hermetismo ha creado la leyenda del mexicano, ser insondable. Nuestro recelo provoca el ajeno. Si nuestra cortesía atrae, nuestra reserva hiela. Y las inesperadas violencias que nos desgarran, el esplendedor convulso o solemne de nuestras fiestas, el culto a la muerte, acaban por desconcertar al extranjero. (Octavio Paz, *El laberinto de la soledad*, p.59)

5. Cuando falta poco más de un año para que las fuerzas de la OTAN cedan el control del total territorio a las autoridades locales, la sociedad afgana se pregunta cuáles han sido los progresos desde 2001, cuando la invasión liderada por EE UU desalojó del poder al movimiento islamista Talibán.

7.2 调整语序

在前面曾经说过，汉语和西语的语序有很大差异，汉语语法的特点在于没有形态变化，因此句子中语序的排列就决定了词与词的关系，决定了词的作用，决定了句子要表达的内容，甚至决定了要表达的信息重心。

过去北京有一家著名的饭庄，叫天然居，大门两旁贴着一副对联：

客上天然居

居然天上客

这副对子非常巧妙，上联用了 5 个字，下联还是那 5 个字，但是语序一改，意思全然不同，重心也变了。更妙的是，对联嵌进了店名，还恭维了来店的客人。这就是汉语语序的作用。

再看一组例子：

刘先生教我女儿的孩子。

刘先生的孩子教我女儿。

刘先生的女儿教我孩子。

我女儿教刘先生的孩子。

我孩子教刘先生的女儿。

我女儿的孩子教刘先生。

几个例句中的词语未变，语言形态不变，变的只有语序，结果 5 个句子的意思便各不相同，施事者和受事者的位置在变换，几个人物（我、女儿、孩子、刘先生）的关系也在变换。类似的例子非常多：品名–名品、黄金–金黄、节气–气节、上网–网上、肉鸡–鸡肉、词组–组词、人名–名人、语法–法语、楼阁–阁楼、温室–室温、外号–号外等等。

西班牙语不同，虽然与英语、俄语等语种相比，它的语序排列比较自由，但是严格的形态变化限制了顺序的任意更改。例如；José me enseña el castellano. 可以改变成 Me enseña el castellano José. 或者 Me enseña José el castellano. 到此为止。如果还想做其他的改变，就势必要改变动词的变位和间接补语的变格，这就超出了语序范围。

由于汉西两种语言在结构顺序上的的诸多差异，特别是考虑到汉语句子习惯先做铺陈，再引出主要信息的特点，在翻译时常常要做调整。

课上练习：学生们可以在教师指导下，分析下列例句译文中语序的变化。

例 1. *País muy poco poblado era México al consumar su independencia en 1821.*

译文：墨西哥在 1821 年获得独立时，是一个人口很少的国家。

例 2. *Una nueva clase social, los comerciantes y los productores de artículos manufacturados para el comercio, surge del seno de la sociedad feudal de señores y siervos en las postrimerías de la Edad Media. La sed de oro fue el resorte que movió los esfuerzos de esta nueva clase. El afán de ganancia fue el incentivo de su conducta a través de su historia.*

译文： 在中世纪末期领主与农奴的封建社会里，出现了一个新的社会阶级：商人和工业商品生产者。对黄金的贪欲是这个新阶级活动的动力，追求利润是这个阶级整个历史行动的一种刺激因素。

例 3. *Acusados de incendiar a Roma y de sacrificar niños en sus altares los cristianos primitivos fueron llevados al martirio. Acusados de herejes fueron llevados por los inquisidores a la hoguera filósofos como Giordano Bruno, reformadores como Huss y miles de inconformes más con el orden feudal.* (*Declaración de La Habana*)

译文： 第一批基督教徒被控告纵火焚烧罗马和把儿童作为祭坛牺牲品的罪行而横遭惨死。像哲学家布鲁诺和改革家胡斯以及成千上万不认同封建秩序的人，都被宗教裁判所判为异教徒而被烧死。

例 4. *Cuando se saluden en Viena, el próximo 15 de marzo, los delegados de las doce naciones asociadas en la OPEP, la Organización de Países Exportadores de Petróleo, la retórica bélica de Estados Unidos e Irán dejará su rastro en la mesa de reuniones. El ministro de Petróleo de Venezuela y su homólogo iraní, serán, de momento, los dos díscolos del cónclave: el acercamiento entre Hugo Chávez y Mahmud Ahmadineyad hace prever la formación de un bloque, dentro de la OPEP, dispuesto a apretar las tuercas a su enemigo común, Washington.*

译文： 3 月 15 日，当石油输出国组织（欧佩克）的 12 个成员国的代表们在维也纳的晤面时，美国和伊朗必将会在会议桌上唇枪舌剑。而委内瑞拉的石油部长和伊朗石油部长届时将成为大会的两个难缠的角色，因为查韦斯和内贾德的联合就预示着欧佩克内部出现的一股势力，这股势力要对其共同的敌人—美国施压。

除此而外，西语句子中的插入语和同位语的使用也常常迫使译者改变中文的语序。例如：

例 1. *Colonos anglosajones, no pocos que se habían establecido en Tejas, intentaron separarse de México hasta lograr lo que en realidad buscaban: su anexión a EE UU en 1845.*

译文： 不少早就在德克萨斯定居的盎格鲁-撒克逊裔移民，他们力图脱离墨西哥，直到最终在 1845 年将该地并入美国，遂其所愿。

例 2. */.../Estas palabras de Evo Morales, hechas públicas en Palacio Quemado, sede del gobierno boliviano, hacen referencia a la denuncia del gobernador opositor de la provincia de Cochabamba, Manfred Reyes Villa, en una visita a los EE.UU. en que afirmó que "Bolivia está a las puertas de una guerra civil y que sólo la presión de la comunidad internacional evitará un enfrentamiento fratricida.*

译文：/……/ 埃沃・莫拉雷斯在克玛多宫（玻利维亚政府所在地）所说的话，指的是科恰班巴省省长曼福雷多・雷耶斯・比利亚在访美期间发表的言论，这位反对派人士断言，玻利维亚已经到了内战的边缘，只有国际社会的压力才能避免这种骨肉相残。

例 3. *Urge asimismo—como vengo insistiendo desde hace tiempo—sellar—hoy mejor que mañana—un gran acuerdo nacional en materia de educación e incentivar aún más la innovación.*

译文：很久以来我一直坚持，要求尽快签订一项完善的全国教育协议，越早越好；也要大力鼓励改革创新。

语序的安排不仅牵涉到词和词组这一语言平面，也牵涉到更大的语义单位。在复杂句中，主句和从句，各个分句，都可以在必要的情况和条件下，予以调整。

在翻译句子时，调整语序有如下方法：

1）叙事顺序

当句子以叙事为内容时，译文不妨将所叙述的事情作为划分层次的基础，分清主次和轻重缓急，分辨出各个环节之间的关系，然后根据汉语的习惯排出次序。

例 1. *Larry Summers, ex secretario del Tesoro de Bill Clinton y nuevo gurú del equipo económico de Obama, teme que estas medidas elevarán el coste energético, destruirán empleo y agravarán la recesión, según analistas consultados en Washington.*

译文：据华盛顿的分析家们说，拉里・萨默斯，这位当年克林顿政府的财长，如今奥巴马政府经济问题班子的新掌门人，担心这些举措会提高能源成本，破坏就业，加剧经济衰退。

点评：这句话的原文并不是按照直线型的叙事方式构建的，而是先推出主角，介绍其身份，列出其观点，最后才点明消息来源。这种顺序是把信息重心放在句子前面的典型。所以在辨明了分析家们和前财长之间的关系之后，再根据汉语的习惯重新排列，把消息来源提前。

例 2. *Hasta R • E, el nuevo jefe de Gabinete de Obama, pragmático y más preocupado habitualmente por los sondeos en Ohio que por el futuro del planeta, ha dado alguna señal de que la Administración está dispuesta a matar dos pájaros, la crisis del clima y la economía, de un solo tiro: "Jamás hay que desaprovechar una crisis", ha insistido.*

译文： R • E 是奥巴马内阁的新领导，也是个实用主义者，他通常更在意俄亥俄州民意调查的结果而不是地球的命运。但是连他也表示，美国政府准备把气候变化和经济问题来个一箭双雕。他说："危机也必须加以利用。"

点评： 按照一般叙事顺序，译文先交代 R • E 其人，然后再引出他的新近言论，这个言论恰恰证明了此人的实用主义立场，即迫于现实压力，不得不把气候问题和经济问题捆绑在一起，"就连他……"（hasta）一词此时才派上用场，而在原文，hasta 放在第一位。

例 3. *Calma y firmeza caracterizan el tono del presidente sirio, Bachar al Asad, durante esta entrevista, en la cual habla de sus preocupaciones por Siria, su país, al ser rodeado de tropas internacionales en sus fronteras con el Líbano, Iraq e Israel.*

译文： 在采访过程中，叙利亚总统巴沙尔 • 阿萨德的语气从容而坚定。他表示，对于目前自己的国家被多国部队包围的局面深感不安，而这些部队就集结在叙利亚与黎巴嫩、伊拉克和以色列接界的边境地区。

点评： 按照汉语的习惯叙事顺序，此句的主干应该是"总统对自己的国家被外国军队包围感到不安"。因此，将整段话改为短句结构，重复"部队"这个关键词，把"en sus fronteras..."变为一个独立句子。

2）时间顺序

所谓时间顺序，就是把线索按照先后重新排列，而不是西语作者惯用的近乎意识流的结构。这种方法非常适合中国读者的习惯。

例 1. *Colón quedó deslumbrado, cuando alcanzó el atolón de San Salvador, por la colorida transparencia del Caribe, el paisaje verde, la dulzura y la limpieza del aire, los pájaros espléndidos y los mancebos ¨de buena estatura, gente muy hermosa¨...*

译文： 当哥伦布到达圣萨尔瓦多的环形珊瑚岛时 他被缤纷清澈的加勒比海、青翠的景观、柔和明净的空气、五彩绚烂的飞鸟、"好身材的小伙子，长相漂亮的人"……弄得眼花缭乱。

点评： 把时间从句提前，然后是主句，主句谓语的几个补语并列。

例 2. *América Latina es una región que posee condiciones ideales para desarrollar una cadena de abastecimiento energético de bajo costo y alta seguridad. Conscientes de esta posibilidad, los 12 presidentes de los países integrantes de la Unión de Naciones Suramericanas (Unasur), ex Comunidad Sudamericana de Naciones, se dedicaron a examinar los suministros energéticos de la región en la Primera Cumbre Energética Sudamericana realizada hace una semana en la ciudad de Porlamar, en Isla Margarita, Venezuela.*

译文：拉丁美洲这个地区拥有非常理想的条件来发展成本低、安全性能高的能源供应链。南美国家联盟（即前南美国家共同体）的 12 个国家的总统深知这种可能性，在一周前在委内瑞拉的马加利达岛的坡拉玛市举行的第一届南美能源峰会上，他们集中探讨了该地区能源供应问题。

3）逻辑顺序

这种顺序是指按照中国人习惯的逻辑形式，如前因后果和把条件、假设、转折等前提均前置的形式，而不是听任原文的颠倒或立体交叉的句子结构。

例 1. *Usted, profesor, nació en Luarca en 1945. Hijo de padres asturianos, si mi información es correcta.*

译文：教授您是 1945 年出生在卢亚卡的。如果我的消息正确的话，您的父母都是阿斯图里亚斯人。

例 2. *"Bolivia está a la puerta de una guerra civil". Este extremo lo descartó el mismo Evo Morales pese a que haya ¨sectores internos que no quieren el cambio¨y que ¨algunos bolivianos lleven a cabo campañas sucias internacionales para dañar la imagen de su propio gobierno¨.*

译文：尽管存在着一些不愿变革的国内势力和一些在国际上进行卑鄙行动以丑化自己国家政府形象的玻利维亚人，埃沃·莫拉雷斯本人仍然否定了“玻利维亚的内战迫在眉睫”这一极端言论。

课上练习：学生们可以试译下面几段话，注意安排好语序。

1. Hong Kong, 14 de diciembre. La primera ronda de negociaciones de un grupo de 36 países representativos de diversos bloques y regiones de la Organización Mundial de Comercio (OMC), reunidos para despejar el camino de la ronda de Doha, terminó en fracaso la madrugada de este jueves, al culminar cuatro horas de discusiones, informó el canciller brasileño Celso Amorim.

2. El beduino se venga después de 40 años, dice un proverbio árabe. Pero sólo dos décadas

ha necesitado el Movimiento de Resistencia Islámica Hamás para hacerse con el poder, despreciando siempre las tácticas políticas a corto plazo, volcándose en un intenso trabajo social que ha sustituido a la inoperante –y a menudo corrupta—Autoridad Nacional Palestina (ANP), sin ceder en sus posiciones sobre una negociación con Israel que no rinde frutos y lanzando, hasta hace un año, a sus militantes suicidas a despiadados atentados contra civiles israelíes.

3. Testigos de la tragedia del seísmo, sin ningún tipo de equipamiento de salvamento y con la única ayuda de sus manos y la fuerza de voluntad, hacen lo que pueden para desenterrar a las víctimas atrapadas entre toneladas de hierros retorcidos y escombros. Tras una noche a oscuras y con el miedo aún en el cuerpo, cuando apenas despuntaba el alba comenzaron los saqueos en este inestable país caribeño, donde los cascos azules de la ONU intentan mantener la paz y el equilibrio desde 2004 por medio de la Misión de Estabilización de la ONU. Precisamente la Misión, integrada por fuerzas de paz de 17 países y liderada por Brasil, reconoció varias muertes entre sus 11.000 miembros, incluyendo 11 brasileños y un argentino.

4. La crueldad a la que usualmente son sometidos miles de indocumentados quedó al desnudo el 23 de agosto, cuando 72 emigrantes procedentes, además de Guatemala, de El Salvador, Honduras, Ecuador y Brasil fueron brutalmente asesinados en la localidad de San Fernando, en el oriental estado de Tamaulipas, México, supuestamente a manos de la mafia criminal de Los Zetas. (IPS)

5. La peor tragedia del fútbol que se recuerda en Egipto dejó ayer al menos 73 muertos en el estadio Port Said después de que miles de seguidores e hinchas de dos equipos rivales se enfrentaran al final de un partido de liga.

6. Con fuertes réplicas del terremoto del 27 de febrero y una alerta de tsunami preventiva como telón de fondo, este jueves fue investido como presidente de Chile el empresario y ex senador derechista Sebastián Piñera, quien ha prometido liderar el "gobierno de la reconstrucción"

7.3 句子的连接

在句子的连接方面，西文和中文各有特点，各有规律，但是总体来说，通常采用句法、词汇和语义等三种方式来连接句子。从句法的角度来说，许多连接词在中文和西文中基本上可以对应，例如：虽然、尽管（aunque），因为（como），所以（por eso），和（y），如果（si）等。在连接形式基本一致的情况下，翻译上不必有所改动；否则，可以加连接词。例如：

例 1. *Cuando dos personas se casan, y unen sus vidas, ambas cambian. Cada uno influye en el otro.*

译文：当两个人结了婚，把他们各自的生活结合到一起，**那么**这两个人的生活**就**会发生变化。彼此互相影响。

例 2. *El Guernica, que se exhibió con la inscripción "Bajo préstamo del pueblo español", había sido cedido ya simbólicamente en 1978 al Rey por iniciativa de la viuda de Picasso, aunque sólo se supo dos años más tarde.*

译文：《格尔尼卡》在展出时，画作附有一个说明，上面写着"借自于西班牙人民"。**不过**早在 1978 年，在毕加索的遗孀的建议下，这幅作品**就**已经象征性地移交给国王了，**而**此事是两年之后才予以公布的。

但是汉语有其特殊性，即句子之间的衔接主要是由话题来贯穿。而西文句子在多数情况下是由形式来彼此粘合。在翻译时，学生们常常埋头跟着西文的结构和顺序走，于是就出现了一串串不连贯的句子，仿佛断了线的珠子。中文的句子之间一定得有一根若隐若现的线索，这是话题的线索，也是逻辑的线索。有了这根线，句子才不会散。这根线的形式往往是一个词，或一个字。下面的例子摘自一篇关于当时的巴西总统卢拉访问西班牙的报道。原文如下：

Un mes antes de tomar posición de la Presidencia brasileña, Lula decidió coger el toro por los cuernos y se fue de visita a la Casa Blanca. Cuando le vieron llegar, los asesores de Bush previeron un desastre. Bush lleva siempre en la solapa la banderita de las barras y estrellas, una seña de identidad adoptada por la derecha norteamericana desde tiempos de Nixon. Lula se había puesto en la solapa un emblema comunista, la estrella roja de cinco puntas del Partido de los Trabajadores.

译文 1：在就任巴西总统前的一个月，卢拉决定先下手为强，**于是**他出访了白宫。**当**布什的顾问们看到卢拉到来时，他们**都**预感到了一场灾难。**只见**布什在西服的翻领上**一如既往地**佩戴着一枚星条旗徽章，**那是**自尼克松时代沿袭下来的美国右翼势力的身份标识。**而**卢拉则**早就**在翻领上佩戴上了共产党人的标志，**那是**一枚劳动党的红五星徽章。

点评：原文是一篇关于当时的巴西总统卢拉访问西班牙的报道，文中谈到卢拉传奇的政治生涯和他无可比拟的人格魅力。此处摘选的其中一段。译文1中各个句子之间的衔接非常严谨，所利用的“粘合剂”便是文中加黑的几个字，正是这几个字突出了句子间的逻辑关系和话题线索。第一句的“于是”点明了“先下手为强”与“出访白宫”的因果关系。第三句的“只见”几乎相当于冒号，表明“灾难”指的是下文所说的卢拉和布什两个人通过其特殊的服饰而宣告的对立的政治立场。第四句的“那是”把布什佩戴的徽章与美国右翼身份标识画上了等号。最后一句的“而”和“早就”突出了卢拉处于完全对立面的态度，分庭抗礼，毫不退让；用“那是”把红五星与共产党人连接起来，最终形成了一个美国右翼分子和一个巴西左翼人士相遇的场面，也就是布什的顾问们预感的“灾难”，为后面会谈的积极成果埋下了戏剧性大转折的伏笔。

译文2：在卢拉就任巴西总统前一个月，他决定要抓住要害问题，并且他访问了白宫。当看到他到来时，布什的顾问们预感到灾难。布什总是在西服的翻领上插着一面小星条旗，这是从尼克松时代起美国右派采用的标志；卢拉在他的翻领上戴着一个共产党党徽，一个劳动党的红色五角星。

点评：译文2没有译文1的那些“粘合剂”，结果句子结构松散，破坏了文章的内部联系，语义联系中断，译文的文字效果也受到影响。

西班牙语的连接词是句子衔接的重要手段，仿佛是人体的关节，用以保证上下前后运转顺畅。使用频率最高的是“y”，但是汉译时却要根据语境选取不同的方式，否则，不仅起不到连接的作用，有时甚至适得其反。请看下面的例子：

例1. *Juan es un coronel que trabaja en el estado mayor. Le conocí ya militar y no puedo representármelo vestido de paisano.*

译文：胡安是上校，在参谋部工作。我认识他时，他已经是个军人了，**所以**我无法想象他穿便装的样子。

点评：译文增加“所以”，突出前后的因果关系。

例2. *Se casaron los dos. El era poderoso; ella pobre y desvalida.*

译文：他们俩结婚了。他很有钱，而她**既**穷困**又**无依无靠。

点评：译文中增加“而她既……又……”，加强语气。

例3. *Sin embargo, a los pocos años de estar en Sevilla el muchacho, su mala conducta hizo que le dejaran cesante, y asaeteaba a cartas a su padre pidiéndole dinero.*

译文：但是，那小伙子在塞维利亚待了没几年，**就因为**行为不端被解雇，**自此**便不断给他父亲写信要钱。

点评：译文增加“就因为”和“自此”，加强了前后的联系。

有时，为了拉紧句子的内在联系，对一些关键词或先行词要采取重复、明示等办法。例如：

Era inminente mi partida. Estaban por comenzar las nevadas en la cordillera, y no se juega con los Andes. (Pablo Neruda, p.219)

译文 1：我出发的日子临近了。山上就要下雪了，不能和安第斯山开玩笑。

译文 2：我启程的日子日益迫近。安第斯山上就要下雪了，跟安第斯山可不能开玩笑。

点评：很明显，译文 1 的结构松散，而译文 2 显得严谨，关键是点明了原文中的 cordillera 就是指安第斯山。

课上练习：翻译下面段落注意句子间的衔接。

El Che llevaba botas, uniforme de campaña y pistolas a la cintura. Su indumentaria desentonaba con el ambiente bancario de la oficina.

El Che era moreno, pausado en el hablar, con indudable acento argentino. Era un hombre para conversar con él despacio, en la pampa, entre mate y mate. Sus frases eran cortas y remataban en una sonrisa, como si dejara en el aire el comentario.

Me halagó lo que me dijo de mi libro *Canto general*. Acostumbraba leerlo por la noche a sus guerrilleros, en la Sierra Maestra. Ahora, ya pasados los años, me estremezco al pensar que mis versos también le acompañaron en su muerte. Por Régis Debray supe que en las montañas de Bolivia guardó hasta el último momento en su mochila sólo dos libros: un texto de aritmética y mi *Canto general*.

(Pablo Neruda: *Confieso que he vivido*, p. 182)

7.4 长句和复杂句的处理

在前面几章曾经提到过，汉语的句法结构以意合为主，句子多短小精悍，形散神聚。

而以形合为主的西班牙语常常通过连接词、前置词、短语、关系代词等以及各种从句构成长句。有时，一句话就是一个段落。这是西班牙语造句的优势，句子可以无限延长，名词可以随时随地缀上修饰或限定成分，动词也可以连带上各种说明成分，仿佛一株枝繁叶茂的树，不断向空间延伸。但是由于结构复杂，信息量大，就像是主干上生出太多的枝枝叉叉，而主干本身倒似乎被遮住了。有时一段长句就是一个难点，令人大费神思。这种长句更多的是出现在在当今的报刊或官方文牍上，可以说屡见不鲜。例如：

La Jefa y los Jefes de Estado y de Gobierno de los 22 países miembros de la Comunidad Iberoamericana, reunidos en Santiago, Chile, en su XVII Cumbre, bajo el tema "Cohesión social y políticas sociales para alcanzar sociedades más inclusivas en Iberoamérica", inspirados en los valores y principios que constituyen el acervo iberoamericano, reiteran el objetivo común de progresar hacia niveles crecientes de inclusión, justicia, protección y asistencia social, y a fortalecerlos sentimientos de solidaridad, de pertenencia e identidad sociales.

——*La Declaración de Santiago*

西班牙语由于其特殊的句法规则，长句现象非常普遍，也可以说这是它的特点之一。有些长句的结构并不复杂，总有一条主线贯穿始终，其长度可观，但意思清晰可见。上面这一段的主线很明显，是 La Jefa y los Jefes de Estado y de Gobierno de los 22 países... reiteran el objetivo común de...，即：主语—谓语—直接补语，其他成分都是在这个主干上派生出来的枝干；而分词 reunidos 和 inspirados 修饰的是主语，分句中的 constituyen 的主语是 los valores y principios。理清了段落的头绪，可以作如下处理：

伊比利亚美洲共同体的 22 个成员国的国家元首和政府首脑齐聚智利首都圣地亚哥，出席第 17 届伊比利亚美洲峰会，会议的主题是“倡导社会团结和社会规则，以建设伊比利亚美洲的和谐社会”。与会者在构成本地区精神财富的价值观和各项原则的启迪下，重申其共同目标是不断加强包容性、正义、社会保障和社会救助，巩固团结一致的精神，增强社会归属感和同一性。

在前两节（**7.2 调整语序和 7.3 句子的连接**）的基础上，我们可以大致提出几点长句和复杂句的翻译技巧：

7.4.1 语法结构分析法

对于译者来说，首要的是明确主句和从句的关系，修饰成分和被修饰成分的关系，以及词的各种形态变化，这样便可以剥离出主干，即句子的主要成分。分清主次，自然就可以正确理解原文的意思了。例如：

例 1. *México vive este año la mayor ola de violencia interna de su historia, con la excepción de los períodos bélicos, por la acción de los cárteles del narcotráfico, como quedó en evidencia el miércoles con un enfrentamiento armado contra la policía que dejó 22 muertos en el estado de Sonora, al norte del país.*

译文：今年，由于各贩毒集团采取的行动，墨西哥正经历着有史以来除战争年代之外最大的暴力浪潮。其最确凿的例证就是星期三在北部的索诺拉州发生的贩毒分子与警察的枪战，这次交火造成 22 人死亡。

点评：这则例子虽然比较短，但是其结构较特殊，主干是 México vive este año la mayor ola de violencia，余下部分是由前置词（con, de, por, de, con, contra, en, a）和连接词串联起来的。由于各种附加成分多，所以在翻译时必须理顺关系，重新调整顺序。

例 2. *México y Estados Unidos comparten una frontera de más de 3 mil kilómetros de largo y relacionaes e intercambios de gran diversidad, siendo lo más valioso entre ellos la relación humana directa: un millón de estadounidenses y mexicanos que cruzan diariamente nuestras fronteras, gente que viaja por negocios, trabajo o placer de un país al otro, familias que viven al otro lado de la frontera y, la más importante, la relación laboral que provoca el flujo migratorio más intenso hacia ese país, y constituye uno de los más importantes en el mundo.*

译文：墨西哥和美国之间的共有边界长达 3000 公里，而双方的联系和往来也是多种多样，其中最有价值的是直接的人员往来：每天约有一百万美国人和墨西哥人由于经商、工作、跨境旅游、探望亲属而穿越两国边境，而最重要的是双方的劳务关系，它促成了进入美国的大股移民潮，这是全世界最重要的移民潮。

7.4.2　顺序法

在前一节（**7.2 调整语序**），我们已经提到用顺序法调整句子里的词语顺序。在此，可以用同样的原则来调整长句内部的分句顺序。所谓顺序法，是指两种情况：一是原文的结构是依照时间顺序或信息顺序而发展，那么在翻译时，可以完全按照原句结构，依次译下来；二是由于汉西两种语言的表达习惯不同，为了适应汉语习惯，译文要改变顺序，逆向排列。下面两组例句分别符合第一和第二种方法：

例 1. *"Frente al establecimiento de baños de Fitero, y sobre unas rocas cortadas a pico, a cuyos pies corre el río Alhama, se ven todavía los restos abandonados de un castillo árabe, célebre en los fastos gloriosos de la Reconquista, por haber sido teatro de grandes y memorables hazañas, así por parte de los que le defendieron, como los que valerosamente clavaron sobre sus almenas el estandarte de la cruz.*

De los muros no quedan más que algunos ruinosos vestigios; las piedras de la atalaya han caído unas sobre otras al foso y lo han cegado por completo; en el patio de armas crecen zarzales y matas de jaramago; por todas partes adonde se vuelven los ojos no se ven más que arcos rotos, sillares oscuros y carcomidos: aquí un lienzo de barbacana, entre cuyas hendiduras nace la hiedra; allí un torreón que, aún se tiene en pie como por milagro; más allá los postes de argamasa, con las anillas de hierro que sostienen el puente colgante."

(G.Adolfo Bécquer, *Ritos Leyendas Cuentos*—La Cueva de la Mora)

译文:

"在菲特罗温泉的居住区对面，就在用镐头开凿出的山岩上——亚拉玛河从山脚下流过——，还能看到一座阿拉伯人建的城堡。这座城堡在光复战争的辉煌历史上享有盛名，因为在那里曾经发生过许多伟大的、值得纪念的业绩，也因为那些保卫这个地方的勇士，他们勇敢地把十字旗插在城墙雉堞上。

城墙只剩下残垣断壁。瞭望塔上的石头一块接一块地掉落在壕沟里，把沟都堵死了。演武场上满是荆棘丛莽。放眼所见，只有残破的拱门和被侵蚀的、颜色发乌的方石；这里是一段箭楼的墙，沿着墙体的裂缝长出了野藤；那里是一座仿佛由于奇迹还支立着的高大塔楼。再往远处立着几根灰泥柱，柱上有铁环，用来支撑吊桥。"

点评: 这是一段描述环境的文字，其结构基本是还原场景，由近及远，从整体到局部，前面的名词补语部分用破折号限定，表示是补充成分。

例 2. *"Esta (la plebe) que se agitaba en el fondo de las naves (de la iglesia), con un rumor parecido al del mar cuando se alborota, prorrumpió en una aclamación de júbilo, acompañado del discordante sonido de las sonajas y de los panderos, al ver aparecer al arzobispo, el cual, después de sentarse junto al altar mayor bajo un solio de grana que rodearon sus familiares, echó por tres veces la bendición al pueblo."*

——Ibid

译文: "那些老百姓都挤在大厅的后部，那里一片嘈杂，犹如大海涌动的涛声。当他们看到大主教出现时，爆发出一阵欢呼声，还夹杂着乱七八糟的手鼓和串铃的敲击。大主教在主祭坛旁落座，宝座上面张着一顶石榴红色的华盖，四周环列着他的亲信。他向人群做了三次祝福。”

点评：这一段译文的顺序是遵从信息的走向，即百姓在教堂的动态—大主教出现—百姓的反应—大主教的反应。

有时也会遇到一些基本上是直线式发展的长句，虽然其长度相当可观，但是结构简单，我们只要顺着句子的内部顺序去译就可以了。例如：

Unos 12,5 millones de españoles, en su inmensa mayoría mujeres, planchan, lavan la ropa, fríen patatas, cuidan de los ancianos y de los niños, sacan el vaso de agua, preparan las camas, cosen un botón, quitan la macha, repasan el cuello de la camisa, dan lustre a los zapatos, friegan los platos, limpian los cristales, quitan el polvo al aparador, dan sidol a la cubertería, ponen lejía a la colada, se ocupan de que no falte el nescafé, piensan qué se comerá mañana, llevan o traen a los chicos del colegio, cambian los pañales al bebé, guardan las sobras de la cena en un *tupperworw*, hacen gazpacho para el verano, limpian la nevera, meten el caldo en el microonda,sacuden las alfombras, forran los armarios, ordenan los calcetines, llaman al electricista, acompañan a la niña al médico, acuden a las reuniones de comunidad y a las de padres de familia, dan el aguinaldo al portero, compran los regalos de cumpleaños, vigilan el gas.

这是西班牙社会学家玛利亚·安赫蕾丝·杜兰（María Angeles Durán）根据问卷调查而统计出的 90 年代末西班牙家庭主妇从事的 33 项日常工作。学生们可以试译。

7.4.3　分译法或拆译法

“分”和“拆”都是指将西语的长句或复杂句拆解成适于汉语的短句，再加以组合，显得更灵活，而且句子之间的衔接会显得紧凑。

例 1. *Al empezar a adentrarnos por los misteriosos caminos del aprendizaje de una nueva lengua todos nos sentimos preparados para afrontar la ardua tarea de decir las cosas “de manera rara”, para aceptar con esfuerzo algunos cambios en la estructura gramatical que estamos acostumbrados a utilizar, o para esforzarnos en pronunciar algún sonido especialmente hostil que se nos resistir haciéndonos sentir algo torpes y bastante indignados con la manía extranjera ésa de complicar cosas que nosotros hacemos de manera mucho más sencilla.*

(Manuel Vázquez: *Diversos niveles de incidencia del componente cultural en la lengua, Frecuencia-L,* julio de 2000, p.3)

译文：我们一开始踏上学习一门新的语言的神秘之路时，大家都会感觉自己已经准备好，去面对一个艰巨的任务：即用“奇特的方式”来说话；准备好去努力应对我们一直惯用的语法结构的变化；准备好去竭力发出某个可恶的音，这个发音跟我们对着干，让我们觉得自己很笨，而且感到愤怒，怒在这种非要把我们轻而易举就能做到的事复杂化的洋怪癖。

点评：类似这样的结构非拆不可，只有采取分解的办法才能把它转换成比较地道的汉语。句中贯穿始终的是“我们”，三个 *para* 点明了主句谓语 *nos sentimos preparados* 所连接的补语，这是句子的主干；在“发出某个可恶的音”之后重新起句，通过对“发音”一词的重复，与上句相接。

课上练习。学生们可以试译下面这段话。

La lengua es una frontera: hay personas que tienen que abandonar su lengua y otras que viven diariamente en una lengua diferente a la que sienten como propia. Pero el Instituto Cervantes trabaja para que nadie se sienta extranjero en el gran territorio de la lengua española y para que sea una frontera que no separe, sino que una: frontera de una geografía que acoge, que trabaja por la dignidad. Y sin duda el español, como lo demuestran su historia, su cultura, y sobre todo, su presente, tiene vocación de **frontera puente,** que da lugar de encuentro donde aprender a compartir, donde aprender a construir, porque su territorio es el de la unidad en la diversidad y porque los hombres y las mujeres que lo habitan, viven y sueñan en una multiplicidad de culturas que, sin embargo, pueden compartirse en este espacio común que es el español.

—Discurso de J.L. Zapatero en el Instituto Cervantes, 2007

翻译练习 6

I.（用于 **7.1** 句子成分的转换）

1. Madrid amaneció triste el 12 de marzo de 2004. El famoso cielo azul de la capital de España se unió al dolor y la rabia que, ese día, ocupaba el corazón de todos sus habitantes. Y se volvió gris. Y muy oscuro. La lluvia no dejó de caer ni un solo minuto sobre el asfalto de la ciudad. Normalmente, un inconveniente para salir a la calle... pero no ese día. Los madrileños ya habían decidido mostrar su pena, su repulsa por la muerte sin sentido de ciento noventa de sus vecinos en los atentados terroristas de Atocha, el Pozo y Santa

Eugenia, y un poco de agua no les iba a echar para atrás.

La cita era a las siete de la tarde, en la plaza de Colón. De allí partía la manifestación que, bajo el lema "Con las víctimas, con la Constitución, por la derrota del terrorismo", reunió a más de dos millones de personas que llenaron los paseos de la Castellana y el Prado y todas las calles que confluyen en ellos. La gente preguntaba: ¿Quién ha sido? Era la necesidad de buscar el culpable de tanto dolor. Muchos lloraban en silencio; otros a coro: "No está lloviendo. Madrid está llorando".Y la mayoría se unía al grito de ¡Asesinos!

Y con Madrid sufrió toda España, toda Europa y todo el mundo. " Todos somos Madrid".

2. El nuevo presidente tendrá que enfrentar muchos retos, entre los cuales cabe destacar la alta tasa de inflación, la expansión del desempleo, el descenso general del nivel de vida del pueblo, la dependencia económica con respecto al exterior más profundizada y la agudización cada vez más grave de las contradicciones sociales.

II.（用于 **7.2** 语序）

1. Un grupo de agentes del servicio secreto norteamericano se hallaba en Prado del Rey cuando llegué, a las ocho de la mañana. Comunicados por radio con el staff del ex primer mandatario, me dijeron cuándo salía de la habitación del hotel, cuándo llevando a la calle, el momento en que ascendía al automóvil, y el minuto exacto en que la comitiva llegaría a la puerta de TVE, en la que aguardé junto con el jefe de relaciones públicas de la casa, Javier Higuero.
2. Me gustaron su sinceridad, la sangre fría y el valor con que el veterano político californiano se enfrentó a todas las cuestiones planteadas a lo largo de la entrevista.
3. La frescura y delicia de las cerezas y los albaricoques, que van llegando a la plenitud del sabor de sus sucos, de los colores y gracia de su forma y de la fragancia de su piel, traen siempre a Sigüenza el recuerdo de las josas y de los huertos, cuando están los frutales desnudos de fronda y prendidos delicadamente de flor nupcial.
4. Ese paseo ha ido envejeciéndose y despoblándose. Cuando el hombre progresa abandona los gustos y lugares que cuidó y quiso otra generación. Y parece que los lugares pretéritos empiezan a depurarse en el abandono, llegan a la categoría de "monumentos", de fondo y grandeza de emoción, cuando se quedan a la espalda de las gentes.
5. Cuando vino el corte del crédito externo, que este país centroamericano estaba acostumbrado a recibir en cantidades grandísimas, ello supuso un choque que hizo que el país tuviera que disminuir el nivel de gasto real. Esto implicó una disminución inmensa de

las importaciones.

III.（用于 **7.5** 长句与复杂句）

1. Entre los nuevos métodos de enseñanza que contribuyen a un mayor aprovechamiento del conocimiento tanto por parte de los profesores como de los estudiantes, están la formación y superación de los maestros en una más estrecha vinculación con la práctica escolar desde los primeros años de su formación profesional y la creación de condiciones para asegurar una efectiva atención individualizada y diferenciada para todos los niños, adolescentes y jóvenes, mediante el mejoramiento del entorno escolar, la dotación de modernos equipos de computación, televisión y videos y la reducción del número de alumnos por grupo.
2. Es importante la expansión que el Instituto Cervantes está llevando a cabo en estos últimos meses en Asia. Queremos que el español esté presente en ese laboratorio del futuro en que se ha convertido el continente asiático, uno de los espacios más dinámicos del mundo, no sólo desde el punto de vista económico y financiero, sino también en el cultural y creativo, y queremos que se sepa que la cultura en español está tomando posiciones en la vanguardia cultural y social de nuestro tiempo, allí donde nacen nuevos modos de enfrentarse a los retos que compartimos tadas las sociedades.

   (J.L. Zapatero)
3. El avance que Chile le ha mostrado a América Latina y al mundo entero se debe a esfuerzo, trabajo, concertación, contar con gabinetes de gente muy formada y no aficionada, y fundamentalmente una clase política que ha estado a las alturas de las exigencias y de los desafíos de la sociedad chilena. El resultado lo conocemos todos, no es un milagro, es una realidad, tan real como que todavía hay problemas que resolver en beneficio de las grandes mayorías, pero el problema de fondo como fue la pobreza, el desempleo, la falta de seguridad social pertenencen al pasado y no al Chile voluntarioso e innovador que hoy podemos observar, un país que brilla con luz propia, y que continuará su travesía hacia el desarrollo, el progreso, asumiendo al mercado y a la globalización como lo que son dos realidades ineludibles.
4. Uno de los primeros cambios lo protagonizó la Revolución Bolivariana con el Presidente Chávez al frente, quien luego de sortear sabotajes, guerra mediática, golpe de Estado y hasta su propio secuestro, fue ratificado democráticamente varias veces y logró consolidar una revolución popular que hasta el momento ha traido cambios radicales para el pueblo venezolano en la salud, la alimentación, el reparto de tierra, la erradicación del

analfabetismo y varios acuerdos internacionales que abarcan la comercialización del petróleo y sus derivados, así como programas de salud con todo el continente americano como la Operación Milagro, impulsada por Cuba, gracias a la cual se han intervenido hasta el momento a 100.000 pacientes que recuperaron la vista.

5. Este nuevo modelo de integración comprende el ámbito comercial y una articulación económica y productiva más amplia, así como nuevas formas de cooperación política, social y cultural, tanto pública y privada, como de otras formas de organización de la sociedad civil. Se trata de una integración innovadora que incluya todos los logros y lo avanzado por los procesos del MERCOSUR y la CAN, así como la experiencia de Chile, Guyana y Surinam, yendo más allá de la convergencia de los mismos. El objetivo último de este proceso de integración es y será favorecer un desarrollo más equitativo, armónico e integral de América Latina.
6. Durante mi estancia en los baños, ya por hacer ejercicio que, según me decían, era conveniente al estado de mi salud, ya arrastrado por la curiosidad, todas las tardes tomaba entre aquellos vericuetos el camino que conduce a las ruinas de la fortaleza árabe, y allí me pasaba las horas y las horas escarbando el suelo por ver si encontraba algunas armas, dando golpes en los muros para observar si estaban huecos y sorprender el escondrijo de un tesoro, y metiéndome por todos los rincones con la idea de encontrar la entrada de algunos de esos subterráneos que es fama existen en todos los castillos moros.(G. A.Béquer, p.273)
7. Sucede que estas sierras, después de haberse mostrado abruptas, cerriles, enemigas hasta en su color de estaño, que da una cabal impresión de aridez, y aun en su huello, que no deja descansar ni tocarlo, se hinchan, se redondean gruesamente y prorrumpen en un vientre generoso, blando y suave: es una loma rotunda, tierna y olorosa, como un pan enorme que parece que huele y sabe a casa labradora: loma llena de romero, de tomillo, de sendas y piedras musgosas, que, al levantarlas, muestran su jacilla de humedad avivada de gusanitos que nos tienen miedo.

(G. Miró, p.110)

8. Apenas rayaba en el cielo la primera luz del alba, cuando empezó a oirse por todo el campo de Gómara la aguda trompetería de los soldados del conde, y los campesinos que llegaban en numerosos grupos de los lugares cercanos vieron desplegarse al viento el pendón señorial en la torre más alta de la fortaleza.

   Unos sentados al borde de los fosos, otros subidos en las copas de los árboles, éstos vagando por la llanura, aquéllos coronando las cumbres de las colinas, los de más allá formando un cordón a lo largo de la calzada, ya haría cerca de una hora que los curiosos esperaban el espectáculo, no sin que algunos comenzaran a impacientarse, cuando volvió a sonar de nuevo el toque de los clarines, rechinaron las cadenas del puente, que cayó con pausa sobre el foso, y se levantaron los rastrillos, mientras se abrían de par en par y gimiendo sobre sus goznes las pesadas puertas del arco que conducía al patio de armas.

(G. A. Bécquer, p. 241)

第 8 讲 语法方面的翻译和处理

和汉语语法相比，西班牙语的语法有许多特殊性，比如，西班牙语的性、数、动词的变位、动词的时态、动词的式、语言本身的屈折性等等，都是汉语所没有的。这里没有孰优孰劣的问题，只是不同的规则和形式而已。正是这些特殊性，给我们在做语言转换时造成了不少困难。

我们可以从以下几个方面来介绍在翻译时对语法现象的处理方式。

8.1 名词的数

西班牙语的名词、形容词、代词和冠词都有数（número）的变化，即单数和复数（singular y plural）两种形态。而汉语不同，汉语的词类既没有性也没有数的变化，这种模糊性有时可以产生非同一般的效果。例如，在推理小说中常有这样的场景：探长对在场的一干人等说，“嫌犯就在你们之中”。汉语“嫌犯”一词可以是男，可以是女；可以是一个人，也可以是若干人。悬念无穷。用西语表达就比较麻烦，“嫌犯”sospechoso一词有性数变化，要有一是一，有二是二，因为性、数的语法规则逼迫探长说实话，即嫌犯的性别和数量，除非改变表达方式用persona或者更学术的individuo。西语较少模糊性。

名词的数有其意义，不仅是数量上的意义（多与少），也有内涵上的意义（质的变化）。所以，在翻译时要顾及到这一特点。

8.1.1 名词单数的处理

单数名词的翻译一般来说比较容易。如果名词与单数不定冠词搭配，按照名词本身的意思翻译就可以了。需要强调单数时，可以在名词前加“一”，后面加上相应的量词。例如：

例 1. *He comprado una enciclopedia entera en la Casa del Libro.*
译文：我在图书之家书店买了一整套百科全书。

例 2. *Desde la orilla opuesta del río llegaba una canoa cargada de frutas y flores.*
译文：一条载满水果和鲜花的独木舟从河对岸慢慢划过来。

例 3. *Con una tempestad de aplausos se levantó la conferencia.*
译文：大会在一阵暴风雨般的掌声中结束了。

当单数名词与定冠词搭配时，要注意把名词与集合名词区分开来。例如：

例 4. *La mujer española tiene, cada vez más, un mayor protagonismo en el mundo de las letras y las artes, así como en la vida política del país.*
译文：西班牙妇女在文艺界和国家的政治生活中越来越起主导作用。

例 5. *Parece que la mujer rubia es quien toma las riendas.¿La conoces?*
译文：看来那位金发女子是执掌大权的人。你认识她吗？

在这两个例句中，例 1 的 mujer 是集合名词，指女性；例 2 中的 mujer 是指个人：那个长着金发的女子，而非泛指所有的金发女性。

在有些情况下，不定冠词无需译成“一”。例如：

例 6. *La civilización es un producto del ocio.*

译文：文明是闲散的产物。

例 7. *Va a tener un futuro muy negro.*

译文：他的前途十分黯淡。

例 8. *Hoy hace un frío de perro.*

译文：今天冷极了。

例 9. *El restaurante cosechaba un éxito verdaderamente resonante.*

译文：餐馆生意着实红火。

例 10. *Espero que mi padre llegue a una vejez tranquila y honrada.*

译文：我希望父亲度过平静而体面的晚年。

例 11. *La tarde en que Gracia me preguntó: ¨¿Recuerdas algún otro idioma aparte del latín?¨ (y yo asentí) una sonrisa de triunfo borró, en un instante, el cansancio de su rostro.* (Cristina Cubas, *El Año de Gracia, p.21-22*)

译文：一天傍晚，格拉西亚问我：“除了拉丁语，你还记得别的语言吗？”（我点了点头），就在那时，胜利的微笑抹去了她脸上的疲惫。

8.1.2　名词复数的处理

词复数的处理可以遵循两个原则：一，如果复数本身有一定的修辞意义或者内涵意义，则名词的复数要译出。例如：los departamentos del gobierno（政府的各个部门），las novias de Juan（胡安的那几位女友），las promesas electorales（各种竞选承诺），las mujeres de Califa（哈里发的姬妾们）等；二，当复数所代表的是集合名词、类别，或者是广义的复数时，可以按照单数名词来译。例如：los progresistas（进步分子），los nazis（纳粹党徒），entre los países（国与国之间），los ríos que corren por la sabana（大草原上的河流）等。下面几个例句分别属于上述两种情况。

例 1. *En las elecciones generales que tuvieron lugar el mes pasado los socialistas sufrieron una pérdida aplastante, mientras los populares cosecharon unos éxitos sin par en la historia tras la democratización en el país.*

译文：在上个月的大选中，社会党遭受了沉重的损失，而人民党却获得了自西班牙民主化进程以来空前的胜利。

例 2. *Los pinos y olivos poblan generosamente las laderas.*

译文：山坡上长满了松树和橄榄树。

例 3. *Ese pueblo vetusto está escondido entre las montañas, con sus conventos, ermitas y caserones muy antiguos, que recuerdan los años ya pasados.*

译文：在那个被群山环抱的村子里，有几处十分古旧的修道院、隐修院和破旧的大宅子，引发对往昔岁月的回忆。

例 4. *Hay que poner buena cara a los malos tiempos.*

译文：要笑对困境。

例 5. *El verano es abrasador en Cautín. Quema el cielo y el trigo. La tierra quiere recuperarse de su letargo. Las casas no están preparadas para el verano, como no lo estuvieron para el invierno.* (*Pablo Neruda, Confieso que he vivido，p.39*)

译文：考廷的夏天酷热难当；天空和麦田都被烤焦了。大地想从昏睡中苏醒过来。各家各户的房屋既不适宜度夏，也不适宜过冬。(林光　译，《回首话沧桑》)

例 6. *La selva está siempre húmeda, me resbalo; de repente grita un pájaro, es el grito fantasmal del chucao./…/Apenas se distinguen como gotas de sangre los copihues.* (*Ibid*)

译文：大森林永远是潮湿的，我滑了一跤；一只鸟儿突然叫了起来，那是丘考鸟幽魂般的叫声。/……/血滴般星星点点的喇叭藤花，勉勉强强才能辨认出来。(同上)

点评：以上几个例句中的名词复数翻译得非常到位。例 1 的 socialistas 和 populares 分别译成单数集合名词“社会党”和“人民党”；例 2 用“长满”体现出 pinos 和 olivos 的复数性质；例 3 在 conventos 前面加上“几处”，表示不止一个古旧建筑，而 los años ya pasados 可以译成“逝去的岁月”，也可如译文的形式；例 5 的 casas 表示“各家各户”；例 6 的“星星点点”是译者加上的，非常传神，描绘出一朵朵的鲜红的喇叭藤花的状态。

具体来说，表示复数最常见的做法就是在名词前添加数词、叠词以及“若干”、“一些”、“几个”、“群”、“一个又一个”、“一再”等字样。例如：

例 1. *En esa tierra, los cristianos y los musulmanes desataron épicas batallas cuyas huellas se graban en las memorias de la gente.*

译文：在那片土地上，基督徒和摩尔人之间展开了**多次**史诗般的战斗，在人们的记忆中留下了深深的印记。

例 2. *Contemplando los paisajes a las orillas del río pasé una mañana muy agradable.*

译文：我欣赏着河流**两岸**的景致，度过了一个愉快的早晨。

例 3. *Ella pasaba las tristes tardes de noviembre junto a la ventana de su cuarto.*

译文：她靠在房间的窗户旁，度过了**一个又一个**十一月里凄凉的黄昏。

例 4. *La villa, perdida entre las montañas, ostenta su belleza y nobleza de las reliqias medievales.*

译文：在那个深藏在群山之中的小村落里，**几处**中世纪的古迹美轮美奂，超群脱俗。

例 5. *Las nubes blancas se reflejan en el río cristalino.*

译文：朵朵白云倒映在清澈的河面上。

例 6. *Por razones obvias...*

译文：出于**种种**明显的理由……

例 7. *Ya se ha dicho que el Hemisferio Occidental es el continente de las equivocaciones.*

译文：人们说过，西半球是个**一再**被弄错的大陆。

例 8. *El detective logró localizar la víctima siguiendo las gotas de sangre en el suelo.*

译文：侦探顺着地上**点点滴滴的**血迹，终于找到了受害者。

8.1.3　某些名词单复数意义的变化

这一类名词几乎是固定的，只要记住，翻译时就不会出问题。下面是其中的一部分：

agua（水）— aguas（海域，水域）

abril（四月）— abriles（青春）

arma（武器）— armas（军队）
cereal（谷类植物，粮食作物）— cereales（谷物食品，粮食；丰收女神节）
conocimiento（知觉）— conocimientos（知识）
esposa（妻子）— esposas（手铐）
hijo（儿子）— hijos（子女）
inquietud（不安，动荡）— inquietudes（志向，兴趣）
letra（字母）— letras（人文学科、知识）
lente（透镜）— lentes（眼镜）
luz（光线）— luces（文明）
papel（纸）— papeles（文件）
padre（父亲）— padres（父母）
servicio（服务、厕所）— servicios（厨房，下房）

有些不可数的单数名词一旦变成复数，其含义也会发生变化，往往是由抽象变为具体，或者相反。例如：

economía（经济）— economías（经济体）
barbariedad（野蛮，残暴）— barbariedades（野蛮的言行）
celebridad（名气）— celebridades（名人）
imprudencia（轻率）— imprudencias（轻率的行为）
honor（荣誉）— honores（荣誉头衔，封号）
posibilidad（可能性）— posibilidades（财富，财力）
novedad（新颖，新闻）— novedades（新产品）
valor（价值）— valores（有价证券）
amor（爱，爱人，爱情）— amores（爱人、恋人）
amistad（友谊）— amistades（朋友、友人们）
bien（善，好）— bienes（财产）
influencia（影响）— influencias 有权势的人

再看下列几组例句，对比一下划线单词的单数和复数形式的意义：

dar la luz verde
开绿灯

época de pocas luces
蒙昧时代

Su ingreso en el PCCH data de más de 40 años.
他 40 多年前加入了中国共产党。
No puede mantener a su familia con todos sus ingresos.
他用他的全部收入也无法养家。

El juego lo llevó a la ruina.
赌博使得他倾家荡产。
La ciudad quedó en ruinas a causa del bombardeo aéreo.
由于空袭，城市变成一片废墟。

Este proyecto provocó la oposición de la mayoría de los diputados en el congreso.
这项提案在议会里遭到大多数议员的反对。
Las oposiciones de la política económica han sido increíblemente difíciles.
政治经济学的考试极难。

Nuestro pueblo vive aquí desde la antigüedad.
自古以来我们的人民就在此居住。
Visitar tiendas de antigüedades siempre ha sido una actividad obligatoria para los turistas.
对于旅游者来说，逛古玩店是必不可少的活动。

El rey Felipe II tomó la decisión de trasladar la sede de la corte a Madrid.
国王费利佩二世决定把首都迁到马德里。
Los reyes de España presidieron la inauguración de la exhibición de Goya en Beijing.
西班牙国王和王后在北京主持了戈雅作品展的开幕式。
（顺便说一下，在西班牙国王和王后第二次对华进行国事访问时，在一些报纸上出现了“西班牙王室访华”的字样，显然对 los reyes 的理解有误。）

根据上下文，有些名词变成复数时其含义有所增加，因此在翻译上要加以强调。例如：los gobiernos 可以译成“各国政府”、“历届政府”或者“各级政府”；los pueblos 可以译成“各族人民”或者“各国人民”，以此类推。

课上练习：有一首墨西哥民歌，叫做“De colores”，请翻译歌名及第一段歌词：

De colores,
de colores se visten los campos
en la primavera.

De colores,
de colores son los pajarillos
que vienen de afuera.
De colores,
de colores es el arco iris
que vemos lucir.

Y por eso los grandes amores
de muchos colores
me gustan a mí.

8.2 动词的时态与翻译

西班牙语动词的时态变化是我们汉语语法所没有的概念，因此在两种语言转换时，会给学习者和译者带来较大的麻烦和困惑。在汉语句子中，通常用附着在动词之后的时态助词（了、着、过等等）表示动作的时间，方式简单明了，动词本身没有任何形态变化。有时，我们可以在谓语动词之前加上“昨天”、“明年”、“五分钟之前”等表示时间的成分，动词的时间值便不言而喻了。而用西班牙语表达同样的意思，就要牵涉到一系列的规则：动词的 17 个时和 6 个人称的变位；陈述式可以区分过去、现在、将来和过去将来等 4 个时间范畴，虚拟式包含过去、现在和将来的范畴。也就是说，动词的时、式和人称的每一项都有复杂的变化，表达不同的时间、不同的人称和实现动作的不同方式。

以西班牙语为母语的人，会本能地做动词的时态转换，而我们没有这种本能，我们只能遵从语法概念机械地完成这套程序，还常常犯错误，因为在我们的母语中，没有时态的变化。请看下面这段话：

—¿Te has enterado de la tragedia? ¡Qué horror! ¡ No lo puedo creer!... Por lo visto, era uno solo el que entró hasta el despacho... ¡Qué pena, qué pena, qué pena me da ...! ¡Un hombre tan estupendo! El príncipe, mi hijo, se ha quedado consternado, muy golpeado... Es su profesor, ***era*** *su profesor, de derecho constitucional. Le* ***quería*** *y le* ***admiraba*** *mucho... Precisamente, iba a venir a ver al rey dentro de unos días, porque le habían hecho miembro del Consejo de Estado...*

(Pilar Urbano, p.269)

这段话摘自《王后》（见前面注释），是索菲娅王后亲口向采访她的记者讲述刚刚得到的消息：一个埃塔分子潜入西班牙宪法法院院长佛朗西斯科·托马斯·依·瓦里安特（Francisco Tomás y Valiente）的办公室并枪杀了他。王后最初说“Es su profesor...”然后立即改为“era su profesor”，时态的变化表示这位杰出的法学家已经死去了。接下来的动词全部是过去时。而我们的汉语没有这种变化，我们可以继续说“他是王子的法律教授。王子非常爱戴他……”。根据这种方式，过去和现在没有明显的楚河汉界，有一种“虽死犹生”的效果。

下面的例子具有相同的效果：

El antisemitismo es uno de los prejuicios más antiguos del continente europeo. El odio común, o de la mayoría, hacia los judíos legitimó y legitima todavía a esa mayoría.

译文：反犹太主义是存在于欧洲大陆的一种最古老的偏见。由于这种共有的对犹太人的仇恨，或者说是大多数人对犹太人的仇恨，**无论是过去还是现在**，这些人都认为自己的态度名正言顺，合理合法。

换做汉语思维，在翻译上我们应该如何表达这种时间差异呢？首先我们要明确时态和体的概念。

8.2.1 时态与体

“时”是指动作发生的时间，即现在、过去和将来；“态”指的是动作的状态：完成的、未完成的或持续的。“体”是西班牙语动词的另一个概念，被看做动词语义的组成部分，也属于语法范畴。语法学家通常把体分为五个类型：持续行为（如 ser, conocer）、反复行为（如 parpadear, picotear）、瞬间行为（如 chocar, saltar）、起始行为（如 amanecer）和终结行为（如 nacer）。前两种属于未完成体，后三种属于完成体。时态和体互相结合，当完成体动词用完成性时态（简单过去时及复合时态）表示，或者未完成体动词用未完成时态表示，其完成性质或未完成性质不变；但是如果交叉使用，有时可以产生修辞效果。例如，下列句子中有的动词是未完成体，但是用完成时表述，翻译时要加以注意。

例 1. *Yo supe el hebreo.*

译文：以前我**懂**希伯来文。

例 2. *Lo conocí el alma por fin.*

译文：最终我算是**看透了**他。

例 3. */.../, y los campesinos que llegaban en numerosos grupos de los lugares cercanos vieron desplegarse al viento el pendón señorial en la torre más alta de la fortaleza.* (*G. A. Bécquer, p.241*)

译文：/……/，成群结队的近乡农民**纷纷到来**，他们看见在城堡最高的塔楼上，领主的大纛旗迎风招展。

下面的例子与上面的正好相反，动词是完成体，而时态是未完成时。

例 1. *Y todo callaba alrededor. Los rumores del campo se apagaban; el viento de la tarde dormía, y las sombras comenzaban a envolver los espesos árboles del soto.* (*G. A. Bécquer, p.239*)

译文：四周寂静无声。田野里的各种鸣籁都**渐渐停止了**，晚风在沉睡，黑暗开始包围河边茂密的树林。

例 2. *Margarita levantó sus ojos llenos de lágrimas para fijarlos en los de su amante, y removió los labios para dirigirle la palabra; pero su voz se ahogó en un sollozo.*(*Ibid，p.240*)

译文：玛卡丽达抬起饱含泪水的眼睛凝视着情人的眼睛，嘴唇**翕动了一下**，仿佛要和他说话，但是她的声音哽咽了。

我们之所以在翻译教程中复习这一部分关于时态与体的知识，是因为它有助于我们对时态的理解；在准确理解的基础上，才能准确地翻译。

8.2.2 过去时的译法

在这一节我们着重分析完成性时态和未完成性时态的译法。所谓完成性时态，指的是简单过去时和各种复合形态的完成时；未完成时态，主要指的是过去未完成时，它们都是单一形态。

8.2.2.1 简单过去时（pretérito indefinido）的处理。

先看下列例句，之后再总结其具体的翻译策略。

例 1. *Vine, vi y vencí.* (*César*)

译文：我来了，我看见了，我赢了。（恺撒）

例 2. *El joven enrojeció y se levantó sin decir ni una palabra.*

译文：那个青年脸红**了**，站了**起来**，一言不发。

例 3. *Los reyes de España visitaron Málaga con objeto de inaugurar la ampliación de la casa natal de Pablo Picasso, malagueño universal que, como nadie ignora, ni vivió en Málaga ni en Málaga trabajó.*

译文：西班牙国王和王后访问**了**马拉加，访问的目的是为毕加索故居的扩充工程揭幕。众所周知，毕加索这位举世闻名的马拉加人，既没在那里生活**过**，也没在那里工作**过**。

例 4. *En 1978, México superó exitosamente la crisis surgida en 1976, y empezó a gozar de un boom petrolero mundialmente conocido por sus ingentes recursos petroleros. A pesar de que los países desarrollados de occidente ya habían caído en la recesión la economía mexicana pudo crecer a un ritmo acelerado durante cuatro años consecutivos gracias a una intensa explotación del crudo.*

译文：1978 年，墨西哥成功地克服**了**自 1976 年就出现的危机，同时开始享受凭借其石油资源而举世闻名的石油大繁荣时期。虽然西方发达国家已经陷入萎缩，但是墨西哥经济却由于大规模开发原油而得以连续四年高速增长。

例 5. *Se cubrió el rostro y empezó a sollozar.*

译文：她用手捂住了脸，哭了**起来**。

例 6. *¿Cómo lograste recuperarte?*

译文：你是怎么恢复**过来**的？

例 7. *Descubrí en uno de los rincones de la biblioteca dos o tres cuadernos de música bastante antiguos, cubiertos de polvo y hasta comenzados a roer por los ratones.*

译文：在图书馆的一个角落里，我发现了两三本相当古旧的乐谱，书上落满了灰尘，甚至连老鼠也开始啃噬书页了。

例 8. *Silbió el aire, que había permanecido un momento callado, y las hojas caídas se levantaron en confuso remolino, perdiéndose a lo lejos entre las tinieblas de la noche.*

译文：风已经停了一会儿，此时又呼啸着刮了**起来**，落叶被吹起，在空中乱纷纷地旋舞，向远处飞去，逐渐消失在暮霭中。

通过上述例句的译文可以发现，表示简单过去时的时值常常用放在动词后面的"**了**"、"**过**"、"**过来**"、"**起来**"和放在动词前面的"**曾经**"等方式。在阅读文学作品中，我们可以看到许多用简单过去时表示的完成性动作，例如：

... el mayordomo liberó al visitante de su sombrero y abrigo 管家接过了客人的帽子和外衣

... se encogió de hombros 他耸了耸肩膀

... alzó las cejas 他抬起了眉毛

... meneó lentamente la cabeza, pensativo 他沉思着，轻轻摇了摇头

... bajó la voz, hasta convertirla en un susurro. 他压低了声音，就像是耳语

... Pedro besó la frente de Margarita, desató su caballo, que estaba sujeto a uno de los árboles del soto, y se alejó al galope por el fondo de la alameda. 佩德罗吻了吻玛卡丽达的前额，解开了拴在灌木丛中一棵树上的马，他骑着马顺着杨树林的道路疾驰而去。

在一段叙述性文字里，往往也用简单过去时来表示一连串的完成或起始的动作。这种连续动作类似电影蒙太奇的手法。请看下面的语段：

例 1./.../

La señora se levantó y dijo fríamente:

—Voy a buscar a mi marido.

Al cruzar la puerta, se le cayó el bolso. Este se abrió y su contenido se desparramó por el suelo. Don Antonio corrió galantemente a ayudarla. Tardó varios minutos en recoger las barras de labios, las polveras, las pitilleras, el encendedor y otras cosas diversas. La señora

le dio las gracias cortésmente, salió luego a cubierta y dijo:

—¡Juan!

译文：

/……/

那位太太站了起来，淡淡地说："我要去找我丈夫了"。

她穿过那道门时，手提袋掉了，口开了，里面的东西都滚落在地上。堂安东尼奥殷勤地跑过去帮忙，他用了几分钟才拾起那些唇膏、化妆粉盒、香烟盒、打火机和其他零零碎碎的东西。她彬彬有礼地对他表示了感谢，然后向甲板走去，喊道："胡安！"

例 2. *Una muchacha salió al centro de la pista, una muchacha negra como el carbón. Se puso a cantar con voz profunda y áspera. La melodía de la canción, la profunda voz de la joven negra, produjo en los oyentes una intensa impresión. Los hipnotizó, los embrujó. Incluso los camareros sintieron el hechizo. /.../ Sonaron frenéticos aplausos. Las luces se encendieron.*

译文：一个姑娘走到了舞池的中央，那是个肤色纯黑的女孩儿。她唱了起来，嗓音深沉而粗犷。歌曲的旋律和黑人姑娘的沉厚的声音给听众留下深刻印象，他们迷醉了，着迷了。连侍者都听呆了。/……/掌声如雷。（舞厅里的）灯光亮了。

译文的文字告诉我们，简单过去时所表示的是"点状"的意义。因此，我们要寻找能够传达出"点"的语言方式。**除了上述常用词，还有其他表述方法**。译者要不断总结。

课上练习（口译）

1.¨Miranda, prisionero de los españoles, murió en el temible presidio de La Carraca, en Cádiz. El cuerpo de este general de la Revolución francesa y profesor de revolucionarios, fue envuelto en un saco y tirado al mar desde lo alto del presidio.

San Martín, desterrado por sus propios compatriotas, murió en Boulogne, Francia, anciano y solitario.

O'Higgins, libertador de Chile, murió en el Perú, lejos de todo lo que amaba, proscrito por la clase latifundista criolla, que se apoderó prontamente de la revolución.¨ (Pablo Neruda, p.347)

2. La política económica del presidente Kirchner, apoyada en el espectacular crecimiento de la demanda internacional de productos básicos, permitió poner fin a un largo ciclo recesivo y al cese de pagos más grave y prolongado de la historia de este país. Canjeó buena parte de la deuda soberana y canceló los préstamos con el Fondo Monetario Internacional. Esa gestión

permitió reducir rápidamente el alcance de la pobreza y del desempleo.

3. En 1975 murió Franco y con su entierro la dictadura se extinguió a chorros. Desde esa fecha comenzó para España una nueva vida que había que edificar entre todos, paso a paso, con voluntad de hablar y ser hablado, ladrillo a ladrillo, con parsimonia, delicadeza y entendimiento. El resto fue caminar hacia la democracia (F. García de Cortázar, *Historia de España*, p.10)

8.2.2.2 过去未完成时（pretérito imperfecto）的处理

过去未完成时所强调的主要是发生在过去的持续性、连续性、习惯性的动作，或是描写性的场景：静态或动态。例如：

例 1. *La mujer se retorcía los dedos y miraba hacia el mar.*

译文：那个女人**不停地**拧着双手，眼望着大海。

例 2. *A los 18 años creíamos que la vida era toda rosa.*

译文：我们在 18 岁的时候，**总**相信生活是无限美好的。

例 3. *El aire azotaba los vidrios del balcón; el agua de la fuente lejana caía y caía con un rumor eterno y monótono; los ladridos de los perros se dilataban en las ráfagas del aire y las campanas de Soria doblaban trietemente por los ánimas de los difuntos.* (*G. A. Bécquer, p.272*)

译文：风敲打**着**阳台上的玻璃窗，远处喷泉的水滴滴答答地流淌**着**，声音无休无止，异常单调；狗吠声在风中传的很远很远，而索里亚城里的教堂**都在**为亡灵敲响悲怆的钟声。

在上述译文中，我们可以发现，表现过去未完成时常用的字眼有“正在”、“着”、“不断地”、“不停地”、“总是”、“常常”、“都”、“每”等等。下面的几个语段表现的也是场景，例 1 是静态的，仿佛是一个话剧舞台；例 2 是一个充满重复性动作的动态画面。

例 1. *El Sr. Rodríguez entró en la habitación. Era una habitación bastante grande, amueblada muy sencillamente en un estilo funcional. Los rincones de la habitación permanecían en la penumbra, porque la única luz provenía de una gran lámpara de mesa con pantalla verde, colocada en una mesita, junto al brazo de uno de los sillones. En el sillón se sentaba una persona, vestida con una bata hecha de trocitos de distintos colores... Benedicto Suárez. Tenía la cabeza echada hacia delante, en una postura característica, sobresaliéndole su nariz ganchuda como si fuera un pico de pájaro. Un penacho de pelo blanco, semejante a la cresta de una cacatúa, le salía de la frente. Detrás de los gruesos cristales de sus gafas le relucían los ojos, que escudriñaban con desconfianza a su visitante.*

译文：罗德里格斯先生走进了房间，那个房间相当大，家具陈设简单而实用。屋内的各个角落都隐在暗影里，因为唯一的灯光来自一盏罩着绿色灯罩的大台灯，台灯安放在扶手椅旁边的茶几上。在扶手椅上坐着一个人，他身穿着一件用各色小布块缝缀的家居长袍……这就是本内迪特・苏亚雷斯。他保持着他的习惯性姿态，向前探着头，伸着鹰钩鼻子。头上的一圈白发搭在前额上，如同白鹦鹉的冠子。他带着一副深度眼镜，镜片后面的那双眼睛怀疑地打量着来访者。

例 2. *Las casas del sur eran destartaladas, apresuradamente hechas de maderas recién cortadas y techos de cinc. Las grandes lluvias eternas eran la música en el techo. A veces en la mañana, la casa del frente se despertaba sin techo. El viento se lo había llevado a doscientos metros de distancaia. Las calles eran grandes ríos de barro. Por las veredas, pisando en una piedra y en otra, contra frío y lluvia, andábamos hacia el colegio. Los paraguas se los llevaba el viento. Luego venían las inundaciones, que se llevaban las poblaciones donde vivía la gente más pobre, junto al río. También la tierra se sacudía, templorosa. Otras veces, en la cordillera asomaba un penacho de luz terrible: el volcán Llaima despertaba.* (*Pablo Neruda, p.25*)

译文：南方的房子都是用刚刚砍下的木头草草搭建的，屋顶铺的是锌板。没完没了的大雨在屋顶上奏乐。有时，早上醒来，看见前面房屋的屋顶不见了，那是风把它刮到 200 米以外了。街道变成了一条条的泥河，我们踩着左一块右一块的石头，顺着人行道，冒着严寒和雨水向学校走去。雨伞常常被风刮跑。之后便是洪水爆发，大水冲走了河边的村落，那里住着最穷的人家。大地也在颤抖。还有的时候，在连绵起伏的山上，出现了令人恐怖的冠冕型的光，那是亚伊马火山苏醒了。

当两种过去时态同时出现在一个句子或者段落里时，我们可以清楚地看到其不同的功能，便于比较和辨明：

例 1. *El gobierno mexicano creía que mediante la exportación de petróleo en gran volumen, el Estado podría liquidar fácilmente sus deudas y tener suficientes fondos para sostener un alto ritmo de crecimiento económico. Sin embargo, la grave situación internacional frustró tal ilusión. La enorme deuda contraída hizo perder a México la posibilidad de un desarrollo sostenido.*

译文：墨西哥政府**过去始终认为**，大量出口石油就能使国家轻而易举地偿清债务，而且还能有足够的资金来维持经济的高速增长。然而，严峻的国际局势**打破了**幻想。墨西哥因巨额债务而无法保持持续发展。

点评：这个句子要表述的是一种对比：愿望与现实的差距。“愿望”用过去未完成时表示，意思是长时间的、持续的想法；“现实”用的是简单过去时，表示结果。在翻译时要分清两种时值，否则意思不明。

例 2. *Para el ministro de Defensa israelí, Líbano era su gran objetivo y fue, también, su Waterloo.*

译文：对于以色列国防部长来说，黎巴嫩过去**一直是**他的野心勃勃的目标，同时也**曾是**他的兵败之地。

例 3. *Era una tarde gris. A lo lejos se veía la silueta de un barco que desaparecía por el horizonte. El mar estaba en calma. Una vela se acercaba lentamente a la playa. De repente se oyó un trueno y en seguida comenzó a caer gruesas gotas.*

译文：那是十一月里一个阴暗的黄昏。远处一条船的影子正在地平线上慢慢消失。大海很平静。一只帆船渐渐向海滩靠近。突然，一声雷响，大颗的雨点瞬间就落了下来。

在此，我们有必要提醒本书的读者，作为时态的翻译策略，需要灵活对应，切不可照搬照抄上述的某些方法，机械和盲目的态度会导致翻译的失败。请看下面两个例子：

例 1. *En Buenos Aires conocí a un escritor argentino, muy excéntrico, que se llamaba o se llama Omar Viguote. No sé si vive aún.*

译文：在布宜诺斯艾利斯，我认识了一位阿根廷作家，他很偏执，名叫奥马尔·维果特。不知他是否还健在。

点评：为什么两种时态——过去时和现在时——只译了一个？因为汉语无所谓现在时和过去时，其意合性把两个时态都包括进去了，所以无需照猫画虎地译出两个时态，那样只会画蛇添足。

例 2. “De niño, dibujaba como Miguel Angel; ahora, de viejo, pinto como niño.” Con estas palabras resumía el mismo Picasso (1881-1973) su larga y fecunda trayectoria de pintor y artista.

译文:“小时候，我画画象米盖朗琪罗；如今老了，画画像个孩子”。毕加索用这几句话总结他作为画家和艺术家的漫长而多产的历程。

点评: 此处的过去时在翻译时无需刻意强调。

课上练习（口译）

1. Hace 15 años se me ha definido como ¨una tía dura, franca, exigente, salvaje y problemática¨. ¿Lo era? Nunca he sido dura y nunca lo seré. Pero sí era franca y siempre lo seré. La vida es corta para esperar que otros me lean la mente. Prefiero decir lo que pienso.

2.La señorita Carolina me estrechó la mano calurosamente, casi me hizo daño. En su cara, quemada por el sol, resaltaban los ojos, profundamente azules. Era una mujer de unos cuarenta años y de agradable aspecto, con voz profunda, algo masculina, y cuerpo fuerte y anguloso.

3.¨Y me alojé en el Hotel George V por algunos días, sin preocuparme mucho de mis ropas cordilleranas que desentonaban en aquel mundo rico y elegante. Entonces surgió Picasso, tan grande de genio como de bondad. Estaba feliz como un niño porque recientemente había versado sobre mi poesía, sobre mi persecución, sobre mi ausencia. Ahora, con ternura fraternal, el genial minotauro de la pintura moderna se preocupaba de mi situación en sus detalles más ínfimos. Hablaba con las autoridades; telefoneaba a medio mundo. No sé cuántos cuadros portentosos dejó de pintar por culpa mía. Yo sentía en el alma hacerle perder su tiempo sagrado.¨ (Pablo Neruda, p.216)

8.2.3 现在时表示过去行为的方式

最后，简单介绍一下现在时表示过去行为的现象。有时，人们在叙述过去的事情时，采用现在时，目的是更好地还原事态，使之有真实感。在汉译时，要遵从原来的时间线索。例如：

例 1. *En la Patagonia chilena sale un europeo con su rifle al hombro por los inmensos prados solitarios. Lejos aparece la medrosa figura de un indigena; y el civilizado, por distraerse, apunta, dispara y el indio cae sepultándose en la frescura de la hierba; los buitres y los pumas son los únicos que encuentran su cadáver.*(*G. Miró., p.23*)

译文: 在巴塔哥尼亚属于智利的那部分，有一个欧洲人，肩上扛着来复枪，漫步在荒芜人烟的大草原上。这时在远处出现了一个印第安人胆怯的身影，而这位文明人，出于想找点消遣的目的，竟然瞄准他开了枪。印第安人倒下了，身体陷在青草丛中，只有秃鹫和美洲狮能发现他的尸体。

例 2. *La catedral estaba sola, completamente sola y sumergida en un silencio profundo. No obstante, de cuando en cuando se percibían como unos rumores confusos: chasquidos de madera tal vez, o murmullos del viento, o ¿quién sabe?, acaso ilusión de la fantasía, que oye y ve y palpita en su exaltación lo que no existe; ...* (*G. A. Bécquer, p.99*)

译文：大教堂里没有人，空空荡荡，寂静无声。但是，时不时传出阵阵隐约可闻的声音：也许是木头干裂发出的咔嚓声，也许是飒飒的风声，或者，谁知道呢，或许是由于幻觉的作用，在神经兴奋时看到，听到并感受到实际并不存在的东西。

课上练习：注意几种时态的译法。

1. El intenso terremoto de magnitud 7 en la escala Richter ha llevado la destrucción al país más pobre de toda América, Haití. El seísmo se produjo el pasado martes e hizo temblar la tierra durante casi un minuto, tiempo suficiente para sembrar el caos, especialmente en la capital, Puerto Príncipe, donde viven cerca de un millón y medio de personas de los nueve totales que habitan el país. La primera sacudida fue la peor, pero los temblores no terminaron ahí, varias réplicas de menor intensidad volvieron a hacer estremecer la tierra en otros puntos contiguos de la región y se percibió también en Cuba y las Bahamas, donde se activó la alerta por tsunami. Lo que si cundió en toda la isla fue el pánico entre la población, no sólo por el terremoto, sino también por el miedo a que se produjera un tsunami, lo que produjo situaciones surrealistas de auténtica histeria colectiva.

2. El río Tajo se retorcía gimiendo al pie del mirador entre las rocas sobre que se asienta la ciudad imperial: Toledo. El sol trasponía los montes vecinos, la niebla de la tarde flotaba como un velo de gasa azul, y sólo el monótono ruido del agua interrumpía el alto silencio.

3. El tren penetró en las plantaciones de banano, simétricas e interminables, y el aire se hizo húmedo y no se volvió a sentir la brisa del mar. Una humareda sofocante entró por las ventanillas del vagón. En el estrecho camino paralelo a la vía férrea había carretas de bueyes cargadas de racimos verdes. Al otro lado del camino había oficinas con ventiladores eléctricos, campamentos de ladrillos rojos y residencias con sillas y mesitas blancas en las terrazas.

4. Era una espléndida casa. Frente a ella, en abanico, se extendía un amplio sector de playa particular, limitado a ambos lados por dos altos muros de piedra. La casa se alzaba en lo alto de una colina. Un caminito enarenado, de piedrecillas que crujían al paso, llevaba a ella. Era una construcción baja, anchísima, de grandes claros cubiertos de cristales.

8.3 虚拟式与可能式的译法

西班牙语动词的虚拟式（也包括可能式）也是汉语语法没有的现象。从本质上，虚拟式所表现的是主观的、非现实的、可能的动作和行为。虚拟式有四个时态：现在时、现在完成时、过去未完成时和过去完成时。其中，后两种时态所表示的非现实程度更高（比如，是难以实现的主观愿望），甚至是与过去事实相反的愿望。下面一段逸闻表达的正是这个概念。在火车上，一个小伙子问一位老人“现在几点了，”而老人没有理睬。小伙子没趣地走了。老人的朋友责备他没礼貌，老人回答：

“Si le hubiera dado la hora, la próxima vez hubiera querido saber dónde iba. Entonces, quizá me hubiera hablado sobre cosas que nos interesan a ambos. Si hubiéramos hecho amistad, él podría haberse invitado a mi casa a almorzar. Si lo hubiera hecho, se habría podido encontrar con mi adorable hija. Si se hubieran encontrado, ambos podrían haberse enamorado. Y yo no quiero que mi hija se case con alguien que no puede comprarse un reloj.” (Francisco Gavilán, *Lenguas de doble filo*, EDAF, p.117)

（学习完这一节，学生们可以自己翻译上面这段话，注意虚拟式的含义）。

汉译时，我们要尽可能地进入西语的思维逻辑，揣摩虚拟式在句子中的作用，传达出其假设的含义。请看下面的例句：

例 1. *Confieso que me hubiera gustado que mi hermana Gracia acudiese a la estación la mañana del primero de septiembre en que abordé el expreso que debía conducirme a París.*

译文：我承认，我当时**本来是**希望我姐姐格拉西亚在 9 月 1 号早上到车站送我，我就在那时搭上了去巴黎的火车。

例 2. *Si EE UU y sus aliados retiraran sus tropas de Irak y Afganistán la situación de estos dos países dejaría de ser tan complicada.*

译文：如果美国和它的盟友能把军队撤出伊拉克和阿富汗的话，这两个国家的局势**就不会**如此复杂了。

例 3. *¿Que el asesino mató a la víctima a eso de las ocho de la noche en su cuarto?¡*

Imposible! Hubiera gritado el hombre y se lo hubiera oído su criado.

译文： 你说凶手是在晚上 8 点在被害者的房间里把他杀害的？不可能！**假如那样的话**，被害人**早就**大喊大叫了，而他的仆人**也就会**听到了。

例 4. *Mejor hubiera renunciado su cargo para mantener su honor.*

译文： 他**要是早些**辞职以保全名声**就好了**。

例 5. *El joven me dijo:¨Mi madre es imposible. Ella llena de prejuicios y tiene una mente muy estrecha. Si no estuviera tan obstinada vería lo que vale mi novia. Y ella, está de lo más difícil. Si transigiera un poco podría cambiar todo. Ella y mi madre son las dos personas que más quiero en el mundo, parecería lógico que las dos fueran uña y carne.¨*

译文： 那个年轻人对我说："我母亲很难对付。她一脑子偏见，思想很狭隘。**但凡**她不那么固执，**就能**看到我女友的可贵之处。而我那位女友呢，更是拿她没办法。**但凡**她稍微做一点让步，事情**就会**截然不同了。她和我母亲是世上我最爱的人，她们俩**本来应该**亲密无间才对。"

在上述译文中，我们看到一些表示虚拟式过去时和过去未完成时字眼（文中加粗体）。除此之外，还有其他的表达方式。关键是，译者的脑子里一定要记住，虚拟式是"虚的"，而上述两种时态不仅是"虚的"，而且还是与现实相反的。在此基础上，只要选择适当的词语加以表达就可以了。

关于可能式（也包括虚拟式），它的另一个功能是表示愿望、委婉的态度和礼貌。例如：

例 1. (*Esa mujer*) *era muy leal a su marido. Lo adoraba como a un dios. Me atrevería a decir que era su mayor entusiasta.*

译文：（那位女士）对她的丈夫非常忠实。她爱他就像爱上帝。我甚至于敢说，她极其崇拜她的丈夫。

例 2. *Periodista*：*O sea, ¿ya no sería necesaria la dolarización de la economía nacional?*
Ministro：*Ya no es necesario.*

译文： 记者：也就是说，也许没必要对国民经济实施美元化了？
部长：没必要。

例 3. *"La economía alemana ha sido infectada, pero no hablaría de recesión. Las empresas aún tienen un colchón de pedidos," —dijo el ministro.*

译文： 部长说："德国经济已经受到影响，但是我不会说这是衰退。各个公司都还有一大堆订单呢。"

例 4. *Pese a las promesas helenas, los inspectores de la UE tendrán que verificar que las medidas se han puesto realmente en marcha. Si dan su visto bueno, Grecia podría recibir a finales de este mes el cheque de 8.000 millones.*

译文： 尽管希腊政府作了保证，欧盟的检察官们还必须核实相关举措是否已经实施。如果他们予以批准，那么希腊在本月末有可能会拿到一笔 80 亿欧元的援助。

请学生们试译下面这句话：

¨No tienes por qué tolerar semejante trato, yo, que tú, me armaría de valor y le diría a tu jefe cuántas son dos y dos.¨

8.4 过去分词与副动词的译法

在这一部分，我们一方面要适当地复习一下这两种动词非人称形式的功能，一方面要研究其汉译的对应形式。

学生们在上基础语法课时，已经比较全面地接触到过去分词和副动词的概念、功能、形态和具体用法，因此我们仅强调其中直接影响到翻译的几个环节。下面我们把两种形态的语法功能简单开列出来，通过对比加深印象：

过去分词—原因、方式、条件、让步、时间（完成时）。

副动词—原因、方式、条件、让步、目的、时间（进行时或同时）。

由此可以看出，虽然二者有许多相同的功能，但是在时值上却完全不同。掌握这一点可以在翻译时有效地对二者加以区分。

8.4.1　过去分词的译法

对于过去分词的处理，指的是在单独使用的情况下的翻译方式。

过去分词是一个并不复杂的语法现象，形式简单，但是在语言表述中可以起到非常重要的修饰和限定作用。正因为如此，现在西班牙语在语用上有一个明显的趋势，即把分词形容词化，直接代替形容词与名词搭配。比如：

hojas caídas—落叶，un paso atrevido—大胆的一步，anciano leído—博学的老人，empleo bien pagado—薪酬高的职业，país desarrollado—发达国家，hombre considerado—体贴的人，mujer entrada en años—上了年纪的女人，resuelto—果敢的，entendido—内行的，callado—寡言少语的，disimulado—善于掩饰的，condenado—该死的、可恶的、淘气的，espigado—老掉牙的（话题），caído—消沉的，aplicado—勤奋的，aplomado—沉着的，encendido—热烈的、炽热的，apagado—郁郁寡欢的、无精打采的，fluido—不稳定的（政局）等。

下面是几个简单句的例句：

例 1. *Ellos son unos abogados jóvenes, entregados a su trabajo.*
译文：他们是一些很敬业的年轻律师。

例 2. *Nunca he visto en mi vida un joven tan desinteresado como él.*
译文：我从来没见过像他这样大公无私的人。

例 3. *Recuerdo con toda claridad que eso ocurrió en la primavera bien entrada.*
译文：我清清楚楚地记得，那是发生在暮春时分的事。

例 4. *Se quedó cortado al enterar de que le suspenderían en matemáticas.*
译文：他听说数学可能不及格时，有些不知所措。

例 5. *Un joven de dieciocho abriles no tiene ninguna razón de ir dejado.*
译文：一个 18 岁的年轻人完全不应该萎靡不振。

例 6. *Juan es conocido por sus sonadas conquistas amorosas.*
译文：胡安由于他那些轰动一时的猎艳而出名。

例 7. *Para el comerciante más comercializado, el cielo estrellado es un espacio lleno de diamantes, ...*
译文：对于一个利欲熏心的商人来说，星光灿烂的天空就是一个满是钻石的空间……

例 8. *La dimisión inoportuna del Premier fue un pulso, para tener doblegado al Presidente.*

译文：首相的不合时宜的辞呈是一种试探，其目的是使总统听命于他。

上述句子非常简单，需要注意的是，作形容词使用的过去分词可以是被动的，也可以失去被动的意义而变成主动的（例如：el hombre callado 不是被禁言的人，而是沉默的人）。也就是说，有些分词具有双重身份，在句子结构中有独立的形容词的含义，在翻译时要予以重视，不可望文生义。如：apagado 在 luz apagada（灯熄了），fuego apagado（火灭了）和 pasión apagada（激情消退），color apagado（色彩暗淡），persona apagada（萎靡不振的人）中，分别代表了不同的意义，翻译时要选择不同的词语。

稍微复杂一点的是，当过去分词在句子中起说明性定语的作用时，可以把分词结构译成状语或者其他类型的分句。从西文的形式上，类似的结构一般放在句子前面，或者在核心词的后面，用逗号隔开。例如：

例 1. *Apoyado en su amplio poder, casi sin adversarios, Putin ha ganado de nuevo. Dispuesto a seguir con su mano dura, tendrá que encarar reformas, la fractura social y otros no pocos problemas.*

译文：普京凭借他巨大的权力，在几乎没有对手的情况下，再次胜出。他准备继续执行他的强硬政策，来应对改革、社会分裂以及其他为数不少的问题

例 2. *Sumido en sus pensamientos, el juez permaneció silencioso, y en ese momento entró el joven militar, con la frente erguida.*

译文：法官静静地一言不发，沉浸在思索中，就在这个时候，那个青年军官泰然自若地走了进来。

例 3. *México, con su nopal y su serpiente; México florido y espinudo, seco y huracanado, violento de dibujo y de color, violento de erupción y creación, me cubrió con su sortilegio y su luz sorpresiva.* (*Pablo Neruda, p.186*)

译文：墨西哥有仙人掌和蛇；墨西哥多花又多刺，干旱而且多飓风，轮廓明晰而且色彩绚丽，有猛烈的爆发力和强大的创造力，我的身心都沉浸在它的魅力和令人惊异的阳光之中。（林光　译）

例 4. *Aterrorizado, el criado salió corriendo del piso y llamó al primer policía que encontró.*

译文：仆人吓坏了，他跑出房间，叫住了碰到的第一个警察。

例 5. *Instalado en el Palacio de La Zarzuela y terminada su etapa de estudios universitarios, don Juan Carlos intensifica sus contactos con la Administración y con la vida política y cultural del país.*

译文：堂胡安·卡洛斯在萨尔苏埃拉宫住下来并且完成了大学学业之后，便加强了与政府、国家的政治和文化生活的接触。

例 6. *Tendidas a lo largo de la llanura, mirándose, pues, tiendas de campaña de todas formas y colores, sobre el remate de las cuales ondeaba al viento distintas enseñas con escudos, /.../* (*G. A. Bécquer, p.245*)

译文：放眼望去，在整个平原上布满了形状各异、五颜六色的营帐，在帐篷顶上，旌旗招展，旗子上绣着各自的徽记/……/

过去分词在运用上比较简单、经济，使用频率相当高。译者要注意的是准确地翻译出在句子里的功能。请再看下面几个例句：

例 1. *Sofía y Tino siempre estuvieron unidísimos, como uña y carne. Incluso cuando bailaban, parecían una sola figura, acompasados en todos sus movimientos.*

译文：索菲娅和提诺两个人总是志同道合，亲密无间，连他们跳舞时都像是一个人，每个动作都协调一致。

例 2. *A los cinco días, enterrado Franco y acabado el luto oficial, cuando se celebró la misa del Espíritu Santo en los Jerónimos, el ambiente ya era otra cosa.*

译文：五天之后，在圣赫罗尼莫教堂举行了圣灵弥撒，此时佛朗哥业已被安葬，国丧也结束了，于是气氛全然不同了。

例 3. *Luego, envueltos en la nube de polvo que levantaba el casco de sus caballos, y lanzando chispas de luz de sus petos de hierro, pasaron los hombres de armas del castillo formados en gruesos pelotones, que semejaban a lo lejos un bosque de lanzas.*(G. A. Bécquer, p. 242)

译文：然后，在马蹄扬起的烟尘中，城堡的武士们排成宽列，纵马而出，铁护胸甲闪闪发亮。从远处看，这支人马犹如一座由矛枪组成的森林。

8.4.2　副动词的译法

作为动词的非人称形式，副动词在句子里起副词作用。与过去分词相比，它表示的是**未完成性动作，动作发生的时间应该是与主要动词同时发生或者在此之前**。学生们在二年级的语法课上已经基本上掌握了这些知识，目前要做的只是如何准确地翻译成汉语。

我们先看下列例句：

例 1. *El señor Urbano sufrió una desilusión. Los hoteles estaban llenos.Lo único que pudieronofrecerle fue un cuchitril sin ventilación.*

¿Qué quiere usted? observó, encogiéndose de hombros filosóficamente.

译文：乌尔瓦诺先生感到很失望，旅馆都是客满。唯一能给他提供的是一间没有通风设备的小破房间。

“您还想要什么？”旅馆经理故作姿态地耸耸肩膀，问道。（表示方式）

例 2. *Sabiendo que no puede hacerme caso, le digo: ¨¿Por qué no nos sentamos para charlar con calma?¨*

译文：尽管我知道他不会理睬我，但我还是对他说：“我们为什么不坐下来冷静地谈一谈？”（表示让步）

例 3. *Por las mañanas paseaba por el jardín entonando cantos improvisados, mordisqueando manzanas, pisoteando sembrados y brincando como un colegial a la menor ocasión en que me creía solo.*

译文：每天早晨我都在花园里散步，在这个我自以为是独处的难得的时刻，我哼着随兴而至的歌儿，啃着苹果，还像个小学生似的踩着满地的花花草草，蹦蹦跳跳。（表示方式）

例 4. *Hay razones para el optimismo y la esperanza. Pero para que esta esperanza no se diluya en el aire como burbujas de champán tenemos que actuar unidos y con realismo, identificando nuestras fortalezas, pero también nuestros problemas. Sólo así podremos planificar responsablemente el salto cualitativo al desarrollo que nos toca a la puerta.*

译文：我们有理由乐观并充满希望。但是为了不让希望化为泡影，我们必须正视现实，团结一致，协调我们的力量，认同我们的问题。只有这样，我们才能负责任地规划以未来发展为目标的质的飞跃。

例 5. *Siguiendo esta misma lógica, acabaríamos modificando nuestra Constitución para evitar las iras criminales de los etarras. Como dijo en una ocasión Adenaner, ¨La única forma de complacer a un tigre es dejarse devorar por él.¨*

译文：按照这种逻辑，为了避免埃塔分子起杀机，我们就得修改宪法了。阿登纳曾经说过："想要讨好老虎的唯一办法，就是以身饲虎。"

例 6．*A lo largo de los siglos la Universidad de Salamanca fue ahondando en su antiguo empeño, extendiéndolo y perfeccionándolo, renovándolo a diario, siempre otorgando un papel destacado a los estudios humanísticos y, específicamente, a los relacionados con una lengua hermosísima que, poco a poco, se extendía por el mundo.*

译文：几个世纪以来，萨拉曼卡大学坚持不懈地致力于其往昔的追求，日复一日地在扩展这项使命，予以完善，予以更新，它总是格外重视人文学科的研究，特别重视与那个逐渐在全球得以普及的美妙无比的语言相关学科的研究。

例 7．*Después, haciendo una transición rápida de la broma a la seriedad, doña Sofía me comenta que, por su gusto, se hubiese dedicado a la puericultura, o al ejercicio de la enfermería, o a la arqueología: ¨Pero no como aficionada, sino como el quehacer de mi vida.¨*

译文：之后，堂娜索菲娅马上从玩笑转到严肃话题，她对我说，如果从她的兴趣出发，她本想从事幼儿保健事业，或者选择护士或考古专业，"但是我不是作为业余爱好者，而是当成我毕生的工作。"

例 8. *En la conferencia se están estudiando los criterios de admisión de otros países a las cumbres de Iberoamérica, teniendo en cuenta factores como la lengua, la cercanía y la integración de la legión.*

译文：会上一直在研究吸收其他国家参加伊比利亚美洲国家峰会的标准，考虑的因素包括语言、地缘和地区参与程度等。

课上练习：注意副动词的翻译。

1. El Congreso del estado de Georgia aprobó en 2006 una de las leyes más duras sobre la población inmigrante, reduciendo sus derechos, cargándoles el pago de impuestos directos–ya cubrían gravámenes indirectos por conducto de su alimentación, vivienda y servicios-y

sancionando como delincuentes a sus empleadores.

2. Reaccionando a esa iniciativa anti-inmigrante, el Senado de California aprobó la resolución SCR 113, apoyando el boicot del primero de mayo de 2006, la movilización más extraordinaria en esa nación de la que haya sido testigo el mundo, y reconociendo la muy importante contribución que los inmigrantes dan al país: 4 mil millones de dólares como impuestos estatales en California y 30 mil millones en impuestos federales.

3. Muchas personas, especialmente hombres, combaten su complejo de inferioridad llevando la competitividad más allá del terreno profesional. En cualquier conversación con amigos o conocidos les surge siempre la oportunidad de evidenciarla.

4. Sí, es verdad, los medios británicos no dejan de recordar cuántos días quedan para la ceremonia olímpica inaugural. Londres, como una duquesa maquillándose para la boda de su hija, se está esforzando para ponerse guapa, no sólo erigiendo estadios y otros monumentos para los deportistas y espectadores que llegarán de todo el mundo, sino reformando sus plazas, construyendo rascacielos y gigantescos centros comerciales, mejorando y expandiendo el metro, preparando un rico y cosmopolita cóctel de eventos culturales. (*El País Semanal*, 06-05-2012)

资料链接

阿登纳(Konrad Adenauer, 1876—1967)，德国政治家，曾任联邦德国总理（1949—1963）和基督教民主联盟的主席，是战后德国经济恢复的主导者。他坚决主张建立欧洲经济共同体（即今天的欧盟）。

萨帕特洛效应—指西班牙前首相萨帕特洛的 2004 年赢得大选之后在政治方面引起的一系列后果。

翻译练习 7

I. 注意名词单复数的处理。

1. “D.Gumersindo era un ser extraordinario: el genio de la economía. No se podía decir que crease riqueza, pero tenía una extraordinaria facultad de absorción con respecto a la de los

otros."

2. "Cuba vive una silenciosa apertura económica a pesar de los discursos políticos de sus líderes."
3. "León es una ciudad vetusta y gloriosa. Otras ciudades seculares–como Toledo, como Villanueva de los Infantes—ofrecen la impresión de un museo frío, desierto, las callejuelas han dejado de vivir hace siglos; los nobles e inmensos caserones están cerrados; acaso sólo de tarde en tarde, un recio portón gira sobre sus goznes enmohecidos y una vieja silenciosa aparece en la monumental portalada /.../"(Azorín, *España*)
4. Para los inversionistas extranjeros, el Perú es un país de oportunidades, donde una pujante economía hace noticia día a día con sus progresos.
5. Europa se encuentra en una difícil encrucijada. Por una parte, se ha liberado de los sistemas que la oprimían y dividían, pero, por otra, apuntan de nuevo brotes de violencia, turbulencia y anarquismo.
6. "Estos días he asistido a una romería en los Bajos Pirineos franceses./.../ Hacía una mañana gris, dulce, y caía una llovizna suave. En el fondo de un paisaje de anchos y mullidos prados se esfumaba la silueta negruzca de una montaña. Había una paz profunda en el ambiente; un río se deslizaba manso, claro, entre un follaje tupido."(Azorín, *España*)
7. "Había un sol espléndido, y el aire era un diamante silvestre que hacía brillar las montañas. La trilla es una fiesta de oro. La paja amarilla se acumula en montañas doradas; todo es actividad y bullicio; sacos que corren y se llenan; mujeres que cocinan; caballos que se desbocan; perros que ladran; niños que a cada instante hay que librar, como si fueran frutos de la paja, de las patas de los caballos."(Neruda, p.48)
8. Con los destellos de su Semana Santa en primavera, con sus populares ferias de veranos y otoño y con sus ancestrales fiestas de invierno, la Costa del Sol, brilla, con luz propia.
9. El café ha tenido una importancia y una influencia tan poderosa en la historia, que no es exagrado decir que revolucionó el mundo.
10. Algunos de los cafés que están ubicados en la calle Santa Rosa ya han llevado años y fueron frecuentados por unas celebrides en otro tiempo.
11. La montaña andina tiene pasos desconocidos, utilizados antiguamente por contrabandistas, tan hostiles y difíciles que los guardias rurales no se preocupan ya de custodiarlos. Ríos y precipicios se encargan de atajar al caminante.

    /.../

    Marchábamos en fila, amparados por la solemnidad del alba. Hacía muchos años, desde mi infancia, que no montaba a caballo, pero aquí íbamos al paso. La selva andina austral está poblada por grandes árboles apartados el uno del otro.(...) Por arriba no se ve el cielo. Por abajo las hojas han caído durante siglos formando una capa de humus donde se hunden los cascos de las cabalgaduras. En una marcha silenciosa cruzábamos aquella catedral de la salvaje naturaleza. (Pablo Neruda, p.222)

12. Un camión cargado de una veintena de hombres partió una madrugada rumbo a los bosques del Chapare. Entre esos hombres se encontraba Tumi, resquemado de inciertos temores. No tenía la menor idea del lugar a donde se le conducía. Pero entre los que iban con él se hablaba de impetuosos ríos sin vado, montañas inaccesibles, bosques inextricables y males sin cuento. Según ellos, no había ser humano capaz de salir de aquel infierno.Aunque todo lo decían en un tono travieso y ambiguo, como si su propósito no fuera otro que el de divertirse a costa de los tontos.

—Jesús Lara: *Nuestra sangre*

II. 翻译下列句子和段落（用于 8.2 动词的时态与翻译）

1. Yo supe el ruso, pero todo se me fue por falta de práctica en estos años.
2. Aquella noche dije a mi padre mi deseo de aprender a montar. Mi padre tuvo una alegría extraordinaria. Me abrazó, me besó, me dijo que iba a tener el gusto de enseñarme algo. Me aseguró que en dos o tres semanas haría de mí el mejor caballista de toda Andalucía.
3. Un testigo del atentado del 11 de marzo en Madrid recuerda:
—Oí la explosión a mis espaldas; me volví y ví gente volando. La explosión fue fortísima. Las luces se apagaron. Una densa humareda no dejaba ver nada. Cuando logramos abrir las puertas, vimos cadáveres por todos los lados, todos enegrecidos, en las vías y en los vagones destrozados. Los sobrevivientes estaban llenos de sangre y chillaban.
4. Conocí que no estaba el señor Santos muy dispuesto a dejarse convencer sino por la experiencia.
5. El día que comprendió Ricardo que Luisa era *ella,* la mujer que siempre había esperado, supo que el universo femenino se había quedado reducido automáticamente a esa única persona. Y ahora los dos llevan una vida muy feliz. "Tuve y tengo mucha suerte, es cierto", dice Ricardo.
6. De la Sra. Jiménez salió un chorro de palabras. La novia de su hijo era una chica horrible. Bebía, decía malas palabras, apenas llevaba ropa encima. Su hijo había cambiado totalmente. Siempre había sido tan tranquilo, se había interesado siempre en las cosas serias... Incluso había pensado en dedicarse a la arqueología...

7. Juan sonreía con los ojos medio cerrados y la boca entreabierta. Cristóbal, su sobrino, apoyado en los codos, se puso a observarle. Iba cayendo la noche, y el rostro de Juan se iba borrando poco a poco. Reinaba el más profundo silencio. La tierra se hallaba oculta en la sombra; pero el cielo parecía iluminado por las estrellas que iban saliendo.
8. "Estoy sentada en la cama de una clínica esperando a la muerte. No debe tardar. No siento miedo, ni angustia. Si siento algo es tal vez curiosidad.Tal vez es el inicio de otro viaje.

   Tantas ilusiones, tantos planes, tantos sueños…Me hubiera gustado ir a Noruega, navegar entre esas islas de ensueño. Me hubiera gustado volver a Copenhagen en un día de lluvia, ver a la Sirenita. Ver de nuevo la luna, enorme, amarilla, surgiendo en el alba en una noche de verano.

   Si me hicieran el regalo de la vida, de tan sólo un año de vida, ¿qué haría yo con ese año? Es dificil pensar, decidir. Escucharía toda la música que existe, leería todos los poemas escritos desde el comienzo de los siglos, miraría el cielo con el telescopio más potente, subiría a las cumbres nevadas y bajaría al mar más profundo donde aún existe la vida en sus formas más primitivas, visitaría museos y catedrales hasta saciar mi sed de belleza. Y el tiempo saldría corto, pero tendría un minuto para plantar un árbol…
9. "Los criminales que hoy han causado tantos muertos serán detenidos. Serán juzgados y condenados por tribunales que sólo están sometidos al imperio de la Ley. Cumplirán íntegramente sus condenas y no tendrán otro horizonte que el de ver amanecer todos los días entre los muros de presión."
10. Salió Sigüenza por la orilla de los muelles.

    Era una mañana inmensa de oro. Lejos, encima del mar, el cielo estaba blanco, como encandecido de tanta lumbre, y las paradas aguas, que de tiempo en tiempo hacían una blanda palpitación, ofrecían el sol infinitamente roto. Si pasaba una lancha, silenciosa y frágil, los remos, al emerger, desgranaban una espuma de luz.
11. Vine a Comala porque me dijeron que acá vivía mi padre, un tal Pedro Páramo. Mi madre me lo dijo. Y yo le prometí que vendría a verlo en cuanto ella muriera. Le apreté sus manos en señal de que lo haría; pues ella estaba por morirse y yo en un plan de prometerlo todo. ¨No dejes de ir a visitarlo –me recomendó–. Se llama de este modo y de este otro. Estoy segura de que le dará gusto conocerte.¨ Entonces no pude hacer otra cosa sino decirle que así lo haría, y de tanto decírselo se lo seguí diciendo aun después que a mis manos les costó trabajo zafarse de sus manos muertas. (Juan Rulfo, *Pedro Páramo*)

III. 翻译下列句子和段落（用于 **8.3** 虚拟式和可能式）

1. Habrías visto qué jaleo se armó.
2. Sin plata, el tipo no me habría aceptado.
3 Se enfadarían la novia y su familia porque a ella le hiciste esperar mucho en la iglesia.
4. No sería saludable para un chico de 10 años interesarse sólo en cosas serias y el mundo de adultos.
5. El alcalde de Vista Hermoso (Colombia) pidió a gritos que el Ejército no se retire de la zona. Dijo:

   —En el momento en que lo haga la desbandada de la población sería inmediata, con un alto grado de desplazamiento.
6. Las características del Plan Colombia surgieron a raíz del extraño proceso de paz en medio de combates que vivía Colombia, y de la necesidad de vender el Plan al Congreso de EE.UU., que era alérgico en esa época a todo lo que oliera a contrainsurgencia.
7. Hubo manifestaciones en Praga contra la globalización. Los manifestantes provienen del campo, del ecologismo, de universidades, del mundo indígena. Estará un millar de españoles. Creen que el amor, la comprensión, los derechos humanos deberían ser la fuerza conductora de nuestra sociedad.
8. La chica hablaba bien el inglés, pero nadie, ni por un momento, la hubiera tomado por inglesa.
9. Me gustaría que los catalanes fuéramos independientes sin tener que pedir ayuda a nadie, pero dadas las circunstancias, no tenemos más remedio que aliarnos con otros.
10. Sería horrible para mí el ver a mi hijo con la vida destrozada.

IV. 翻译下列句子和段落（用于 **8.4** 过去分词和副动词）

1. Coincidiendo con el primer aniversario de la guerra de Iraq, el efecto Zapatero reabre las heridas y la polémica sobre la legalidad y conveniencia del conflicto y la caótica postguerra.
2. Acabada la tarde, lucieron los fanales de los automóviles; sonaron las bocinas clamorosas, zarzueleras, algunas como gaitas.
3. La capital y sus alrededores acogen en noviembre el gran festival de las artes escénicas de la Comunidad de Madrid. En total son más de una treintena de espectáculos de música y teatro pensados para todos aquellos a los que la caída de las hojas no les supone un impedimiento para disfrutar de la cultura.

4. La presencia española en la Feria Internacional del Libro de Pekín, que tiene ya una larga tradición, se verá reforzada y potenciada el año 2008, en el que el pabellón español irá acompañado de un programa de actividades paralelas (presentación de libros, seminarios, etc.).
5. Sería engañarse no ver que los grandes proyectos de la construcción europea, comenzando por su Constitución, están paralizados.
6. Mi poesía y mi vida han transcurrido como un río americano, como un torrente de aguas de Chile, nacidas en la profundidad secreta de las montañas australes, dirigiendo sin cesar hacia una salida marina el movimiento de sus corrientes.
7. Yo iba a Magina, mi tierra natal, y me moría de tristeza viendo a mis padres envejecidos, a mis amigos enquistados sin un rastro de rebelión en su melancolía de provincias, con hijos y ocupaciones y amistades que ya no tenían nada que ver conmigo.
8. Conociendo su modo de ser, no lo creo en absoluto.
9. El viejo estaba parado en el jardín, con el sol poniéndose a su espalda, cuando la niña se le acercó.
10. Interrumpida la conversación en este punto, los jinetes, precedidos del guía, siguieron en silencio el camino adelante hasta llegar a una plazuela, en cuyo fondo se destacaba la negra silueta del convento con su torre morisca, su campanario de espadaña, su cúpula ojival y sus tejados de crestas desiguales y oscuras
11. Fue a comienzos de la década 30 cuando, como resultado de la gran crisis mundial los Estados Unidos recortaron drásticamente sus importaciones desde Latinoamérica y ésta, a su vez, viendo reducidas drásticamente sus fuentes de divisas necesarias para la renovación de su equipo industrial, tuvo que adoptar la política de ¨sustitución de importaciones¨.

V. 综合练习（这是一篇新闻报道，翻译时可有适当的灵活度）

El 11 de marzo. El día de la infamia.

Madrid calló. Se le paró el corazón. Con un silencio estremecedor y el horror incrustado en cada gesto.Con el cielo cubierto de nubes. Con el rostro inundado de lágrimas.

La ciudad que vive rápido se detuvo de repente. Se ralentizó, con una paciencia inusual, con todas las miradas pensando lo mismo. Lo único. La familia, primero. Los amigos. Los conocidos. Y los desconocidos que se sabía que estaban aún atrapados entre los hierros de los vagones. ¿Quién podía estar en Atocha en aquel momento fatal? O en el Pozo. Tanta gente...

Cuando la magnitud del atentado era todavía una terrible sospecha, una hora punta sin bocinazos. Incluso sin coches en el centro de la ciudad permanentemente atascado. Ayer, todo sin precedentes. Con tanto temor a recibir una llamada como deseo de hacerla para respirar, para deshacer el nudo colectivo.

Antes, los gritos de los más afortunados, los que sobrevivieron. Y la desesperación de los vecinos del barrio obrero esquivando piernas, dedos, pedazos de seres humanos. Arrancando de cuajo los bancos metálicos de la estación para utilizarlos como camillas. Y la tapicería del tren para cubrir a los heridos.

A José no se le van de la cabeza los sonidos, las imágenes, el olor a carne quemada. Vive enfrente, le despertó la primera explosión y salió zumbando, "como el frutero, el panadero, muchos vecinos, todos corrimos hacia la estación a ayudar mientras llegaban los médicos. Era horrible, el vagón de dos alturas quedó aplastado y oíamos a la gente atrapada en medio pidiendo socorro.Una mujer embarazada me decía que le mirara la pierna porque sentía que sangraba y cuando me giré vi que no tenía pierna". A José le temblaba la voz al recordar horas después. José, uno más entre los muchos anónimos que no se conformaron con esperar a verlo en la televisión.

Madrid solidaria. Ordenada en los alrededores del caos inicial. Atenta a las recomendaciones sin perder un segundo. Se difundió la necesidad de llenar las reservas de sangre de los hospitales y llegaron antes los donantes que las unidades móviles de extracción. En poco más de una hora se habían completado la capacidad de almacenaje de plasma de la región. Ayudada a borbotones que sólo en la Puerta del Sol dejaba una interminable hilera de ciudadanos ofreciendo sus venas.

Delante de ellos, Javier y Eugenio, recién llegados del mismísimo infierno, con las maletas que llevaban para emprender viaje a Valencia desde Atocha. Pero..."todo el mundo corría, se movió la estación con la explosión, era una locura. Ahora estamos aquí, porque hemos oído que hacía falta sangre. Nosotros hemos tenido la suerte de salvarnos y podemos ayudar a otros a vivir".

"No podré olvidarlo jamás", dice un policía.

Nadie lo hará.

—*EL MUNDO*, viernes 12 de marzo de 2004

第 9 讲 翻译与文化内涵的解读与转换

朱军摄

奈达曾经说过，“语言在文化中的作用以及文化对词义、习语含义的影响如此带有普遍性，以至于在不仔细考虑语言文化背景的情况下，任何文本都无法恰当地加以理解。”（奈达：《语言、文化与翻译》）

翻译研究在 20 世纪 80 年代曾经历了一场变革，被称为“文化转向”（giro cultural），其主要观点是翻译研究和翻译实践不能仅仅停留在对语言的探究上，而是要进入语言的深层涵义，即文化内涵。这里所说的文化内涵，主要指两个方面：一是原文中一些词语所含有的特定或专指的文化信息，特别是社会文化信息；二是原文的背景本身所包含的特定或专指的社会文化信息。一般情况下，这两方面都集中凝聚在习语、典故、箴言、神话、历史事件和历史人物以及时闻上。

作为一个古老的语种，西班牙语是伊比利亚半岛各地的方言和民间拉丁语相结合的产物，而以后者为主干。之后又经历了漫长的发展和演变，至公元 11 世纪前后，其语言的形态和规则已经初步形成。它吸收了来自地中海和爱琴海的古代文明的因素，也接受了一些来自“蛮族”和东方入侵者的语言文化的影响。在 1492 年以后，由于新大陆的“发现”与开拓，美洲印第安人的部分语汇也进入了西班牙语的表达方式中。这一切都极大地丰富了西班牙语的文化内涵，催生了一种多源头、多元化、多色彩的语言形态。

在学习西班牙语的过程中，我们一方面要了解古代文明产生的成果，同时也要关注带有浓厚文化色彩的典故和最新鲜的习语。社会在飞速发展，变化引起了层出不穷的新鲜事物——事件、观念、人物——等等。印度洋海啸留下一个惊心动魄的词：tsunami，于是 2008-2009 年的金融危机变成了 tsunami financiero（金融海啸）。2011 年占领华尔街的愤怒的示威者（Ocupa Wall Street）也留下了几个有分量的特指词：los ocupantes, los indignados 等。拉美一家报纸的大标题是 Río se suma a la corriente de los indignados（里约也加入到愤怒者的潮流中）。而 efecto 也常与名词或专有名词搭配，形成词组。例如：efecto dominó，efecto Zapatero, efecto Doha, efecto invernadero 等等。从伊拉克战争派生出 iraquización，巴尔干国家的纷争制造了 balcanización。从名人的姓氏也派生出象 fujimorismo（de Fujimori—藤森），pinochetesco（de Pinochet—皮诺切特），peronismo（de Perón—庇隆），chavista（de Chávez—查维斯）这样的词汇，如此等等。

从社会语言学的角度看，承载文化内涵的词语具有很强的实际功能：借古讽今，引发联想，针砭时弊等。同时，从纯语言的角度看，又可以使文字简洁洗练，含蓄隽永，具体而生动，从而提高语言的艺术表现力。正因为如此，不仅在文学作品、政论文章和新闻报道中，就连人们普遍认为专业性很强的经贸类和科技类的文字中，也不乏这种极具表现色彩的语汇点缀其间，大大提高了文章的可读性和趣味性。

在翻译课上如何指导学生准确地传导出西班牙语词语和语段及语篇的文化内涵呢？我们建议从以下几个层面来探讨。

9.1 具有某种社会文化内涵的词语的翻译

在一些文章中，我们常常会遇到这样的词组，表面上看，很简单。然而，由于其中的某个词含有或引申出一定的社会-文化意义，比如来自于某一事件或某个人物，这个词或词组便在原意的基础上有了更深层的内涵或者联想功能，而这类解释在词典上可能查不到。例如：encapuchado，字面意思是“遮住脸的”。但是在不同场合，有不同的意思。请看下面的例子：

例 1. *En la procesión los encapuchados llevaban a hombros las enormes cruces de madera...*

例 2. *Unos encapuchados atacaron el banco, ubicado en la calle Alcalá...*

例 3. *Un encapuchado, escoltado por sus dos compañeros, pronunció la declaración del alto el fuego permanente de ETA.*

例 4. *En la manifestación que tuvo lugar en el Distrito Federal se encontraban muchos encapuchados...*

例 1 的 encapuchados 是指那些参加宗教游行的身穿长披风头戴着兜帽、扮成拿撒勒人的信徒；例 2 是指蒙面歹徒；例 3 指蒙面的埃塔分子；最后一例指的是同情或支持墨西哥恰帕斯州萨帕塔农民游击队（la guerrilla campesina zapatista del Estado de Chiapas）的人，因为在接见媒体的公开场合，游击队的领导人马尔科（Marco）和其他重要成员都用围巾遮住脸，以防被政府情报部门认出。于是游击队的大批支持者在示威游行中也模仿这种装束。因此，最后一句可以译成“在墨西哥城的游行行列里，有不少恰帕斯游击队的支持者……”。或者直译，然后加注。

同学们可以试译上面几个例句。

再比如在前几章曾经提到的 barón 一词，意思是男爵，男爵是西班牙古代——特别是中世纪的骑士时代——的贵族封号，位于公爵、侯爵、伯爵和子爵之后，但是也拥有领地、城堡、某种自治权力、宫廷中的特权和一定数量的武装，其实力和势力都不可小觑。在现代报刊文章中有时也可以见到 barón 这个词。例如：

...tras el congreso nacional, los barones del PSOE se volvieron a reunir en Ferraz para hacer frente a la crisis que se cernía sobre el partido...

西班牙工人社会党（PSOE）的成员中显然不会有贵族，这里的“男爵”应该是指工社党内的那些实力派。此句可以译成“……在全国代表大会之后，西班牙工人社会党内的那些主要领导人再次在位于菲拉斯街的党总部开会，以应对该党面临的危机……”

在不少提及加泰罗尼亚的文章中都使用了 condado 这个名词，比如“Los vecinos del condado no querían perder la oportunidad para dejar en claro que...”。按照字典解释，这个单词的意思是伯爵属地，但是在这里指的就是巴塞罗那，历史上，该地曾经是伯爵属地。西班牙王室一直设有巴塞罗那伯爵的封号，等级非常高，一般由王室成员——例如胡安·卡洛斯国王的父亲——承袭。有时这个词也指美国的某个地区，其来源应该是英属殖民地时代，意思相当于“郡”。

在报刊上经常见到下列代指方式，如：el país de los Omayas（倭马亚王朝的国家—指叙利亚），la capital otomana（奥斯曼帝国的都城—指伊斯坦布尔），la ciudad capital del reino hachemita（哈希姆王国的首都—指约旦首都安曼）等，在小字典上不易查找。类似的单词或词组很多，要注意平时的积累。

有时我们会遇到一些看似普通的词汇，在西汉字典上可以轻而易举地查找到其含义，但是其解释并不符合实际语境。请看下面关于墨美边境问题的一段文字：

El aumento terrible del costo de polleros y la corrupción de las autoridades es el fruto de los muros que Estados Unidos pretende construir y ha construido en la frontera. (IPS)

文中的 polleros 一词似乎与这段文字不搭界，按字典解释，是卖鸡的人或养鸡的人。而实际上在墨西哥和中美洲的一些地区，pollero 指人口贩子或“蛇头”。

译文：由于美国试图在边境线上修筑隔离墙，并且已经付诸实施了，从而导致了人口贩子的要价猛涨和当局的腐败。

这一类词汇往往是出现在某一地区或某一时段，特指某种现象，应用范围有一定局限，然而有时出现在报刊杂志上。对此，我们建议的翻译策略是，一是查找西-西字典或者有关的工具书；二是请教专家或具有相关知识的内行，断不可凭想当然去译。

课上练习：

1. La persona que persiste en la frase ¨Yo sé lo que me digo¨cree que ignorar algo, reconocer un error o manifestar una incapacidad ante los demás es humillante. Prefiere elegir hacer el ridículo. Sus impulsos para ocultar el sentimiento de inferioridad que padece, dando la impresión a los demás de que lo sabe todo, le dota de una capacidad exquisita para equivocarse. ¡Lo que no le impide explicar filosofía a Kant y física a Einstein! (Francisco Gavilán, *Lenguas de doble filo*, p.71)

2. Ella empieza sus frases con ¨Yo debería empezar una dieta y hacer ejercicio¨, pero las expresa sin mover las posaderas de su asiento y con cara de haber desayunado sólo un yogur desnatado, lo retrata como una persona débil, carente de voluntad, indecisa y, por supuesto, indolente. Se trata de gente que pertenece a la civilización del butacón. Sólo tras años de reflexión sobre algún asunto que le preocupa, toma una decisión importante: ¡lanza una moneda al aire! (Ibid, p. 145)

3. El encanto del viaje está en el viaje mismo, en viajar por viajar, sin fin determinado, sin interés de ir a parte alguna, por el placer de ver, de contemplar y de cambiar el ritmo de la propia vida. El buen viaje debe ser un ejercicio de libertad para poder detenernos en cualquier momento, en cualquier sitio donde nos brote del alma la vieja exclamación de Horacio:

Angulus ridet, este rincón me sonríe. Porque ello será, en cierto modo, detener el instante que huye –y éste era el sueño del doctor Fausto—, en el placer quieto de la contemplación, y poder olvidar del dolor de haberse alejado y la impaciencia febril de llegar, que son dos grandes zozobras... (Felipe Sassone, *Mundo Hispáno*, p.23)

4. Viajar sin documentos a Estados Unidos desde América Latina supone una verdadera odisea, eludiendo delincuentes comunes, leyes contra las migraciones y narcotraficantes.

9.2 社会-文化背景的翻译

常常有这样的例子，在一个语段中没有任何生僻的词，也没有复杂的语法现象，但是句子却翻译错了，出现硬伤。原因何在呢？请看下面的例子：

例 1. *...en la procesión los habitantes del pueblo llevaban a hombros la Virgen que pesa una tonelada, en la Semana Santa...*

错译：……圣周期间，在朝圣巡游的队伍里，镇上的居民们肩扛着 1 吨重的处女……

这段译文出现在一本公开发行的书里。

之所以造成这样荒唐的错误，是因为译者对本文的文化背景不了解。在以天主教为主要信仰的社会，每逢宗教节日都会举行朝圣活动。届时信徒们要抬着圣像游行，这是活动的核心内容。因此，句子里提到的 la Virgen，是指圣母像，而非处女。其实，译者在逻辑上动动脑筋就会明白，世界上不可能有体重达 1 吨的人，无论是女人还是男子。再退一步讲，只要译者查一下字典也会找到正确答案。

再看一个例子：

例 2. *Madrid lleva distintos colores: el de Austria y el de Borbones...*

错译：马德里五光十色：属于奥地利的马德里和属于波旁的马德里……

这段文字给人的印象是彼此毫无关联，而且似乎马德里曾经隶属于奥地利。而根据史实，最初将马德里定为首都的是西班牙国王费利佩二世，他是奥地利哈布斯堡王朝西班牙支系的代表。1700 年之后，波旁王朝入主西班牙，马德里依然是都城。而奥地利通常是哈布斯堡王朝的代称（一如俄罗斯帝国之于罗曼诺夫王朝，法国之于波旁王朝，英国之于斯图亚特、都铎或温莎王朝）。所以，上面文字的意思应该是：马德里异彩纷呈，既有奥地利哈布斯堡王朝时代的特点，也有波旁王朝的特点。

下面的例子也很说明问题：

例 3. *Una gran mayoría de la gente considera que de las rosas socialistas del 81 sólo quedan las espinas.*

译文："大多数人都认为，1981 年开始执政的社会党，如今已经锋芒不再了。"

点评：背景知识对于理解这段文字至关重要。rosa 是指西班牙工人社会党（PSOE）的党徽：一个拳头紧握着一朵红玫瑰，在这个句子里它代表该党；81 指 1981 年，当时西班牙工社党大选获胜，开始组阁，并连任三届；socialistas 自然也是指该党。这句话的中心意思是工社党走下坡路了。

例 4. *Las instituciones se han teñido este año de "azul popular", mientras la calle despertaba de su largo sueño para reclamar cambios profundos en este país con cinco millones de parados.*

译文："今年，各个政府机构都已经被人民党掌控。与此同时，大街小巷也喧嚣了，不再是沉睡般的宁静，人们公开要求在这个有五百万失业人口的国家进行深刻改革。"

点评：这一段的背景知识牵涉到 2011 年的西班牙大选，人民党胜出，其党旗的颜色是蓝色。与此同时，街头示威游行此起彼伏，要求社会变革。

例 5. *Por eso, los europeos podrían decidir, por razones de política religiosa, que sería importante un Papa latinoamericano, dado que la mitad de los católicos actuales son de aquel continente, donde además las sectas evangélicas le comen terreno cada día a los católicos. Sólo en Brasil, la Iglesia católicas está perdiendo un millón de fieles cada año, que se van con los evengélicos más introducidos en los ambientes pobres de las favelas y de los barrios populares.*(*EL PAIS, Internacional* –20-04-04)

译文："因此，欧洲的主教们出于宗教政治的考量，也许会认为选出一位拉美籍的教皇很重要，考虑到当前一半左右的天主教徒在拉美，而那里福音派在日复一日地蚕食着天主教的地盘。仅仅在巴西，天主教教会的信众就以每年一百万人的速度在减少，这些人都投向那些深入到贫民窟和平民聚居区的福音派的怀抱。"

点评：这一段文字摘自一篇关于梵蒂冈选举教皇的文章。文中提到，到目前为止教皇都是欧洲人，而选举教皇的决定权都掌握在那些欧洲籍的红衣主教手中，但是这一局面由于形势的变化也应有所改变。上面的例子说的就是一种假设：考虑到拉美地区天主教备受蚕食的局面，也许需要选举一位拉美籍的教皇。翻译时要掌握这一背景，同时关注几个关键词的译法：la secta evangélica, fiel, la Iglesia católica, las favelas。

例 6. *Siempre que veo a Félix Revello espero que me revele el secreto de la eterna juventud. Porque el tiempo pasa a su alrededor sin tocarle, y yo imagino en el pintor no ya un pacto fáusto, sino algo mucho más decisivo: una suerte de contagio de mocedad inmarcesible.*

译文： 只要我看到菲利克斯·雷维里奥，就期盼着他揭示他得以永葆青春的秘诀，因为岁月仿佛与他擦肩而过却不曾触摸过他。于是我猜想这位画家并不是定下了浮士德式的契约，而是获得了某个更加关键的因素：那就是一种青春永驻的因子。

点评： 这里说的是一位永远朝气蓬勃的老画家。关键词是“浮士德式的契约”，这个典故的意思是把灵魂出卖给魔鬼以换取青春永驻。

下面我们再看一段摘录，引自一篇纪念西班牙著名政治家曼努埃尔·弗拉加（Manuel Fraga）的文章，其中的几个简单的词语（划线部分）反映出了自佛朗哥时代到民主进程时期的历史背景。不熟悉这段历史，就很难完整地翻译出这段文字。

(*Manuel Fraga*) *Ministro en varias carteras del régimen franquista y vicepresidente con Carlos Arias Navarro, fue procurador en Cortes, secretario del Movimiento y embajador en Londres. Después, fue diputado nacional, eurodiputado, diputado autónomo, senador y presidente de la Xunta de Galicia. Además, tuvo la habilidad de haber ideado el partido que condujo a la derecha española a la democracia.* (*Las Provincias*, 16-01-12)

译文：（曼努埃尔·弗拉加）他过去在佛朗哥政权时期担任过几任部长，并且曾是阿里亚斯·纳瓦罗政府的副首相，他担任过议会代表，是民族运动党的书记，还曾任西班牙驻英国大使。此后，他是国会议员、欧盟议员、自治区议员、参议员和加利西亚自治区政府主席。此外，弗拉加还出色地将在西班牙右翼力量中起主导作用的政党引向民主方向。

点评： 弗拉加是西班牙政坛的三朝元老，历经佛朗哥专制、民主化进程初期和后来的民主时期。文中大写的 Cortes 指议会 las Cortes Generales，而大写的 Movimiento 是指佛朗哥时代的右翼政治组织 Movimiento Nacional，成立于内战时期，Xunta de Galicia 是加利西亚自治政府，类似加泰罗尼亚的 Generalitat de Catalunya。这段话可以译为：

首先，译者要对原文的社会文化背景和其中有某种文化内涵的词汇有一个准确的理解；其次还要找到适宜的汉译方式，二者缺一不可。

课上练习：

1. 下面有几个例子，在译文中存在一定的失误，学生们可以辨误并加以改正。

1) *Fernando de Aragón e Isabel de Castilla, que habían superado con su matrimonio el desgarramiento de sus dominios, abatieron a comienzos de 1492 el último reducto de la religión musulmana.*

译文： 费尔南多·德阿拉贡和伊莎贝尔·德卡斯提利亚通过联姻避免了他们的领土被分裂，1492年初他们摧毁了西班牙土地上最后一个穆斯林教的堡垒。

2) *Suben al tranvía Sigüenza y el señor capellán. Y al sentarse el señor capellán se le alza el hábito ya viejo y lustrosito...*

译文： 西古恩萨和牧师先生上了电车。牧师坐下时，抬起了他那件旧的、发亮的道袍……

2. 学生们在教师指导下翻译下面的段落。

1) Para los marroquíes, el mito de un reino especial, que bebe de su tradición y se abre a la modernidad, se esfumó el 16 de mayo. Ese día, 13 jóvenes de las barriadas de Casablanca se convirtieron en kamikazes. Aquel acto de barbarie inesperado abrió los ojos de los marroquíes a la cruda realidad del terrorismo islamista. Los europeos han tardado más en reaccionar, pero los atentados de Madrid obligan a reconsiderar el papel de Marruecos en el mapa del terrorismo. ¿Cómo se ha convertido Marruecos, ejemplo de país musulmán que avanza hacia la democracia, en tierra fértil para Al Qaeda? La dinastía alauí, descendiente directo del profeta Mahoma, parecía hasta ahora suficiente garantía para la unidad política y religiosa. La autoridad del monarca como líder espiritual parecía una vacuna contra los grupos islámicos que en otros países, como Argelia o Túnez, acusaban a sus gobiernos laicos de abandonar el Islam.

2) Como líder de la derecha española, Manuel Fraga se metió de hoz y coz en la Transición y fue uno de los ponentes de la Constitución de 1978, pero nunca conseguía ganar unas elecciones generales. Tiró la toalla en 1987 y se presentó a los comicios europeos. Cuando diseñó la unificación de todos los partidos del centroderecha en la refundación de Alianza Popular, febrero de 1989, abrió la puerta al triunfo electoral con la creación del Partido Popular. En septiembre de ese año, dejó manos libres a José María Aznar para que condujera a su partido al poder en 1996. (*Las Provincias*, 16-01-12)

3) Ahora se viaja más en aeroplano que en barco, y menos aún en tren que en automóvil, y casi se ha perdido la alegre, curiosa y heroica alegría de andar. Robinson naufragó ante una isla y se quedó mucho tiempo en ella, y, sin embargo, es, después de Ulises homérico, el rey de

viajeros.

4) Distinguimos las ciudades como las mujeres: clasificándolas en hermosas y feas. ¿Quién no ha visto alguna vez, en sueños una ciudad misteriosa?¿Quién no ha sufrido la pesadilla de una ciudad lúgubre y doliente como la de la *Divina comedia*?(Luis G. Urbina, *Cuentos vividos y crónicas soñadas,* p.308)

9.3 习语（成语、谚语、俗语）和典故的处理

在语言的长期使用过程中精选和提炼出的、形式固定的词组、短语、短句等被称为习语，包括成语、谚语、俗语、歇后语、俚语等等，这是语言的精华，是千百年来社会生产实践和社会生活经验的总结与提炼，充分体现出一个民族及其文化的特点，也显现出其语言的表达特点，往往是言简意赅，内涵丰富，形式活泼，音韵感强，朗朗上口。因此，把一种语言形式恰如其分地翻译成另一种语言形式，要求译者有高超而灵活的转换技艺和较高的文化修养，而关键是准确处理语言和传统文化的衔接。具体到西班牙语的习语翻译，我们既要考虑西文习语的寓意、修辞特点和形象，也要体现出汉语译文的形式、民族特点、审美心理，使中文读者能够接受译文所转达的信息。所以说，成语、谚语和俗语的处理，是公认的翻译的难点之一。

在西语，对谚语 refrán、格言 sentencia、成语 proverbio、箴言 máxima，似乎没有一个泾渭分明的界定。请看下列一些权威性大词典和一些语言学家的定义：

谚语：“Dicho sentencioso de carácter didáctico o moral que se suele transmitir oralmente”（通常是用口头传播的、具有说教或道德寓意的警句式的语句）。——Larousse

成语 proverbio：“Frase con forma fija en que se expresa un pensamiento de sabiduría popular”（形式固定的、表达具有民间智慧的思想的语句）。—Uso

格言 sentencia：“Consejo o juicio de aplicación práctica a la vida, a veces de sabiduría popular, contenido en una expresion breve”（可应用于实际生活的建议或忠告，有时表达出民间智慧，句型简短）。—Uso

箴言 máxima：“Frase usada en forma invariable, proverbial o escrita por alguien, que expresa un principio moral o un consejo o enseñanza”（形式固定的具有警句意义的或出自某位作者的语句，表达一种道德原则、说教或提出忠告）。—Uso

西班牙语辞典中有关上述定义的内容有雷同之处，有重复，甚至有的辞典干脆就把

一些概念称为同义词。在此，本书将参考汉、西两种语言的界定予以分析。

西班牙语习语的来源极为广泛，大多数来自古代传说、历史事件以及对大量典籍的浓缩和提炼，如文学类的《堂吉诃德》和《熙德之歌》、历史类的《圣经》、民歌谣曲，等。必须强调的是，如前所述，西班牙的地理位置和其文化的兼容性带来的直接后果是，它的语言吸纳了为数不少的外来语素和词素。因此，习语中常常可以看到来自古希腊、古罗马、美洲印第安民族及其他西方国家和曾占据伊比利亚半岛达八个世纪的阿拉伯民族文化的例子。比如：

estar entre dos fuegos 身处两火之间（腹背受敌）—源于古代凯尔特人的祭献仪式

La fortuna es ciega. 命运女神是盲人（命运无常）—源于古罗马神话

La estatua de los pies de barro 泥足雕像（外强中干，色厉内荏）—源于《圣经》

Fiesta de Barmécidas 巴梅锡达的酒宴（口惠而实不至，虚情假意）—源于阿拉伯的《一千零一夜》

Del pecho del ladrón cuelgan las cruces. 强盗胸前挂十字勋章（做坏事反得褒奖）—源于意大利诗人乌·福斯可洛的作品

Ni chicha ni limonada 不是其恰酒，也不是柠檬水。（非驴非马）。—源于美洲印第安人的习俗

Todo se ha perdido, menos el honor. 一切皆无，唯尊严尚在。（一无所有）—源于法国国王佛朗西斯一世（1494—1547）的名言

历史悠久的西班牙语经历了极不同寻常的社会文化演变，多次的外族文化渗透从各个层次丰富了语言的表现力，11 世纪之后语言逐步定型，带动了文学的迅速崛起，从而锤炼出恣肆泼辣而又韵味悠长的各类习语。下自普通农民、牧人、士兵、市民，上至文人学者名流，都为这种语言形式提供了取之不尽用之不竭的素材。

在文学作品中，习语是作家常用的手法之一。以《堂吉诃德》为例，骑士和他那位忠实的的仆人之间的对话常常贯穿着一连串的谚语或俗语，生动而传神，反映出民间智慧和悠久的文化沉积。例如：

En mi manto puedo matar al rey.

El hombre pone y Dios dispone.

Cada uno como Dios le hizo.

A quien se humilla, Dios le ensalza.

政论文章、新闻报道，甚至经贸类文章也常点缀一些成语、箴言或者谚语，用来增加表现力度。例如：

Los especuladores le tienen tomada la medida a la UE, y saben que el talón de Aquiles es la falta de agilidad y de unidad para aprobar las medidas y ponerlas en marcha. ......

至于典故，是指话语和文字中引用的历史、神话传说、前人的文献或作品等，当代的重大事件及当代作家的作品中的故事和人物、历史或现实的大事件、名人以及民间传说等也可入典。西语典故尤其以《圣经》和古代希腊-罗马神话为主要源泉。典故的形式可以是短句、短语或单词。例如下面这段话就引用了莎士比亚的《哈姆雷特》中的台词，学生们可以试译：

Según el informe de Transparencia Internacional(TI), el país más ¨limpio¨ es Finlandia, seguido de Dinamarca e Islandia. En estos tiempos Shakespeare no podía poner en boca de *Hamlet* aquello de ¨algo huele a podrido en Dinamarca¨

以词语为例：mirada inquisitiva，这个形容词令人想起欧洲历史上令人胆寒的宗教裁判所 Inquisición，此处的意思是“凶狠的目光”；gesto olímpico 的形容词来自 Olimpo，希腊神话的众神之地奥林匹斯山，此处的意思是“高傲的姿态”；apocalíptico 源自圣经中的《启示录》apocalipsis，estilo apocalíptico 可理解为“深奥不可测的风格”。2011 年日本大地震引发海啸，之后又造成了福岛核泄漏事故，情况极其危急。西班牙报刊的题目就是¡Apocalipsis!，在这里当然不能译成“深不可测”，而是“世界末日”。类似的词组很多。

课上练习：

1. 口译下列词组。（学生们可以查找这几个形容词的词源，然后译成汉语。）

tarea titánica
táctica maquiavélica
proyecto quimérico
fuerza hercúlea
obra hermética
de aspecto apolíneo

2. 翻译下面的句子。

La pregunta es inevitable: ¿cuando las barbas de tu vecino veas pelar pon las tuyas a remojar? La noticia sobre el cierre al público de la tumba de Tutancamon coincide con la controversia sobre el intento de reapertura de la cueva cántabra de Altamira, cerrada desde 2002 por el deterioro de sus célebres pinturas de bisontes de hace 15.000 años.

这一类词语的释义通常可以在大辞典上查找到，但是对于学生们来说，最好通过其词源了解其深层含义，翻译时可以灵活处理。

请看下面几个句子：

例 1. *La corrupción, esa hidra de mil cabezas, ese pan de cada día, indeseado elemento, para algunos a veces indispensable, cáncer cultural en ocasiones difícil de erradicar...*

译文：腐败，这个千头怪物，这种司空见惯的现象，是让人避之唯恐不及的东西，但是对有的人来说有时却是不可或缺的，它是难以根治的文化毒瘤……

例 2. *Por lo que se ve, ese fogoso 'amante dulce', una vez consiguió seducir a la muchacha con sus maleficientes artes, se convirtió en un Otelo.*

译文：看得出来，这位感情炽热的“情圣”，一旦他用花言巧语把姑娘骗到手，马上就变成了那个妒杀爱人的奥赛罗。

例 3. /.../ *Pero lo que pretendían ser sus fortalezas políticas se convierten en sus talones de Aquiles.*

译文：然而，原先他们企图使之成为其政治堡垒的东西，却变成了其致命的弱点。

例 4. *"Lo de Venecia fue cinematográfico. Di mi acostumbrado recital en el aula. Fui otra vez nombrado ciudadano de honor. Pero la policía quería que me fuera de la ciudad donde nació y sufrió Desdémona. Los agentes se apostaron noche y día en las puertas del hotel".* (*P.Neruda*，*P.257*)

译文：在威尼斯发生的事简直就像一部惊险电影。我在礼堂里举行了惯常的朗诵会；我再次被授予荣誉市民称号。但是，警察却要我离开这个苔丝狄梦娜出生并遭害的城市。警探们日夜在我下榻的饭店布下暗哨。（林光　译）

注：苔丝狄梦娜是莎士比亚的名著《奥赛罗》的女主角。

例 5. *“A mí me encanta la política. También lo podrían decir de mí, si tuviera la desgracia de quedarme de viuda, y mi hijo Felipe reinase: ‘Mira, la mamá diciéndole al niño lo que tiene que hacer’. ¡Es tan fácil cargarle a uno el complejo de Edipo!”*

译文：我对政治非常有兴趣。假如我不幸失去丈夫，我的儿子费利佩当了国王，有人也会这样议论我：“看哪，那位当妈妈的在操控那个孩子”。给人加上恋母情结的标签是再容易不过的事了！

在翻译习语时，通常采用直译、直译（意译或音译）加注、意译、直译加意译、借译（套用相近的汉语成语）等手法，以保证西文习语的内涵、寓意和风格能够得到有效传达，达到形神兼备的效果。例如：

1）直译

Armarse hasta los dientes	武装到牙齿
No todo lo que brilla es oro	闪光的不一定都是金子
Viento en popa	一帆风顺
Tal padre cual hijo	有其父必有其子
Pescar en río revuelto	浑水摸鱼
Querer es poder	有志者事竟成

直译的好处在于能够保留习语或典故的形象特点和文化特征，留给中国读者一个原汁原味的语言形象。

2）意译

Las paredes oyen.	隔墙有耳
La ropa sucia se lava en casa.	家丑不可外扬
La apariencia engaña.	人不可貌相；表象欺人
Quien madruga, Dios le ayuda.	天道酬勤
A enemigo que huye, puente de plata.	穷寇勿追
Con dinero baila el perro.	有钱能使鬼推磨

上述译文基本保留了原文的形象特点，但是按照汉语的习惯做了一定的调整，以方便读者的理解和接受。

3）借译

No hay mal que por bien no venga.	祸兮福所倚
A buen hambre no hay pan duro.	饥不择食
A grandes males, grandes remedios.	以毒攻毒
Nunca más perro al molino.	一朝被蛇咬，十年怕井绳
Al ojo del amo engorda el caballo.	自己的孩子，越看越好 （相当于“情人眼里出西施”）
Cual el dueño tal el perro.	有其主必有其仆

借译者，借也。原文的语言形式和形象特征在译出语中没有相对应者，因此只能被替换掉，代之以容易被中文读者所接受的词语和结构。虽然其功能效果可以基本达到，但是缺点是，中文读者有时无法接触到新鲜的文化信息和语言信息。

4）综合式（意译加直译或音译加注）

Manos blancas no ofenden.	白嫩的手不伤人（意思是女人的侮辱无损男人的尊严）
Manzana dorada	引起争端的金苹果（导致纷争的因素）
Don Juan	唐璜（指好色之徒）
Barba azul	蓝胡子（指杀妻者，凶残的丈夫）
Sansón	大力士参孙
Hércules	大力神赫拉克勒斯

文化的差异直接影响到语言的表述，不同的文化传统和民族心理会反映在表达习惯、词语的采用、比拟的手法等方面。在不得已的情况下，翻译时可以加注。虽然形式显得拖沓，但是有助于读者的理解。

还要补充一点，对于成语、典故的翻译是否一定要遵循所谓“归化”的原则，翻译界历来有争论，也许可以说是见仁见智的问题。

从跨文化交流学的角度看，完全归化不一定是有益的。成语典故来源于特定的民族文化环境，传导出特定的信息，应用于特定的范围，而一旦在别的文化环境里被同化，这些“特定”成分—也就是其特色—便消失殆尽或部分消失了，至少是褪色了。这样，我们就很难吸收另一种文化的信息以丰富自己。试想：把 Hablando del rey de Roma, se asomó por la puerta 译成“说曹操，曹操就到”，把 lágrimas de cocodrilo 译成“猫哭耗子假慈悲”，把 pregonar vino y vender vinagre 译成“挂羊头，卖狗肉”，把 Quien siembra viento, recoge tempestad 译成“种瓜得瓜，种豆得豆”，把¡Jesús!译成“天老爷！”等等译法，虽然对中文读者来说，可以顺利吸收和消化，但是从风格上看，在某些场景会显得不自然（如曹操等中国历史人物的名字出自于古代外国人之口）；从内容上看，显得有些荒谬（西语国家与卖狗肉很难联系起来）；从传播学的效果上看，异文化信息不复存在了。所以，**在笔译的情况下**，不妨分别直译成“说到罗马王，他已到厅堂”、“鳄鱼的眼泪”、“说是卖酒，其实卖醋”。有的习语可以有两种译法，一种是归化式，但是以基本上不违背原文的文化传统为准，例如把 Quien siembra viento, recoge tempestad 译成“种瓜得瓜，种豆得豆”；二是直译，这句成语也可译为“播种风者，收获风暴”。可以说，典故类的翻译都不宜带有译入语的特有文化符号（如“说曹操，曹操就到”中的曹操、“三个臭皮匠，赛过诸葛亮”中的诸葛亮、“情人眼里出西施”中的西施、“鱼与熊掌不可兼得”中的熊掌、“长江后浪推前浪”中的长江等）。

但是，在某些情况下，例如**现场口译**，采取“归化”的译法是可取的，因为口译是面对面的言语交流，主要目的是达意，只要听者理解了，明白了，接受了，就可以而且应该采取短、频、快的战术。

所以，我们建议，在可能的情况下，尽量采用直译的方法来翻译成语典故。如果直译行不通，就采用上面介绍的其他手法。

前面已经说到，典故不仅可上溯古代，也下及近现代。历史典故往往有书可查，而与时闻或近代史相关的习语却不太容易查找，这需要我们多关注各类知识的吸收，并且要勤于积累。

课上练习：

1. ... Durante cinco días La Habana fue escenario de amalgama que mezclaba budistas, izquierdistas, nostálgicos ataviados con boinas a lo Che, barbas, melenas, camisetas con consignas, pantalones vaqueros descoloridos y gorras al estilo Lenin.

2. Vamos a ver el drama argentino. El populismo se personaliza en América Latina con el triunfo de Perón en 1946 y el carisma de Evita lo consolida. El modelo de Estado nacional-popular, interrumpido por los militares en 1955, se recupera en 1972 y vuelve a caer en 1976 bajo el sable de Videla. Tras el fiasco de las Malvinas, Alfonsín abare en 1983 un período acosado por un neopopulismo de gestos y esquilmador.

3. ... los últimos 40 años latinoamericanos se dividen de forma casi exacta en décadas distintas, política y económicamente. La década de los 60, que comenzó con Fidel Castro, estuvo marcada por una insurgencia de color verde oliva y por la Alianza por el Progreso, la

doctrina de buena vecindad que John Kennedy puso en práctica para que fuera el reformismo, y no el espadón, el que evitara la revuelta. La reforma hizo camino con socialdemócratas y democristianos, aunque algunos se tomaron la apertura tan en serio que, en 1970, eligieron a Salvador Allende como presidente. Pero el cambio tocó fondo, Richard Nixon enterró la Alianza por el Progreso y Augusto Pinochet recurrió al espadón, como hicieron los militares argentinos en 1976. Los años 70, pues, tuvieron color caqui.

(*Vanguardia,* enero-marzo,2003)

4. ...Hablaban Federica—Reina de Grecia—y Winston Churchill sobre Alemania, y la tibia ayuda militar de los ingleses a Grecia en la segunda guerra mundial. De pronto, el premier británico, con tono acusador, le espetó a la reina: "¿Acaso no era abuelo suyo el káiser?" Federica, que conocía al pie de la letra su ascendencia Guelph, por la que había nacido tan princesa de Gran Bretaña e Irlanda como de Hannover, contestó sin morderse la lengua, pese a estar invitada en Buckingham: "Depende de cómo se mire, sir. Desde luego, el káiser era abuelo mío. Pero también la reina Victoria era mi tatarabuela. Y si en Inglaterra hubiese habido Ley Sálica, hoy el rey de la Gran Bretaña sería mi padre." (Pilar Urbano: *La Reina*, p.31)

5. La izquierda nueva latinoamericana sigue recogiendo acólitos populistas. El presidente de Ecuador, Rafael Correa, ha venido a unirse al ala más dura, a su amigo Hugo Chávez en Venezuela, Evo Morales, en Bolivia, y Fidel Castro en Cuba, es decir, al Bloque Bolivariano.

6. El presidente Barack Obama ha preparado una receta parecida a la aplicada por Franklin D. Roosevelt tras llegar a la Casa Blanca en 1933, durante la Gran Depresión: refinanciar las hipotecas. El proyecto, al que se oponen los republicanos, contempla reestructurar los préstamos con tasas de interés más bajas y con la garantía del Gobierno federal, a quienes deben al banco más que el valor de la vivienda que compraron.

7. Paso a paso se va lejos.

8. Piedra que rueda, no cría moho.

学生们可以在教师指导下翻译上面 1－8 的内容，首先了解其背景，然后在此基础上对其中的几个专有名词适当加注。

为了能较准确地分析原文的社会文化背景，需要译者有较好的知识修养，同时还能勤于查找文献资料，勤学、勤问、勤动脑。知识的积累要靠不倦地学习，无捷径可走。

9.4 语言不等值现象的文化内涵

这一节的宗旨是帮助学生打开思路，增加对语言文化内涵的对比的了解。

俗话说，“十里不同风”。而中国与西班牙和拉美国家相隔万里，西语文化和汉语文化差别之大，可想而知。

在跨文化交际的过程中，人们仅仅从这两种语言的结构、词汇以及特殊表达方式（如习语）的来源，就可了解到各自民族文化的特质，而产生这些特质的因素包括每个文化群体的生存环境及在整个历史演进过程中积淀形成的社会文化形态。语言和文化交织在一起，语言的差异反映了文化的差异。因此，我们想从跨文化的角度分析在汉西语言的交际中出现的某些不等值现象，由此及彼，由表及里，并尝试提出某些解决措施。

语言不能脱离文化而存在，在对汉西两种语言交际形式做比较的时候，我们发现不少因文化原因而造成的不等值现象，或曰**缺项现象**。当然，也有一些是语言结构造成的。但绝大部分不等值与文化因素有关。“对等”（equivalencia）没有绝对的，尤金・奈达提出的“动态对等”（equivalencia dinámica）应是“最切近原语信息的自然对等”。

“从广义上说，语言是一个民族的符号象征，它隐含着一个民族的人文历史、心理变迁、文化传统、思维方式及衣食住行等。语言也是文化的主要载体。”（金惠康，258）

每个民族都有因其文化特点而形成的特殊语言表达方式，有时这种方式难以在其他语言中找到绝对对应–即从词汇的形态、内涵、外延到句法、语法以及结构完全一致的方式。

比如，在“西班牙国王胡安・卡洛斯一世”（*Todo un rey*）一书中，胡安・卡洛斯国王在他第一次接见西班牙共产党总书记圣地亚哥。卡里略（Santiago Carrillo）之前，对如何称呼这位过去是对手而今天有可能是盟友的政治家很是犯难。经过再三考虑，他采取了一个最恰当的传统称呼：堂圣地亚哥（don Santiago），不卑不亢，亲切有加，因为 don 是西班牙人特有的古老尊称，Santiago 是教名，称呼教名表示亲切，没有距离感。但是翻译成中文只能是音译的“堂圣地亚哥”，原文的尊称和教名的特有蕴涵毫无踪影。解决的办法是只能加注解，这是无奈之举，因为没有等值词与之对应。

这一类词汇的深层含义是一个特定社会的文化行为，无法用另一种文化行为去重新编码。

缺项或不等值现象是普遍存在的（英文的 Zero of equivalent）。我们在做语言翻译时，常常遭遇到由一个词，一个句子或一个语法现象而构筑的障碍，因为找不到西/汉语中相应的方式，这是因为不同的文化概念发生了局部摩擦和碰撞。文化的差异就体现在这里. 在口译中也有同样的问题：听明白了，就是不懂；话到嘴边，就是找不到地道的表达方式。

这种现象主要体现在以下几个方面：

9.4.1 词汇缺项或不等值

指的是原语词汇所载的文化信息在另一种语言中没有对等或对应语。

9.4.1.1 从词义角度看缺项

下列汉语/西语词汇从词义上很难找到西语/汉语的对等词

1）以本义表现传统文化独特个性的词类：

哲学观念中的阴阳、虚实、道、气；伦理道德观念中的仁、义、孝；习俗中的属相、风水、乞巧；服饰中的凤冠霞帔、肚兜、步摇；中医的穴位及火、气、阴等术语；饮食烹饪中的炒、烩、溜；传统器物中的如意、匾；等等。

下面我们列举出一些含有独特文化概念的汉西词汇及其参考译文（译文源自一些正式出版的工具书）：

八卦—Ocho Diagramas

砚—laja tinta

干妈—madrina/ madre de nombre

灶王爷—dios de la cocina

如意—ruyi (un objeto ornamental en forma de cetro, generalmente hecho de jade u otros materiales preciosos, que simboliza la buena suerte.)

尚方宝剑—espada imperial (Espada que representa la voluntad del monarca)

儒商—comerciante de porte intelectual

阴阳—yin-yang (En la filosofía china, los dos principios opuestos en naturaleza, el anterior femenino y negativo, el posterior masculino y positivo.)

气—qi (Espíritu vital, energía vital)

仁、义、孝—benevolencia,justicia y rectitud, piedad filial

生肖—animal zodiacal chino (Se trata de uno de los doce animales que representa las dos Ramas Terrestres, usado para simbolizar el año de nacimiento)

虚症—enfermedades crónicas que tienen síntomas de poca fuerza, y resistencia débil y de sudación anormal 等等。

flamenco—弗拉门戈（指一种流传于西班牙南部地区的音乐和舞蹈形式）

padrino—教父（是一种主要存在于天主教徒家庭之间的非血缘的亲密关系，男性，是其教子的庇护人；婚礼仪式的见证人）

compadre—干亲，教父，老友，老兄（是一种非血缘的亲密关系）

piropo—（两性之间，特别是男性对女性的）恭维的言辞与举动

Grande—西班牙大贵族（指为数不多的西班牙大贵族，在古代享有一些其他贵族无法享受的特权，包括在国王面前不脱帽，女士可以在王后面前就座等）

Nazareno—“拿撒勒人”（指宗教巡游或朝圣巡游中的一部分人，也称忏悔者，他们身穿古代的忏悔服：白色或黑色长袍，戴尖顶的高高的风帽，有时还遮住脸，走在队伍的前面，扛着十字架或者圣像）

Saeta—宗教歌曲，圣歌（在安达卢西亚地区圣周仪式上由信徒自发唱的宗教短曲，目的在于激发教徒们的宗教感情）

在以上这些例子中，可以明显地看出两种语言词汇之间的种种差异。八卦的八个图形或符号代表了中国古代哲学对宇宙的了解和认识，而 diagrama 仅有图形之意，“八个图形”不等于八卦。砚是文房四宝之一，有文人和传统文化的涵义；砚字带石字偏旁，指出砚的材质，并且经过加工，这些都无法在 tintero chino/laja tinta 中表现出来。干妈、灶王爷、如意等是西语根本没有的概念，汉语的“儒”比西语的 intelectual（知识分子）有更深刻的含义。其他几个词汇的不等值也分别体现在表层和深层两个层次上。

还有一些因不同的社会体制和社会架构而形成的不等值，汉译时应该加注。例如下列西班牙语词组：

Casa del Rey—王室事务部（专司王室内外事务，相当于国王秘书处）

Opus Dei—上帝事工会（由天主教徒的中坚分子组成的宗教团体，组织严密）

Cofradía—教友会（也包括同业公会、协会、社团等组织）

2）以喻义、引申义等附加意义表示民族特定文化含义的词类：

从事物的自然属性和社会生活引入联想的词很多，不同民族由于其历史背景和生存环境有异，审美的角度不同，对事物自然属性的联想及由此形成的比喻含义就有差距。比如汉语的**桃李**喻门生子弟（桃李满天下），**须眉**指男子，**巾帼**指女子（“巾帼不让须眉”），**高堂**指父母，**青梅竹马**指男女之间童年的友谊，**藕断丝联**指联系未完全断绝，等。

西语相应的例子也很多，比如 Manzana（苹果），根据《圣经》，其引申意义为禁果；而根据希腊-罗马神话，它又有引起争端之物的含义。clavel rojo（红色康乃馨），其含义是热情、爱情。bota 的本意是靴子，西语短语“穿上了靴子”，意思是发财了（Ya se puso botas）。gueto 的原意是古代欧洲城市中为限制犹太人而设的犹太人聚居区，其引申意义是隔离区或与世隔绝的地区。与基督教有关的语例也很多，像 cordero de Dios（上帝的羔羊——耶稣）、lirio（百合——圣洁）、pastor（牧人——牧师）等。与西班牙民俗传统有关的例子，像 cortarse la coleta, coleta 是斗牛士脑后留的小辫子，这是一种职业标志，“剪掉小辫子”的引申意义是 retirarse（放弃某种职业或爱好）。picota 也是西班牙特有的文化标识，是古代将犯人捆绑示众或悬挂犯人首级的柱子，译为“耻辱柱”，而这个词也早已被中国读者所接受了。例如下面的话：“历史已经把这些战犯永远钉在耻辱柱上了。”（La historia los han clavado en una picota eterna a estos criminales de guerra.）

关于其相应的翻译策略，我们的建议是，在能够直译时，尽量直译，以保全原文的语言特点和文化信息，同时也为了丰富译入语的词汇和表现力。例如：colgar las botas，如果非坚持归化不可，那么就会出现“那位老足球运动员不再踢球了”这样平平淡淡的句子。由于采取了直译，“挂靴”一词加入到汉语的词汇中，并且得到了所有人的认可，因为它形象、生动而且新鲜。

其余的策略大致与第 9 讲前面几节的翻译原则相同。

3）从语音引入联想的词类：

汉字的特点之一是一字多音或一音多字，也称单音成义。这一特点给联想提供了基础。

例如：八—发，鱼—余，梨—离，枣、栗子—早立子，送钟—送终，等。

中国古典诗词中类似的例子也不少。如：“东边日头西边雨，道是无晴（情）却有晴（情）”，“乘月采芙蓉，夜夜得莲子（怜子）”，“裂之有余丝（余思），吐之无还期”等。

9.4.1.2　从词的统称和个称看缺项

有些汉语词汇在西语方面没有对应的单词,汉语的统称词在西语可能只有个称，或反之。汉语有关动物的名词多用统称，如：牛、羊、鸡等，而西语主要用个称。以羊为例：山羊 cabra，羔羊 cordero，绵羊 carnero；以牛为例：母牛 vaca，公牛 toro，奶牛 vaca lechera，肉牛 vaca de carne，小牛 ternero，阉牛 buey，野牛 bisonte，水牛 búfalo。再以香肠为例：大腊肠 salchichón，腊肠 chorizo，粗灌肠 mortadela，灌肠 embutido，血肠 morcilla，萨拉密肠 salame 等。如果把“我早餐吃香肠和面包”这句话翻译成西语会很麻烦，因为“香肠”在西语中普遍使用的是个称。

类似例子还很多。“他总是戴着帽子”，此处的“帽子”在西语很难准确译出，因为可以是 gorra（无沿帽），可能是 sombrero（宽沿帽或礼帽）或其它。格瓦拉戴的是 boina（贝雷帽），索菲亚王后在庆典上戴的是 pamela（女式宽沿帽），毕业生在结业式上戴的帽子叫 birrete，西班牙国民卫队的帽子是 tricornio（三角帽），斗牛士戴的是 montera，建筑工人戴的是 casco de seguridad（安全帽），军人的帽子是 gorro militar（军帽），圣周的宗教巡游中忏悔者们戴的高帽是 capirote，护士们在工作时要戴 cofia，这些很难仅用一个西语统称来表达，但是汉语可以，最多在“帽”字前面加上形容词或某种限定成分。

9.4.2　形态上的缺项或不等值

此处的形态指的是动词的时、式、体、态。

简单来说，西语的动词有变位,在变位时要表明式、时、体、态以及人称和数.。仅仅“式”就包含陈述式、命令式和虚拟式三种形式。陈述式含四个时间区：现在、将来、过去，过去将来。虚拟式含三个时间畴：现在、将来、过去，每一个时畴包含一个简单时态和一个复合时态， 其作用在于区分完成与未完成体，等等。汉语没有这么复杂。汉语是利用若干没有实质意义的虚词来表现动词的不同体貌/形态，如汉语的动词+了+宾语 =完成体（perfectivo)：“我借了一本杂志”，或者汉语的动词+着+宾语 =进行体（cursivo)：“外面飘着鹅毛大雪”。另外，动词的重叠使用也有类似的作用，但是很少有形态变化。而西语的实词大都有形态变化。

所以，汉语和西语在形态上很难做到等值。

另外，西语有指小词，指小词有多重含义，褒义包括：小的、亲切的、可爱的、有趣的，等；贬义包括微不足道的、小小的、一点点的，等。而汉语没有相应的形式，通常是在名词前面加上有关的形容词来表达此意；方言中可加某些语尾助词。

除此之外，西语还有指大词，表示大的、了不得的、可笑的、笨拙的、倒霉的等意思。比如，过去西班牙家庭中实行长子继承权，只有长子才能承继财产和封号，二儿子可能一无所有。于是老二就成了倒霉蛋或可怜虫的代称，由此而来的是 segundón 一词：“De mis hermanos，yo soy el segundón”。译成中文是“在我的兄弟们中间，我是老二。”原文的揶揄和略带贬义的色彩淡化了。类似的还有 cuarentón 和 cincuentón 等词。在古代，四十多或五十多岁的人开始或已经步入老年，于是相关的词便成了具有一定贬义性质的词。译成中文时往往要添加词。

9.4.3　因文化因素而造成的语言表达习惯上的缺项或不等值

在《跨文化交际：话语分析法》一书中，作者指出，话语系统中的文化因素和跨文化交际中的文化因素主要包括下列内容：

1. 意识形态：历史和世界观，包括：信仰，价值观和宗教
2. 社会化适应：（a）教育、社会文化适应，文化适应
（b）初级和中级社会化适应
（c）关于认知的理论
3. 话语形式：（a）语言的功能
（b）非语言交际
（c）社会机制等

这是一个非常复杂的体系，运用这个体系，我们可以解释许多汉西语言在表达形式上和语言内涵方面的不等值现象。例如，汉语词汇中“老”所延伸的正面意义（老而弥坚、老当益壮、老辣、老到、老专家等），汉语的一些独特喻意（青天—官员的清正廉洁，父母官—地方官员，九五之尊—帝王，黄袍加身—称帝等），西语的一些独特的多义词（mordaza—privación de palabra, infiel—hereje, el fuego eterno—infierno）、西语的一些特殊的体势语语汇（santiguar, tocar madera, vestirse de largo, chupar los dedos）以及其他。

还有一个比较典型的例子是 tú 和 usted 两个人称代词的社会功能。前者多表示亲切、亲热、平等、信任、无距离感。而后者除了表示尊敬之外，还可以表示冷淡、缺乏信任和距离感。因此，我们常常看到或听到主人对仆人、上级对下级、主管对普通职员用来 usted 称呼。在《Sangre y arena》（“血与沙”）中，贵族小姐 Sol 和斗牛士 Pedro 约会时，她对他的称呼是 usted，因而刺伤了斗牛士的自尊心和虚荣心，因为贵族小姐显然没把他看做自己人。汉译时，对这种人称的文化内涵不易表现出来。

同样的例子也出现在《La Reina》(《索菲娅王后》)一书，作者皮拉尔·乌尔瓦诺（Pilar Urbano）是这样写的：

Desde el primer momento le he pedido que me tutee. Pero ella (la Reina)lo toma como una deferencia amable, musita un ¨muchas gracias¨, y sigue usando el ¨usted¨. Ahora insisto, con el argumento de que ¨los reyes de España pueden tutear a todo el mundo¨. Entonces, bajando la voz y ya en tono más confidencial, me dice: ¨No creas que a todo el mundo. A mí me resulta muy difícil hablarle de tú a un Lázaro Carreter: me da corte... Y hay gente que piensa que eso del tuteo es cosa de horteras. En cambio, mis hijos, con todos sus amigos, *tú* por arriba, y *tú* por abajo /...¨/ (Pilar Urbano, p. 30)

为什么王后用“您”来称呼作者？作者又为什么坚持请王后用“你”来称呼她？因为索菲娅王后来自希腊，她认为用“您”才可以表示尊重。而西班牙的习惯是，在交谈者之间用“你”是信任、平等和亲切的表示，作者希望在她与王后之间营造一种放松的、彼此信任的气氛。另外，西班牙的国王和王后有权对子民使用“你”这一人称。这些习

惯与我们中国文化有相同之处，也有差异。

根据上述非常简单的分析，我们既可以了解汉西语言表达上的不等值和缺项的基本分类，也可以理解这一现象产生的基本原因了。在此基础上，学生们可以阅读相关的专著，并不断搜集语例，加以分析，丰富自己的知识积累，找出规律性的东西。

译文分析

下面的例文选自西班牙的 *ABC* 报的一篇报道，关于巴西前总统卢拉对西班牙的访问。这个片段中有不少带有文化内涵的词语和背景，同学们可以注意译文中的相关处理办法和策略。

Alfombra roja, banda de gaitas y un príncipe azul esperan este fin de semana en Oviedo a un estadista al que todo el mundo conoce por su apodo: Lula. Es chaparrito y prieto, físicamente lo más opuesto a Su Alteza Real; se nota que de niño pasó hambre. Pero hoy rige la octava economía mundial y ha ocupado el lugar que Nelson Mandela tuvo la década pasada: el de un gobernante que en tiempos de máximo desprestigio de la clase política suscita universal respeto y goza de una imagen de honradez y dignidad.

/.../

Poco antes de las elecciones brasileñas, el 24 de octubre de 2002, el presidente del Comité de Relaciones Exteriores del Congreso norteamericano, H.Haide, le escribió una carta al Presidente Bush advirtiéndole de que Lula da Silva iba a formar "un Eje del Mal en América" con Fidel Castro y el enloquecido Chávez.

Llovía sobre mojado. Doce miembros republicanos del Congreso le habían mandado otra carta a Bush acusando a Lula de pertenecer a una organización que respaldaba el terrorismo. Afortunadamente, Bush no se dejó contagiar de la paranoia con que los medios conservadores americanos veían la elección de un marxista en el país más importante de América Latina, "el patio trasero de EE.UU.", como los yanquis llaman a este continente, o de la histeria de Wall Street.

Un mes antes de tomar posición de la Presidencia brasileña, Lula decidió coger el toro por los cuernos y se fue de visita a la Casa Blanca. Cuando le vieron llegar, los asesores de Bush previeron un desastre. Bush lleva siempre en la solapa la banderita de las barras y estrellas, una seña de identidad adoptada por la derecha norteamericana desde tiempos de Nixon. Lula se había puesto en la solapa un emblema comunista, la estrella roja de cinco puntas del Partido de los Trabajadores.

La visita era privada, porque Lula todavía no era nadie, sin comunicado final ni declaraciones oficiales. Un encuentro de hombre a hombre. Asombrosamente, parece que se gustan. "Ha ido mucho mejor de lo previsto", comentó Lula.

En un país de santería y vudú como en Brasil, Lula terminaría sin duda en el panteón de las divinidades milagrosas. Porque parece un milagro que Lula se entendiese con el presidente norteamericano. En estos tiempos de unilateralismo y arrogancia de Washington, con la política mundial de EE UU dictada por un grupo de fanáticos imperialistas que quieren un Nuevo Siglo Americano a base de intervenciones militares, resulta increíble que Bush no haya demonizado al Brasil de Lula, existiendo importantes puntos de conflicto entre ambos gobiernos. No cabe duda de que Lula es un encantador de serpientes, que ha conseguido a Bush un margen de confianza a su proyecto político, pese a las invectivas de la extrema derecha norteamericana. También ha seducido a Aznar y a otros...

Entre otras cosas Lula tiene la cualidad de ser incansable. Se presentó 3 veces a las elecciones y las perdió, pero a la cuarta fue vencida. No es ningún asesor político o asesor de imagen sino su inteligencia política la que le hizo triunfar.

¿Cómo no estar de acuerdo con este ex limpiabotas que no comió de pequeño bastante para crecer y que dice: "Si al final de mi mandato todos los brasileños toman desayuno, comida y cena, habré cumplido la misión de mi vida"?

(*ABC*, 27/10/03)

参考译文

本周末，红地毯，风笛乐队，还有一位白马王子都在奥维多恭候着一位国务活动家的光临，他的别名举世闻名：卢拉。卢拉身材矮壮，皮肤黝黑，其外表与王储殿下形成了鲜明的对比。看得出来，他童年时挨过饿。但是今天，他领导着世界第八经济强国，而且还享有纳尔逊·曼德拉十年前的声誉，即成为一位即使在政界名声扫地的年代仍能够赢得举世尊重并以正直、尊严的形象立世的国家领导人。

/……/

在巴西大选之前不久，2002 年 10 月 24 日，美国国会外交委员会主席 H·赫德致函布什总统，警告他说，卢拉·达·席尔瓦有可能和卡斯特罗以及那个疯疯癫癫的查韦斯结成“美洲邪恶轴心”。

雪上加霜的是，此前国会中的 12 位共和党议员已写信给布什，指控卢拉从属于一个支持恐怖主义的组织。所幸布什并未接受这些美国保守派媒体的偏执观点和华尔街歇斯底里的影响，那些人就是以这种心态看待在拉美——如美国佬所称的“美国的后院”——的一个最重要国家所发生的事：一位马克思主义者在大选中胜出。

在就任巴西总统前的一个月，卢拉决定先下手为强，于是他出访白宫了。当布什的顾问们看到卢拉到来时，他们都预感到了一场灾难。只见布什在西服的翻领上一如既往地佩戴着一枚星条旗徽章，那是自尼克松时代沿袭下来的美国右翼势力的身份标识。而卢拉则早就在翻领上别上了共产党人的标志，那是一枚劳动党的红五星徽章。

这是一次私人访问，因为此时卢拉还只是普通人，所以既没有发表最后的公报，也没发表任何官方声明。这只是两个人之间的会晤。而令人惊奇的是他们彼此惺惺相惜。“比我预想的好得多”，卢拉这样评论。

在巴西这样一个虔信神灵和伏都教的国家里，卢拉最终会被尊奉为神，因为看来他竟能与美国总统相互理解，这简直是神奇。在当前华盛顿的单边主义和狂妄自大的年代，一些狂热的帝国主义分子控制着美国的对外政策，他们想以一系列的军事干预为基础，开创一个美国纪元。在此情况下，尽管美国和巴西两国政府之间尚存在着重大分歧，布什居然未把卢拉领导的巴西妖魔化，这真是令人难以置信。卢拉肯定是个耍蛇的魔法师，虽然美国极右翼不断抨击他，他仍能赚取布什对其政治规划的部分支持。 同时他对阿斯纳尔等人也频频示意……

此外，卢拉还具有锲而不舍的品质。他三次参加大选，三次失败，但是在第四次他成功了。这不是哪位政治顾问或形象设计师的功劳，而是他本人的政治智慧使然。这位在幼年因挨饿而影响了发育的昔日擦鞋童这样说：“如果在我总统任期届满时，所有的巴西人都能吃上一日三餐，那么我毕生的使命也就完成了”。谁能不支持这样一个人呢？

点评：本文有几个所谓文化难点——

第一段的 alfombra roja, banda de gaitas, principe azul, Nelson Mandela, Lula 都是具有某种文化内涵或背景的专有名词、词或词组。前两个词组代表的是西班牙北部阿斯图里亚斯地区的一种庄严的迎宾仪式，出现在本文开头，点明了卢拉的国家元首地位，烘托了东道主的高规格接待方式。因此，这一句的动词 esperar 被译为“恭候”。前南非总统、反对种族主义的坚强斗士曼德拉的名字不一定为现在的年轻人所熟悉，也需要查相关资料。

第二段的“Eje del Mal”，是 9.11 恐怖袭击之后美国与其西方盟友出于其战略考虑对伊朗等国家的蔑称，统一译为“邪恶轴心”。

第六段的 Santeria,vudu,encantador de serpiente 与巴西传统文化有密切关系（特别是伏都教），只有了解其背景，才能领悟巴西人对卢拉的推崇。而 panteón（万神殿）原指古罗马的神殿，后引申为一个国家或一个民族的众神祇。文中的意思是卢拉最终会跻身于众神之中而受尊崇。

最后一段的 ex limpiabotas 指的是卢拉，这位巴西总统出身贫寒，小时候曾经当过擦鞋童。在拉丁美洲的许多城市里，穷孩子靠在大街上给别人擦皮鞋来谋生。因此，擦鞋童就意味着贫穷。

资料链接：

1. 文化对语际的有效转换关系极大。相同或相近的文化形式（或形态）具有粗通的或相近的信息通道；反之，不同的文化形式必然产生文化差异或“隔膜”，阻塞信息通道的畅通。因此，文化因素在语际转换基本作用机制中起着重要的、不可忽视的作用。（文化的一般特性）使语际转换成为可能，同时又使语际转换具有一定的局限性，不可能做到等值。

——刘宓庆：《新编当代翻译理论》，79 页

注：文化的一般性指文化的民族性（Nationality）、兼容性（Compatibility）、渗透性（Infiltration）和干扰性（Interference）。

2. 推荐书目：

陈国明，《跨文化交际学》，华东师范大学出版社，2009

金惠康，《跨文化交际翻译》，中国对外翻译出版公司，2002

包惠南，《文化语境与语言翻译》，中国对外翻译公司，2001

翻译练习 8

I. 翻译下列习语。

manzana de discordia
A donde fueres, haz como vieres
Después de nosotros el diluvio
tempestad en un vaso de agua
como una guitarra en un entierro
caballo de Troya

Ojos que no ven, corazón que no siente.
No dejes para mañana lo que puedas hacer hoy.
Barriga llena, corazón contento.
El que con lobos anda, a aullar se enseña.
Hijo de tigre, pintito.
Lo barato sale caro.
El rey reina, pero no gobierna..
Cuando el barco se hunde, las primeras en huir son las ratas.
En la mesa y en el juego se conoce al caballero.
La cabra siempre tira al monte.
entre espada y pared
Dime con quién andas y te diré quién eres.
El que mal anda mal acaba.
Antes de que te cases, mira bien lo que haces.

II. 翻译下列词组。

amor platónico
espíritu quijotano
guerra carlista de España
convento sanfranciscano
estilo pictórico goyesco
estilo arquitectónico isabelino
táticas maquiavélicas

III. 翻译下列句子。

1. La oposición acusó al gobierno socialcristiano de estar cavando la tumba del Estado de bienestar, y para librarse del apuro, el gobierno se decidió a tomar por las astas al toro de la recesión.
2. Ser o no ser, esto es la cuestión. Ahora ya llega el momento de verdad.
3. Negar el cambio climático, como lo pregona una corriente científica mundial, es igual que hacerlo con el Holocausto del que fueron víctimas millones de judíos, advierten los promotores de un encuentro de legisladores, académicos y activistas a realizarse en paralelo a Río 20. (IPS, 25-05-2013)

4. Una calma que, si bien parece dictada por el espíritu navideño, se basa, sin embargo, en que los dos protagonistas de la vida política española, PP y PSOE, están más ocupados en barrer el patio propio que el ajeno.
5. La asamblea será clausurada por el Presidente del gobierno con la enumeración de un decálogo de soluciones para que las empresas puedan afrontar la situación actual de crisis.
6. Los dirigentes de Rusia y EE UU parecen dispuestos a que la sangre no llegue al río y, en materia de diferencias entre la instalación de misiles en Europa, o el control del gas, han decidido ocultar sus diferencias en público y negociar en secreto.

   Quedan lejos los tiempos de cordialidad, entre el presidente de EE UU, el republicano George W. Bush, y el presidente ruso, Vladimir Putin, cuando en julio de 2003 el líder ruso acogió en San Petersburgo a los dirigentes del exclusivo G-8, los países más poderosos del planeta, con honores dignos de un zar. En aquel momento todo marchaba viento en popa en las relaciones entre Washington y Moscú, salvo algunas diferencias sobre la situación en Chechenia. Pero, poco a poco, las cosas se han ido torciendo, sobre todo después de la decisión de EE UU de instalar una cortina de misiles en Polonia y Chequia, a pesar de que el Pentágono argumenta tal decisión en función de prevenir un eventual ataque nuclear contra Europa, procedente de Irán.

   (*Cambio 16*, 28 de mayo de 2007)
7. El hombre emprendió el viaje, dispuesto a "quemar sus naves"
8. "Mao tenía una capacidad brutal de llegar al meollo del asunto.Sus consideraciones eran como un diálogo socrático que parecía espontáneo, pero estaba muy premeditado. Oyéndole, uno podía comprender cómo el hijo de un maestro de una provincia oscura pudo llegar a ser el líder de 800 millones de chinos." (Joaquín Soler Serrano, p.74)
9. La mujer entró en la sala, haciendo ostentación de sus mejores joyas, como de siempre. Sus aretes, en cascada de esmeralda, valorada en 20.000 euros, ¡pararon el tráfico!
10. El "oro negro", el petróleo llamado a ser el motor de la economía iraquí, se desangra a borbotones. Bloqueada, a medio gas, a merced de la inseguridad y sometida a la sangría de la corrupción, la industria del crudo iraquí no es capaz de generar ingresos al país a los niveles de hace dos décadas y, menos aún, de suplir a los iraquíes de los servicios básicos.
11. Tras varios meses de espera, y sin que haya consultado con los partidos políticos o los agentes socaiales del país, Marruecos tiene ya una nueva Constitución que desacraliza la figura del rey y con la que el monarca cede parte de sus poderes. Mohamed VI, en pleno escenario de la primavera árabe y presionado por las manifestaciones que toman las calles

marroquíes periódicamente para exigir cambios, ha optado por un proceso de reforma que algunos tildan de 'transición democrática', pero que los más críticos consideran insuficiente.

12. He viajado a Jordania varias veces, alguna de ellas exclusivamente para asomarme a su increíble paisaje que puede brindar al curioso viajero asombros tan profundos como las columnatas romanas de Jerash o la escondida y prodigiosa arquitectura rosada de Petra, la ciudad nabatea, los castillos de los Omeyas en el desierto interminable o el panorama del monte Nebo sobre el valle del Jordán y el mar Muerto que apenas si ha cambiado desde que lo divisaran los ojos de Moisés. Y todo ello entre desfiladeros que parecen una llamada a la aventura, templos y tumbas, anfiteatros y mosaicos, fortalezas de los caballeros cruzados y playas de gran belleza en el mar Rojo, para el deleite de turistas internacionales.

13. Hay también algunos elementos que, seguramente, serán tomados en cuenta por los cardenales. Siempre ha sido así en el último siglo. Por ejemplo, difícilmente podrá ser elegido un Papa de una potencia política importante. Difícilmente será, por ejemplo, un alemán o un norteamericano. El Vaticano es un Estado independiente y el Papa es jefe de Estado e influye en la política mundial. Mejor que sea de un país con poca influencia. Además, deberá hablar italiano.Es poco probable un Papa que, siendo obispo de Roma y viviendo en Roma, no hable italiano. Y son fundamentalmente los europeos los que han estudiado en alguna de las universidades eclesiésticas de la capital eterna. (*EL PAIS*, Internacional, 20-04-04)

第三篇

语 篇 翻 译

第10讲 不同体裁和题材的语篇翻译

在比较系统地研习了前9讲之后，我们可以进入目前的阶段：语篇翻译。

句子和段落组成的语言整体称之为语篇。作为整体，必有统一的主题，统一的风格，特定的背景和内部各个语段间紧密衔接的逻辑关系。所以我们翻译语篇，实际上就是实践我们对翻译工程的理解，实践词语和语句的翻译技巧，实践翻译整体的各个环节。也就是说，前9讲的内容是为了语篇翻译而做准备。只有语篇翻译才能考察译者是否能掌握原文作者（或编纂者）的意图、目的、手法。

在这一讲，我们配备了4个主题：政论、新闻、文学和经贸（之所以没有包括应用文，是因为已经有西班牙语应用文和西班牙语经贸应用文等若干国内外教材出版；而科技类涵盖无限，很难在一小节中予以较完整的介绍），每个主题都各有其特点，在翻译上的要求也不尽相同，下面将分别予以介绍。

10.1 政论类语篇翻译

政论类文体也就是汉语所称的议论文，指的是与社会政治或社会科学主题相关的演讲、评论、专论、政府文件、研究报告、文献资料等，是文字翻译的一大类别。从内容上看，这类文体可以包括国际问题（形势、事件、策略、双边和多边关系、人物等）、外交政策、国内重大社会问题的决策和分析等。政论文体的功能非常明确：阐述观点，表明立场，公开态度，批评对立面，扩大影响力。当然，不一定每篇政论文都具有上述作用，但是必备其一。

一般来说，政论文的语言比较规范、正式、严谨、持重、准确、逻辑性强；多用学术性强的、有历史感的、典雅的词汇，少用俚语、口语、以及那些缺乏厚重感的语汇。

因这类文体牵涉到政策、立场、意识形态等原则问题，所以对翻译的水平要求较高。语言准确，文风相符，忠于原文宗旨，这些是基本条件。译者的自由度有限，有时宁可完全直译，也不能造成歧义或者出现偏差。

请看下面的例子，这段话摘自卡斯特罗 2005 年 7 月 26 日在纪念攻打蒙卡达兵营 52 周年的集会上的讲演。

/…/

Envalentonados por la aparente impunidad de sus aventuras, el pasado viernes 22 de julio, cuando todo el esfuerzo se concentraba en la reconstrucción del país, los ¨defensores de la sociedad civil¨—alentados por la Oficina de Intereses y fuertemente estimulados por los vuelos y transmisiones casi a diario de los aviones militares y los mensajes subversivos que entrañaban, unido a la creencia difundida por la mafia de Miami ya casi haciendo las maletas ante un inminente colapso de la Revolución—se animaron a instrumentar una nueva provocación; pero esta vez el pueblo, indignado con tan desvergonzados actos de traición, se interpuso con sus expresiones de fervor patriótico y no permitió moverse a un solo mercenario. Y así ocurrirá cuantas veces sea necesario cuando traidores y mercenarios sobrepasen un milímetro más allá de lo que el pueblo revolucionario, cuyo destino y cuya vida están en juego frente al imperio más voraz, más inhumano y cruento de la historia, está dispuesto a permitir.

这是一段非常卡斯特罗式的措辞强硬的讲演，卡斯特罗是律师出身，长于演讲，语多雄辩，情绪激昂，爱憎分明，富于鼓动性。

参考译文

7 月 22 日，星期五，正当人们全力以赴地重建家园时，那些所谓“文明社会的捍卫者”——他们因其冒险行为似乎未受惩治而底气大增——，受了美国利益办事处的煽动和美国军用飞机日复一日的飞行广播的强烈刺激，加上相信迈阿密黑社会所散布的颠覆性的信息，以为古巴革命即将陷入瘫痪，于是打点行装，摩拳擦掌，准备再来挑衅。但是这一次，被他们的无耻背叛行径激怒了的人民，以炽热的爱国热情阻止了他们的行动，不允许任何一个雇佣兵轻举妄动。今后，只要有必要，我们就永远照此办理！面对那个有史以来最贪婪、最残酷的帝国，革命人民的命运和生活受到牵制，因此他们决不会允许那些叛徒和雇佣兵越雷池一步，一分一毫也不行！

点评：

原文的第一句话是个长句，调动了多种语法手段和修辞手段，结构复杂，环环相扣，逻辑性严密，副句和修饰语庞杂。而按照汉语的习惯，口语——无论是说话还是演说——多用短句，显得有力，洗练，易于听众的理解和接受。因此，对译文的调整是必然的。为了达到与原文的强烈态度和激越的风格相符的效果，译文要打乱原来的结构和顺序，保持在群众大会上讲演的节奏和气势。同时，要适当地调整用词，突出汉语词语的褒贬性，以适应卡斯特罗的强硬态度，例如“煽动”、“颠覆性的”等，用“所谓的”来强调蔑视的语气。切不可用模棱两可的语气和词语来做字典式的对应。

下面再分析一段政论文章，我们可以看在到同样的主题下，对书面语言和口语的不同处理方式。这段引文摘自第 17 届伊比利亚美洲峰会发表的圣地亚哥宣言。

Para ello, consideran (los participantes)necesario:

/…/

1. *Colaborar estrechamente para colocar en el núcleo central de la agenda internacional el interés por la cohesión social y la necesidad de alcanzar sociedades más inclusivas con pleno respeto a los derechos humanos, así como la promoción de un entorno internacional favorable a los esfuerzos nacionales e internacionales en materia de protección social y política para la superación de la pobreza, la desigualdad y el hambre en el mundo y el cumplimiento de los Objetivos de Desarrollo del Milenio.*

2. *Enfrentar las asimetrías e injusticias en las relaciones económicas y comerciales*

internacionales, con miras a favorecer el aumento del comercio internacional con consecuencias positivas sobre el nivel de empleo y el bienestar y la calidad de vida de los grupos más vulnerables en el área iberoamericana.

3. *Impulsar un mayor desarrollo y coordinación de las políticas sociales para la superación de la pobreza, garantizar el acceso universal a los servicios sociales y la calidad de las prestaciones públicas, especialmente en educación, salud, vivienda, seguridad y protección social.*

4. *Ejecutar políticas, especialmente dirigidas a mejorar el bienestar y la calidad de vida de los grupos más vulnerables, incluyendo las personas adultas mayores y las personas con discapacidad, según las particularidades de cada país. /…/*

参考译文

为此，与会者认为需要做到以下几点：

1. /…/

2. 紧密合作，以便将如下内容置于国际议事日程的核心位置，即：建设更加和谐社会的重要性，全面尊重人权，同时推动建立有利的国际环境，以帮助各国政府和国际社会努力实现社会保障和克服世界性的贫困、不平等和饥饿等问题，协助完成千年发展目标。

3. 反对国际经贸关系上的失衡和不公正，以有利于增加对外贸易额，使之对提高拉美地区的就业水平和本地区弱势群体的福利和生活质量产生积极影响。

4. 推动各项社会政策的大力开展与协作，以克服贫困，保障所有社会服务项目能用之于民，保障各项政府提供的福利项目的质量，特别是在教育、医疗卫生、保险和社会保障方面。

5. 根据各国的具体情况，执行主要用于改善弱势群体福利和生活质量的政策，这一群体包括老人和残疾人。

点评：这一类公告式的文体，用词严谨，语言中规中矩，有一定的格式，较少修饰语。翻译时以观点和实际内容为主，语言力求平实、规范，符合文牍语言的特点。而拉美国家的政治用语又有其特殊性，例如委婉语的使用（las personas adultas mayores, las personas con discapacidad），用叠加成分以示强调（el núcleo central），区域性惯用词（implementar）等。在翻译时要加以注意。

除了立场、观点、态度这些要点不能含糊，有一些特有的细节也不可忽视，诸如政府机构名称、地区行政建制、地名、官员的头衔和职务等，均需采用统一的正式译法。

以官员的职务为例，一样的词有不一样的译法：secretario 在一般情况下是秘书，在美国，Secretario del Departamento de Estado 是国务卿，而 Secretario General de la ONU 是联合国秘书长，secretario general del PSOE 则是西班牙工社党的总书记，在有些拉美国家 secretario 相当于部长。凡是见诸报端（如人民日报等严肃报刊）的名称都是正规的，翻译时不可擅自改动。如：Director General del Organismo Internacional para la Energía Atómica（IAEA）—国际原子能机构总干事、Alto Comisionado para los Derechos Humanos de la ONU—联合国人权事务高级代表、presidente de turno de la UE—欧盟轮值主席等。

再如地区行政建制名称。相当于中国的“省”的行政划分，在西班牙是 provincia（省），墨西哥、巴西、委内瑞拉等国是 estado（州），哥伦比亚是 departamento（州）。墨西哥的 estado de Chiapas 只能译成恰帕斯州，而不是恰帕斯省。

甚至国名、政府名称、内阁各部名称也各有其特点。以委内瑞拉为例，其国家名称是 República Bolivariana de Venezuela（委内瑞拉玻利瓦尔共和国），其政府名称为 Gobierno Bolivariano de Venezuela（委内瑞拉玻利瓦尔政府），旅游部的全称是 Ministerio del Poder Popular para el Turismo。

课上练习：翻译下面的段落，摘引自西班牙国王胡安·卡洛斯 2009 年圣诞平安夜的圣诞致辞。

1. ¡Buenas noches! Mis primeras palabras en esta Nochebuena me salen del corazón para expresar mi afecto y mi mayor felicitación a todos los españoles. Quiero compartir con vosotros ideas y sentimientos sobre España, sobre nuestro presente y nuestro futuro. Unas ideas que buscan el bien de nuestro país, como gran Nación europea de larga historia e inmenso patrimonio. Un país que no puede comprenderse sin esa rica diversidad consustancial al mismo ser de España.

Con este espíritu, mis reflexiones de esta noche se dirigen a pediros que, juntos, acometamos tres tareas fundamentales:

En primer lugar, superar tensiones y divisiones, sobre la base de los principios y valores que alimentan lo mejor de nuestra convivencia e inspiran nuestra Constitución. En segundo lugar, sumar voluntades en torno a los grandes temas de Estado, reforzando nuestra cohesión interna y nuestra proyección exterior. Y, finalmente, redoblar esfuerzos para que España vuelva a crecer y a crear empleo. Cuanto antes, y de forma sostenible.

Vivimos tiempos complejos y difíciles. El siglo XXI va a cumplir su primera década. El mundo es más global en sus posibilidades–gracias a las comunicaciones y a los avances tecnológicos. Más global también en sus desafíos–que desbordan las fronteras nacionales. Desafíos que van desde la lacra del terrorismo, la crisis económica o el cambio climático, hasta las pandemias o el narcotráfico. Todos ellos requieren de la acción conjunta de los Estados. Es mucho lo que nos jugamos en los próximos años. El futuro impone decisiones estratégicas de gran calado, tanto a nivel interno, como a escala europea e internacional.

Decisiones en materia económica y financiera, energética, medioambiental, educativa o tegnológica. Todas ellas esenciales para no perder el tren del progreso, defender el futuro de nuestro Planeta, y asegurar el mejor porvenir a las nuevas generaciones.

2. Son muchos los retos y también las esperanzas que marcan este fin de año. El porvenir al que aspiramos no llegará sólo. Tenemos que moldearlo juntos desde ahora, con profunda confianza en España y en los españoles, aplicando mucho sentido de Estado, tanto a la hora de gobernar, como de ejercer la oposición.

Como he dicho tantas veces, la España de hoy es capaz de grandes empresas. Con empeño y determinación, se puede ganar la batalla contra la crisis y conseguir cuantos objetivos nos fijemos. Sigamos trabajando para que prime la fraternidad sobre las desavenencias, la confianza sobre el recelo, el bien colectivo sobre los egoísmos particulares, y para que la honradez sea regla inexcusable de conducta.

3. Los tiempos actuales nos reclaman tesón y fortaleza. Fortaleza como país que a todos nos proporciona libertad, estabilidad y progreso. Fortaleza como ciudadanos más preparados y competentes, promoviendo la educación y la igualdad de oportunidades. Fortaleza en el plano económico y social, con un tejido productivo cada vez más innovador, competitivo y activo en el mundo, capaz de mantener y elevar nuestro bienestar social.

(*ABC*, 26-12-09)

资料链接

一、西班牙部分政府机构名称

Ministerio de la Presidencia 首相办公厅

Ministerio de Economía y Hacienda 经济财政部

Ministerio de Asuntos Exteriores y de Cooperación 外交合作部

Ministerio de Defensa 国防部
Ministerio del Interior 内务部
Ministerio de Medio Ambiente y Medio Rural y Marino 环境及农业海洋部
Ministerio de Educación 教育部
Ministerio de Fomento 发展部
Ministerio de Política Territorial 国土政策部
Ministerio de Justicia 司法部
Ministerio de Industria, Turismo y Comercio 工业旅游贸易部
Ministerio de Cultura 文化部
Ministerio de Sanidad y Política Social 卫生及社会政策部
Ministerio de Vivienda 住房部
Ministerio de Ciencia e Innovación 科学及创新部
Ministerio de Igualdad 平等部
Ministerio de Trabajo e Inmigración 劳动及移民部

二、部分国际机构名称

Programa de la ONU para el Medio Ambiente(UNEP) 联合国环境规划署
Programa de la ONU para el Desarrollo (UNDP) 联合国开发计划署
Fondo Monetario Internacional (FMI) 国际货币基金组织
Organización Mundial del Trabajo 国际劳工组织
Organización Mundial de la Salud 世界卫生组织
Organización Mundial del Comercio(OMC) 世贸组织
Organización del Tratado del Atlántico Norte (OTAN) 北大西洋公约组织（北约）
Organización de los Estados Americanos (OEA) 美洲国家组织
Comisión Económica para América Latina y el Caribe (CEPAL) 拉丁美洲及加勒比经济委员会

10.2 新闻报刊语篇的翻译

在涉外工作中，为了做调研，新闻翻译是必不可少的，特别是在全球一体化的今天。新闻类的形式包括社论、述评、消息、报道、人物专访等，内容则涵盖社会生活的

方方面面，其文体形式和语言风格，都各有其特点。

首先，新闻所涉及的是社会生活中的各个层面的活动，所表达的不仅是一种事态或一种动态，也是一种观点，而观点来自态度和立场。任何一篇报道或一则述评——社论就更不在话下——都无一例外地反映出作者或者作者所代表的新闻实体（报刊杂志及各种媒体的出版部门及董事会）的立场。鉴于此，在翻译时，必须忠实地予以反映，绝不能将自己的思想观点搀杂进去。翻译的重点在文章的内容，语言形式在其次，这一点不同于文学和政论文体的翻译。

其次，新闻的体例要求文章必须表明出处（消息来源）、标题（有时还有小标题、副标题和内容提示）、作者（署名，有时要注明身份）等。其译法要遵照中文的习惯方式（见下页）。

最后，新闻有时间性或者称时效性，为了能在最短时间内抢先发出信息，记者往往会忽略语言的规范性；为了使内容耸动视听，记者倾向于使用新词、外来语或者自造词。在句法和结构上，有时会有不甚严谨和松散的现象。这些特点会给翻译带来一定的困扰。

下面我们选择两类文章作为范例。

1）消息报道

对于读者来说，看报通常先看标题，通过标题再选择自己要细读的内容，排出先后次序。因此，记者们（也包括一般的作者）都会在标题上大下功夫，把文章的要点凝练在寥寥数语中，对文章起着提纲挈领的作用，而且还要达到醒目的效果，就如同为产品招揽买家的广告。所以一个标题从结构到修辞都非常讲究，译文的效果应该不亚于原文。但是，标题的翻译往往是在浏览文章之后才能下笔，因为不知道内容就无法准确地理解标题的所指。翻译时，要尽可能压缩字数，传达出原文的修辞色彩，制造出新闻效果。必要时，可以在结构和修辞上做适当改动。例如：

Del caos al horror—Haití sufre un devastador terremoto en el que mueren miles de personas 混乱和恐怖—海地遭强震，死亡数千人

Mansiones a un lado del camino y tugurios del otro 豪宅与贫民窟并存

Cuba: créditos bancarios alimentan esperanzas 古巴：银行贷款带来希望

Cuba: luz verde a la compraventa de viviendas 古巴为房产交易开绿灯

Industrias verdes impulsan búsqueda de tierras raras en Argentina 阿根廷的绿色工业推动探寻稀土

Disparó el desempleo 失业人数剧增

Lorca tiembla 地震撼动洛尔卡

La fuerte subida del precio de la vivienda toca, por fin el techo 房价暴涨终于到顶

El muro nada resuelve y todo complica: las relaciones México-EE UU 成事不足败事有余的隔离墙——看墨美关系

之后，按照报刊形式的要求，要标示出记者所属的新闻单位，如新华社、朝日新闻、华盛顿邮报等。按照我国新闻报道的惯例，基本格式应该是：大标题一副标题一消息来源（新闻单位）一记者一地点一时间一正文。不过，在近几年，格式日趋简化。

请看下面的例子：

Chile: Cuentas pendientes con sus vecinos

Por Francisco Marín (en El Clarín, No. 1585)

Santiago de Chile, 25 /03/09- Han transcurrido 127 años desde que terminó la Guerra del Pacífico que enfrentó a Chile contra Perú y Bolivia, pero sus secuelas pesan como si los hechos hubieran ocurrido ayer.

/.../

译文：

智利与邻国旧账未了

号角报记者佛朗西斯科·马林
智利圣地亚哥
09 年 3 月 25 日讯

智利与秘鲁和玻利维亚的太平洋战争已经过去 127 年了，但是其后遗症依然阴霾不散，仿佛一切就发生在昨天。

/……/

这种格式有时也会有某种变动，近些年来。基本上是在日趋简化。例如，报道者或作者的名字出现在在文章正文的前面或上方，也可以出现在文章的末尾。例如：

Cinco años para derrotar a las FARC

Más de 18.000 soldados del ejército colombiano y 800 de EE UU intentan acorralar a la primera guerrilla del país. El control sobre la población civil es clave para los dos bandos

Pilar Lozano, Medellín

/.../

译文：

五年时间击败哥伦比亚革命武装力量

18 000 名哥伦比亚政府军士兵和 800 名美军士兵计划包围哥国最重要的游击队武装。控制住平民是双方最关键的一步。

皮拉尔·罗萨诺发自麦德林

/……/

对消息报道的翻译侧重内容的准确性和新闻性，就是说，新闻报道的关键是回答 qué, quién, cuándo, dónde, cómo, por qué, para qué, 译文的重点也在此处。在语言方面，译者必须把握好原作的关键词和作者的文风，比如上一篇文章标题的用词 cuentas pendientes，是指未清算的账，一个非常普通的短语，平时很少用在外交关系上。但是作者小词大用，表明了对当年三国纷争留下的后遗症的一种态度，译文采用直译的办法较妥。至于其他方面，译者可以适当把握，不必象翻译经典作品那样字字精准，甚至精准到生译的程度。

以上一篇报道的后续部分为例：

Muestra de ello es la polémica generada en Chile como en Perú por la férrea oposición de este país a que Televisión Nacional de Chile (TVN) exhibiera el documental Epopeya, que aborda desde diversos puntos de vista el mencionado conflicto.

El documental –que según diversas fuentes consultadas es de gran calidad e imparcialidad—debía transmitirse en tres capítulos semanales a partir del miércoles 14 de marzo. Pero la cancillería peruana se opuso terminantemente a su difusión y se movilizó para conseguir su cancelación.

El canciller chileno, sin autorización presidencial, acogió la inquietud peruana y procedió a actuar en función de evitar el empeoramiento de las históricamente complejas relaciones bilaterales.

Pero el remedio resultó peor que la enferemedad. /.../

译文：

（接上文）

其证明就是纪录片《史诗》在智利和在秘鲁引起的争议，原因是秘鲁激烈反对智利国家电视台播放这部全方位地论及了太平洋战争的片子。

根据各方面的说法，这是一部高水平的、公正客观的纪录片，该片本来要从 3 月 14 日周三起每周播放 3 集，但是秘鲁外交部坚决反对播放，而且还采取措施力争达到目的。

智利外长在没有得到总统批准的情况下，就对秘鲁的担心表示认可，并且着手采取行动以避免使历来复杂的双边关系恶化。

然而，其做法弄巧成拙。/……/

再看下面的例子：

Ranking 2006 del Interanational Institute for Management Development (IMD)

Chile, con "tarjeta amarilla" en competitividad

Por Nicole Keller, (en El Mundo, 11/05/06)

Cinco lugares cayó Chile en el ranking mundial de competitividad 2006 elaborado por el IMD de Suiza, en cuya elaboración local participó la Facultad de Economía de la Universidad de Chile.

La irrupción de países como China, Malasia, Japón y Estonia, la volatilidad cambiaria en el mercado bursátil y la baja de preios de cobre constituyen motivos por los cuales Chile queda atrasado frente a la posición del año anterior...

译文:

2006 年 IMD 排行榜结果：智利下滑

智利的竞争力被罚黄牌

世界报记者尼克莱·克雷尔 5 月 11 日报道

在 2006 年的世界竞争力排行榜上，智利下滑了五位。这个排行榜由瑞士的 IMD 主办，智利大学经济系参与了相关项目。

由于中国、马来西亚、日本、爱沙尼亚等国的提升，股票市场的急剧变动和铜价的下降，导致了智利的地位低于去年水平。

在阅读西语报刊文章时，我们会发现其用词有一些特点值得注意。出于吸引读者的目的，报道者多使用比较新奇的、能够产生视觉冲击（impacto visual）、能够激起读者的好奇心从而引发读者兴趣的词或短语。同时，编者和作者还倾向于使用学术性强的、深奥的、古典的、甚至古奥的辞藻，来表明文章的价值，从而赢得读者的信任和尊重。例如：

1）比较夸张的、甚至能产生耸人听闻效果的词

Apocalipsis—《启示录》(大灾难)，tsunami financiero—金融海啸（金融危机），tunel—隧道（困难局面），tijerazo—剪一刀（财政削减），boom de petróleo—石油爆炸（石油繁荣），colapso de tráfico—交通瘫痪，burbuja inmobiliaria—房地产泡沫，revolución de terciopelo—天鹅绒革命（非暴力革命，不流血的革命），inversión faraónica—法老般的投资（超大投资），telebasura—电视垃圾, diarrea mental—思想腹泻（思想混乱），culebrón—蟒蛇（连篇的、内容空洞的电视连续剧）等。

2）外来词或者改头换面的外来词

best seller（英）—畅销，debut（法）—首次出现、介绍，dumping（英）—倾销，estrés（英）—压力，fan（英）—爱好者、追随者、粉丝，joint venture（英）—合资经营，ranking（英）—排行，show（英）—表演、表现、作秀，tour（法）—旅游，marketing（英）—营销，kamikaze（日）—自杀式袭击，yihad（阿）—圣战，american way of life（英）—美国生活方式等。

3）拉丁语词汇或短语

testigo de visu—目击证人，modus vivendi—生活方式，per cápita—人均，statu quo—现状，quorum—法定人数，a priori—先验的，等。

4）专门词汇：宗教词汇和技术性（体育和医学等类）词汇

sambenito—悔罪衣(罪名)，sacrilegio—亵渎，predicar—讲经(说教)，shock cultural—文化休克，parálisis—麻痹（麻木，僵化），éxodo—出埃及记（出逃，离城），pivot—篮球中锋（支柱，中坚力量），jaque—国际象棋的将军（将一军），cáncer—肿瘤（致命的现象，重症），metabolismo—新陈代谢（新旧交替），sobredosis—药物超量，毒品过量（过量），Inri –Iesus Nazarenus Rex Indaeorum,犹太人之王、拿撒勒人耶稣，这是耶稣殉难十字架的铭文（侮辱），crucificar—把...钉在十字架上（折磨、虐待），cónclave—红衣主教团、选举教皇的秘密会议室（会议）等。

用词求新是为了加强新闻的宣传效果，但是当上述类别的词语仍不能达到目的时，记者们就开始根据西班牙语构词法的某些规律，用派生法、合成法、转义法等方法动手自造了。例如 ecocidio—破坏生态，ecoetiqueta—环保标签，ciberpoblación—网民，pospinochetismo—后皮诺切特主义等，许许多多报刊上常见的新词均属此类。

由于新闻的时效性，记者们常常用缩略语或词语的简化形式，例如 el Sofía－索菲亚王后现代艺术中心，el Madrid－皇家马德里队，la CEPAL－拉丁美洲及加勒比经济委员会，el Cervantes—塞万提斯学院，Eurocotal—欧洲拉丁美洲旅游、艺术和文化节。学生

们要注意平时对这类词语的搜集，因为在词典上有时无法查找。

在翻译时，由于我们的侧重点在“内容”，所以上述词类可以根据具体情况分别采取直译、意译和音译的办法来处理，其基本原则是尽可能保证原文和译文在内容和形式上的一致；如其不能，则保证原文意义的对应转换，而译文形式可以在此范围内做灵活处理，使汉语读者能够接受和理解。例如：telebasura 就直译为“电视垃圾”，既生动，又易接受。而 éxodo, pivot, crucificar, poner Inri a uno, sambenito 等与中文读者有较大文化距离感的词，可以意译，如下面的例句：

例 1. *Inició el éxodo en víspera de la Semana Santa.*

译文：圣周前夕，大批的人就开始出行了。

例 2. *En los últimos años, Alemania y las autoridades de la UE, junto con Sarkozy, desempeñan un papel de pivot diseñando los programas de austeridad impuestos a los gobiernos de Grecia, Irlanda y Portugal.*

译文：近几年，德国和欧盟领导层再加上萨科齐，他们俨然是领导核心，给希腊、爱尔兰和葡萄牙等国政府制定出紧缩计划。

例 3. *—Dicen que usted no quiere colabolar con los medios.*

—No sé por que algunos me han puesto ese sambenito.

译文：—据说，您不和媒体合作。

—我不知道为什么有人要给我加上这个恶名。

例 4. *Manuel Fraga, gallego ilustre, político en esencia, muñidor de la Transición y coautor de la Constitución, era un icono de la sociedad española que vivió a caballo entre la dictadura y la democracia, y pieza imprescindible en la historia de España.* (*Las provincias, 16-01-12*)

译文：曼努埃尔·弗拉加，这位杰出的加利西亚人，真正的政治家，民主进程的策划者和参与制定宪法的人，他是从独裁向民主迅速转换时期的西班牙社会的象征，同时也是西班牙历史不可或缺的组成部分。

例 5. *Mariano Rajoy recibe hoy al presidente francés, Nicolás Sarkozy, y mañana al presidente del Consejo Europeo, Herman van Rompuy. En unos días, Rajoy viajará a Rabat y a Berlín y a final de mes asistirá a su primer cónclave europeo en Bruselas. La intensa actividad internacional que el presidente Rajoy despliega en estos días confirma que gran parte de los intereses de España requieren ser negociados y defendidos fuera de nuestras fronteras.* (*Ibid*)

译文： 今天，马里亚诺·拉霍伊接见了法国总统萨科齐，明天要会见欧盟议会主席范龙佩。几天之后，他将飞往拉巴特和柏林。月底他去布鲁塞尔，首次出席欧盟会议。拉霍伊首相这些天繁忙的对外活动说明，西班牙的大部分利益都有必要在国际上进行商讨，并予以保护。

至于外来词，也可以采取上述办法，然后注明来源即可。

课上练习： 翻译下面三段报道，注意划线部分的译法。

1. Beckham, el nuevo astro del Madrid llega en medio de un gran revuelo /.../ Empiezan a sonar las sirenas y los gritos histéricos de una chica que muestra una revista para adolescentes con la cara del ídolo en su portada /.../ Viajan con él Victoria, la ex spice girl pija, con su hijo mayor y una niñera. El automóvil deja detrás a varias muchachas llorosas de entre 9 y 25 años. (*El País,* 2-07-03)

2. El terrorismo volvió a golpear Rusia la pasada semana. Sendas explosiones causadas por dos terroristas suicidas en distintas estaciones del metro de Moscú sembraron el pánico y acabaron con la vida de 40 personas. Un atentado, el peor desde 2004, atribuido a grupos chechenos, que pone sobre la mesa el inquietante fenómeno de las ¨viudas negras¨. (*Cambio 16*, 11-04-10)

3. Con la retirada programada para las tropas estadounidenses y la eventual normalización del país, Iraq probablemente dejará de ser un campo de batalla idóneo para el yihadismo de Al Qaeda. Ciertamente en Iraq podrá seguir manteniendo células operativas, amigos durmientes y realizar operaciones terroristas en la misma capital o en zonas de fricciones de elementos sunitas, chiítas y kurdos, incluso podría disponer de algún santuario en los alrededores de Mosul. (*El Siglo*, 11-04-10)

4. El Interior alerta a las comisarías para que investiguen la venta de ¨gas de la risa¨en bares y pubs en Asturias.

2）人物专访

这是报刊文章中很重要的一个类别，其形式是对话体，即记者和受采访者之间的谈话。在文章的前面有篇幅不长的对被采访者的介绍，在文章结尾处往往有记者的评论。

这种报道形式很直接，也很活泼，在一位老练记者的层层“进逼”之下，受采访者可能会不由自主地落入“陷阱”，把对方想知道的内容和盘托出。而一位胸有成竹的受采访者也会利用这个机会侃侃而谈，亮明自己的观点。如果话题敏感，双方会唇枪舌剑，各有机锋，语言会十分精彩。所以，翻译的重点在双方的谈话焦点上，而且要使译出语尽量贴近原文，彰显各自的语言风格。个别无关宏旨的细节甚至句子都可以从简处理（不过，这是个见仁见智的问题，译者也可以根据相关情况不做丝毫减缩）。

试分析下面一段对诺贝尔和平奖获得者特兰修女的采访片段：

—Ha dicho usted muchas veces que la caridad empieza en el hogar, que la caridad empieza en la familia. ¿Qué quiere decir con esa frase?

—Yo creo que si no nos amamos unos a otros en nuestros propios hogares es imposible amar a alguien que no sea de tu familia, porque nadie está tan cerca de ti como tu propia gente, y para que el amor sea verdadero tiene que doler, y frecuentemente en estos días hay tan poco amor en las familias porque no tienen tiempo unos para otros. No solamente les falta tiempo, sino que están tan preocupados que no tienen ni siquiera tiempo de darse una sonrisa unos a otros, y por eso es necesario convertir nuestros hogares en otros Nazarets; y no podremos hacer eso a menos que volvamos a traer la oración al seno de la familia, puesto que el fruto de la oración es siempre el amor, el compartir y la alegría.

—Estos pobres, enfermos, drogadicos, alcohólicos, moribundos que usted atiende, ¿los atiende indiscriminadamente, no en razón de sus sentimientos religiosos, de que compartan la propia religión, no se les pregunta qué sentimientos religiosos tienen? ¿Todos son iguales para usted?

—Son hijos de Dios. La misma mano amorosa los ha creado.

/.../

—Joaquín Soler, *Personajes a fondo*, p.252

译文：

记者：您多次说过，仁爱之心始自家里，始自家庭。这是什么意思呢？

特兰：我认为，如果我们和自己的家人都不能相亲相爱，那么就不会去爱家人之外的别的人，因为没人比家里人更亲近的了；为了有真正的爱，就得受苦，特别是在现在，家庭内部缺少爱，因为人们没有时间顾及彼此。他们不只是没有时间，他们思虑太多了，甚至都没有时间相互微笑一下。为此，我们必须把我们的家变成一个个基督之家。我们要做到这一点，就要重新把祈祷带回家里，祈祷的结果永远是爱，是苦乐与共，是欢乐。

记者：您照顾那些穷人、病人、吸毒者、酗酒者和临终病人，对他们一视同仁，不是基于他们的宗教信仰，不考虑他们是否信奉同一个宗教，也不询问他们宗教感情的归向吗？对于您来说，所有的人都一样吗？

特兰：所有的人都是上帝的孩子，都是那同一只仁慈的手创造的。

点评：记者通过他的提问，使特兰修女阐述了自己的核心思想：仁爱。而作为一位虔诚的天主教修女，作为一位将毕生都献给救治贫苦人和病人（包括几乎被社会抛弃的麻风病人）的人道主义者，她的献身精神在这短短的两段话里熠熠生辉，感动世人。她的语言风格是朴素的，同时也是带有宗教色彩的，充满母亲般的细腻感情。Nazaret 是指耶稣生活的地方拿撒勒，这是约定俗成的译法，此处如采用现代式音译，读者在理解上会有困难。因此直接译出其喻意“基督之家”，意思是充满仁爱的地方。当然，也可音译，但是要加注释。

课上练习：下面的段落摘自华金·索雷尔对大画家萨尔瓦多·达利的采访。

...

—*De modo que usted es apolítico.*

—Total.

—*¿Y si se creara un Partido Monárquico*?

—Conmigo que no cuenten.

—*¿Participaría usted en un Partido Dalineano*?

—Tampoco. Cada día soy más antidaliniano. A medida que me admiro más, me encuentro con que soy una real catástrofe.

—*¿No exagera usted*?

—Mire: si hubiera dos mil Picassos, cincuenta Einstein y treinta Dalís, el mundo sería prácticamente inhabitable. Pero que nadie se espante: no los hay.

— *Afortunadamente.*

—O todo lo contrario, quién lo sabe.

—*Ultimamente se apostrofa usted mucho. En los viejos tiempos tenía usted tal admiración por sí mismo que siempre hablaba de Dalí en términos de excelsitud.*

—Ahora no.

—*Eso veo. Que ahora Dalí escribe a Dalí y le llama puerco.*

—Exactamente.

—*Pero,¿cómo es eso posible*?

—Porque me llamo puerco en el buen sentido de la palabra.

—*¿Y cuál es ése*?

—Mire esta ilustración de mi 《Carta abierta a Salvador Dalí》: es un puerco que va hacia el Plus Ultra. Y eso es lo que hacen los puercos. Nunca retroceden, van jesuíticamente de un lado para otro a través de mil viscosidades innumerables, pero dando siempre un paso adelante.

—Es curioso que todo el mundo le conoce a usted como pintor, pero yo creo que en usted lo que manda es la literatura.¿No habrá más bien un escritor que un pintor en Salvador Dalí?

—Mi padre, que era notario, y tenía cierta afición a las artes, decía que soy mucho mejor escribiendo que pintando, y seguramente es verdad. Los pintores, en general, somos muy burros. En cambio, los escritores son mucho más inteligentes. Si yo fuera menos inteligente, indiscutiblemente pintaría mucho mejor.

...

(Joaquín Soler Serrano: *Personajes a fondo –Conversaciones con grandes figuras de nuestro tiempo*)

资料链接

一、部分世界著名通讯社的名称（以西语国家为主）：

Associated Press (AP): 美国联合通讯社，简称美联社

France Press(AFP): 法国新闻社，简称法新社

Agencia EFE: 西班牙通讯社，简称埃菲社

Europa Press (EP): 欧洲通讯社（西班牙）

Agencia Mexicana de Noticias (Notimex): 墨西哥通讯社，简称墨通社

Agencia Informativa Latinoamericana-Prensa Latina (PL): 拉丁美洲通讯社，简称拉美社（古巴）

Telenoticiosa Americana(Telam): 美洲通讯社（阿根廷）

Reuters: 路透社（英国）

Deutsche Press-Agentur(DPA): 德意志新闻社，简称德新社

Agencia Nazionale Stampa Associata (ANSA): 安莎社 （意大利）

Kyoto Tsushinsha: 共同通讯社，简称共同社（日本）

United Press International (UPI): 合众国际社，简称合众社（美国）

二、部分新闻机构（报刊、电台等）
ABC:《阿贝赛报》（西班牙）
El País:《国家报》（西班牙）
El Mundo:《世界报》（西班牙）
Cambio 16:《改革 16》（西班牙）
Granma:《格拉玛报》（古巴）
El Clar í n:《号角报》（阿根廷）
La Naci ó n:《民族报》（阿根廷）
Exc é lsior:《至上报》（墨西哥）
El Comercio:《商报》（墨西哥）
Peri ó dico Asahi:《朝日新闻》（日本）
Peri ó dico Yomiuri:《读卖新闻》（日本）
Pravda:《真理报》（俄罗斯）
Financial Times:《金融时报》（英国）
Le Figaro:《费加罗报》（法国）
Jornal do Brasil:《巴西日报》
The New York Times:《纽约时报》
Washington Post:《华盛顿邮报》
Wall Street Journal:《华尔街日报》
International Herald Tribune:《国际先驱论坛报》（美国）
Newsweek:《新闻周刊》（美国）
American Broadcasting Company (ABC):《美国广播公司》
National Broadcasting Co. (NBC):《全国广播公司》

10.3 经贸类语篇的翻译

这一节包括有关经济、贸易、金融的评述文章、公司或产品介绍等。

一般来说，经贸题材翻译的要点是达意，是概念和事实，所以在翻译上没有太多的技巧。至于修辞造句，所需要的是准确，特别是关键词和数字。 在词语翻译上，一定要用专业术语或者被普遍认可的“行话”，切不可随意编造，或者照搬普通辞典的释义。如：

Concentraciones entre empresas 企业并购（不是“企业的集中”）
Sociedad Estatal de Participaciones Industriales 国家工业参股公司（不是“工业参与”）
mercado logístico 物流市场（不是后勤供应市场）
objeto del contrato 合同标的物（不是合同的目的）
propuesta de construcción 建筑工程标书（不是建设的建议）
resultado negativo 负收益（不是反面效果）
nicho de mercado 有利可图的市场
下面是两篇文章的片段，分别论及人民币在拉美的新地位和拉美经济形势。

例 1. *China, que desde 2008 forma parte del Banco Interamericano de Desarrollo (BID), incrementó su intercambio comercial con los países de América Latina y el Caribe casi 16 veces desde una década atrás hasta alcanzar el año pasado los 188.000 millones de dólares.*

Solo con Brasil, que tiene en China a su principal inversionista y socio comercial, el intercambio llegó en 2011 a unos 77.000 millones de dólares, 37,5 por ciento más que en 2010.

En este marco "el gigante asiático se lanzó a financiar infraestructura en la región para expandir su producción y garantizar así sus fuentes de materia prima, a la vez de tratar de reducir los precios de sus importaciones", precisó a IPS el director de la Asociación Brasileña de Comercio Exterior de Brasil, economista José Augusto de Castro.

En este financiamiento e incremento comercial entra en juego la moneda china, que se la conoce en el exterior por renminbi, su denominación oficial.

Esa incidencia se ve, por ejemplo, en préstamos a países como Venezuela, con el que mantiene una relación estratégica, como lo expresó el presidente Hugo Chávez.

Según un artículo del diario estadounidense The Wall Street Journal, los bancos estatales chinos buscan expandir sus créditos a países latinoamericanos proveedores de materias primas claves –minerales y alimentos–, estimulando el uso del yuan frente al dólar como parte de una estrategia para promover su moneda en el comercio internacional.

El Banco de Exportaciones-Importaciones de China (China Exim) negocia con el BID la creación de un fondo en yuanes, equivalentes a 1.000 millones de dólares, para iniciativas de infraestructura.

Las dos instituciones firmaron un acuerdo en septiembre a través del cual el China Exim se comprometió a ofrecer hasta 200 millones de dólares para financiar el comercio entre ese país y la región, una parte en yuanes.

La decisión china de fortalecer el BID muestra también, según De Castro, su interés prioritario en mejorar la infraestructura latinoamericana.

(*Para Branco "lo más importante de este asunto es el cambio de postura del gobierno chino, que antes no quería convertir al yuan en una moneda de circulación internacional porque su posible volatilidad haría que el país quedara de rehén de la situación económica externa".*)

/.../

(*IPS, 26 de febrero de 2012*)

译文：中国自 2008 年加入美洲开发银行（BID）以来，扩大了与拉丁美洲和加勒比地区的贸易往来，从 10 年前到去年这一期间，贸易额增加了几乎 16 倍，达到 1 880 亿美元。

仅以巴西为例，中国是该国的主要投资者和贸易伙伴，2011 年中巴贸易额已达到约 770 亿美元，比 2010 年增加了 37.5%。

巴西对外贸易协会负责人、经济学家何塞·奥古斯特.德卡斯特罗对本报说，在这种框架下，"中国这个亚洲巨人积极在拉美地区的基础设施上投资，以扩大本国的生产，保障它的原材料供应，同时努力降低其进口价格"。

在投资和贸易增长这一过程中，中国货币——其正式名称人民币——发挥了作用。向委内瑞拉等国提供的贷款就是一个例子。据查维斯总统说，中委两国保持着战略关系。

据《华尔街日报》的一篇文章说，中国的国营银行寻求增加向那些拉美的重要原材料（矿物和粮食）供应国提供的信贷，以鼓励使用人民币来抗衡美元。这是力挺人民币进入国际贸易的战略措施之一。

中国进出口银行（China Exim）和美洲开发银行谈判，建立一个人民币基金会，基金储备相当于 10 亿美元，用于基础设施的建设。这两家金融机构在 9 月签署了协议，根据这项协议，中国进出口银行承诺提供 2 亿美元用于推动中国和拉美国家的贸易，其中部分款项是人民币。

据德卡斯特罗说，中方的这一决定也表明，中国主要感兴趣的是改善拉美基础设施。

/……/

点评：基本观点和数字必须与原文绝对一致，保留重要的直接引用语；一些次要的细节可以省略。

例 2. *Durante los últimos años, las noticias referentes a las economías latinoamericanas no han sido buenas. La situación actual y las proyecciones para el futuro inmediato lo son aún menos. El ritmo de crecimiento económico ha sido lento en el mejor de los casos, y en otros se ha presentado un serio decrecimiento, como en México tras la devaluación del peso en diciembre de 1994, y de manera mucho más dramática en Argentina, cuya economía ha sufrido un embate sin paralelo; de hecho, se habrían de revisar economías en periodos de guerra para encontrar tasas de decrecimiento similares a las que Argentina está experimentando. En algunos casos sí se han presentado avances, como en el combate a la inflación, pero ello no ha sido suficiente para disminuir de la pobreza o fomentar una distribución medianamente equitativa de la riqueza. La parálisis económica parece que viene acompañada de una parálisis en las ideas y la acción.*

译文：最近几年，凡是有关拉美各国经济的消息都不是好消息。而目前形势和近期发展规划则更是雪上加霜。即使在最好情况下的经济增长速度也很缓慢，而在其他情况下只有严重的负增长，例如墨西哥，该国自 1994 年比索贬值之后便如此。而阿根廷的局势更是严峻，其经济遭受了史无前例的冲击，事实上，该国目前正在经受的经济下降率，只能与战时相类比。当然也有进步的例子，比如在克服通货膨胀方面，但是这些成就远远不能减少贫困，也不能促进财富比较公平的分配。经济上的瘫痪似乎与思想上和行动上的瘫痪在同步进行。

贸易类的文字以应用文为主，考虑到相关的工具书已经介绍的很详尽，在此只提供两个关于产品介绍的简单例子。

例1. *A continuación se presentan algunos aspectos del proceso de comercialización interna del jugo concentrado de naranja:*

—El producto se envasa en bolsas dobles de plástico, que luego se colocan en tambores de acero de 200 litros para almacenarlos en bodegas refrigeradas de las plantas.

—Más tarde, conforme se reciben los pedidos, los tambores se transportan en vehículos refrigerados hasta las bodegas, también refrigeradas, de las empresas demandantes.

—De estos sitios se extrae en forma paulatina, según lo demanden los consumidores finales.

La mayor parte de las exportaciones mexicanas de jugo concentrado de naranja se ha dirigido a Estados Unidos, que absorbió en promedio 91.7% de la cantidad y 92.6% del valor de las ventas del lapso 2007—2009; le sigue Canadá. Con 7.7% en cantidad y 7.2% en valor en el mismo período. También se han registrado envíos a Alemania, Suecia y Suiza.

En opinión de algunos productores mexicanos, las cantidades que pretenden exportar en 2010—2012 fácilmente podrían ser absorbidas por una sola empresa norteamericana. Sin embargo, las compañías mexicanas no suelen comercializar toda su producción con un solo comprador extranjero, ya que se corre el riesgo de que en un plazo breve éste pudiera fijar los precios a su arbitrio, perjudicando así a los industriales mexicanos.

Los mexicanos señalan que el mercado europeo tiene una enorme potencialidad. Pero, afirman que no han podido abastecer en mayor medida por la escasa producción nacional, situación que esperan superar en los próximos años.

译文:

下面介绍浓缩橘汁在国内经销过程中的一些情况:

一产品装在双层塑料袋中，然后放在容量为 200 公升的钢罐中，储藏在工厂的冷库里。

一之后，根据订单，将钢罐用冷藏车运至客户的仓库。

一依照最终消费者的要求，将产品陆续从冷库中取出。

墨西哥出口的浓缩橘汁大部分销往美国，美国在 2007 - 2009 年期间，平均接收了墨西哥该项产品出口量的 91.7%，占出口金额的 92.6%。同期排在美国之后的是加拿大，它吸收了出口量的 7.7%，占出口金额的 7.2%。浓缩橘汁还销往德国、瑞典和瑞士。

根据一些墨西哥生产厂商的看法，仅由一家美国企业就可以轻而易举地吸收 2010 - 2012 年间计划的出口数额。但是，墨西哥企业不习惯把自己的产品只出售给一个国外客户，因为这种做法所冒的风险是，在短期内这家客户可以任意规定价格，从而给墨西哥企业造成损失。

墨西哥厂商认为，欧洲市场有巨大潜力。但是由于国内生产量低，无法大批量供应欧洲。他们希望今后几年能改变这种状况。

例 2.（广告）

El Hotel del Lago Maracaibo Dorado, de cinco estrellas, tiene toda clase de facilidades, localizado a las riberas del Lago de Maracaibo, el mayor reservorio de agua dulce en Sur América. Se encuentra en el centro de las áreas comerciales, financieras, turísticas, recreacionales y residenciales de la ciudad. Disfrute de la comodidad de 368 habitaciones y suites elegantemente decoradas desde las cuales se divisa una importante vista panorámica de la Ciudad y del Lago de Maracaibo.

El hotel ha sido diseñado pensando en el cliente, atendiéndole de forma personalizada, para que disponga de todo lo que necesite. Pone a su disposición la calidad de las instalaciones, concebidas y equipadas para ofrecer el máximo confort y funcionalidad.

Equipamiento

—368 habitaciones standard y 20 superiores

—T.V. con canales por satélite

—Aire acondicionado y calefacción (con regulación individual)

—Minibar

Instalaciones y servicio

—Conexión Wi-Fi en todas las áreas públicas y salas de reuniones

—Centro deportivo completo con tratamientos de hidraterapia, piscina cubierta y descubierta

—24 horas de servicio en lavadería, servicio de habitaciones, centro de negocios y gimnasio

—Parking público, terraza de verano, tiendas y galería de arte.

译文：金色马拉开波湖旅馆是五星级酒店，设备服务一流，位于南美最大的淡水湖马拉开波湖畔，周围环绕着这个城市的商业区、金融区、旅游点、休闲娱乐区和居民区。酒店有 368 间舒适的客房和装饰雅致的套房，客人从房间就可以欣赏到城市的全貌和马拉开波湖的美景。

酒店的设计是为客人着想，为客人提供个性化的服务，使之应有尽有。酒店设备精良，使客人最大程度地享受到舒适和方便。

设备

—368 个标准间和 20 个高级套房

—卫星电视频道

—可调节式冷暖空调

—房间小酒吧

设施与服务

—公共区域和会议室可提供无线上网

—附设水疗、露天游泳池和室内游泳池的体育中心

—洗衣房、房间清扫、商务中心和健身房提供 24 小时服务

—公共停车场、露天咖啡厅、商店和艺术品店。

点评：要点与上面两段例句相似，但是此处更要注重描述产品特点的细节。牵涉到专业问题时，要查阅专业技术词典，或向内行人士请教，不可闭门造车。

对于非经贸专业的学生，许多西班牙语术语和汉译的字面意思似乎并不相配，因此需要在记忆上下功夫，不可随意翻译。例如：

competencia desleal 不合理竞争
fuerza mayor 不可抗拒力
factura por forma 估价单
precio franco al bordo 船上交货价
año económico 财政年度
zona de libre cambio/zona franca 自由贸易区
balance de situación 资产负债表
fuente de financiación 融资渠道

课上练习：

1. 口译下列句子。

1) La de ayer fue una jornada negra para las principales Bolsas del mundo, que se tiñeron de rojo ante el terror de una bubida de los tipos de interés en Estados Unidos y ante el encarecimiento del precio del crudo. El índice español acumula una caída del 5,1% desde el miércoles pasado. Por su parte, el dólar ha comenzado la semana prolongando la senda alcista frente a otras divisas.

2) El último informe de la Organización para la Cooperación y Desarrollo Económico (OCDE) advierte, en su análisis sobre España, que la marcha de los precios de la vivienda es uno de los riesgos que pesan sobre la economía. El organismo internacional señala la amenaza de un pinchazo de la ¨burbuja inmobiliaria¨, aunque sea a medio plazo.

3) La reactivación económica mundial espolea el consumo de crudo y elevará aún más la demanda global de petróleo, que alcanzará en el año próximo su mayor aumento en 18 años. Las conclusiones de la Agencia Internacional de la Energía aumentan la presión sobre la OPEP para que eleve la producción y contribuya así a enfriar el precio del barril, que se sitúa en máximos en 16 años.

2. 建议学生在教师指导下，对下面一篇短文做编译（可参考本书第三讲）

EMERGENTES ¿AL RESCATE DEL VIEJO MUNDO?

¿Por qué los BRICS podrían comprar bonos de Europa?

Brasil, Rusia, India, China y Sudáfrica se reunirán el jueves para discutir qué podrían aportarle a Europa.

Por LE MONDE ESPECIAL PARA CLARIN

En el curso de una semana de caos bursátil sobre los mercados europeos, se acumularon signos de una posible intervención de países emergentes en Europa. Todo empezó con un confidencial del *Financial Times* el lunes, referido a una visita a Italia del presidente del fondo soberano China Investment Corp. y de altos funcionarios de Pekín. Y el martes, el diario brasileño *Valor Economico* evocó la posibilidad de una intervención del gigante sudamericano, en tanto que el ministro de Finanzas Guido Mantega anunció que sus pares de los BRICS (Brasil, Rusia, India, China, Sudáfrica) se reunirían el jueves 22 en Washington, al margen de una reunión del FMI, para discutir qué podrían aportarle a Europa.

¿Cuál sería el interés económico en juego? La tempestad que atraviesan los países de la eurozona inquieta a todos los continentes. Los efectos de la crisis del 2008 están en la mente de todos. Ningún país querría de nuevo ese escenario: la Unión Europea es el primer socio comercial de China y un mercado crucial para sus exportaciones. Y si una recesión europea afectara a China, también repercutiría sobre India y Brasil, que tienen vínculos económicos muy estrechos con China. Pekín es, por ejemplo, el primer socio económico de Brasilia.

Para estos países emergentes, invertir en títulos de la deuda europea es también un modo de diversificar. China tiene las mayores reservas externas del mundo (US$3,2 billones). Rusia dispone de 514.000 millones; Brasil de más de 350.000, y la India, de más de 320.000 millones. Esos fondos están básicamente invertidos en bonos del Tesoro estadounidense; de ahí el interés en diversificar.

Hay un objetivo netamente monetario: al sostener el euro frente al dólar, los BRICS buscarían evitar una fuerte valorización de sus monedas. "Se trata de una tentativa de mantener fuerte al euro, lo cual favorece las relaciones comerciales [de China] con Europa", escribe el analista y financista Cullen Roche en el blog *Pragmatic Capitalism* .

Por último, los BRICS siguen muy dependientes de las inversiones de los países de desarrollo más antiguo: en la India, por ejemplo, la inversión directa externa de países miembros de la UE representa más del 20% del total de IDE. Si una crisis mundial provocara un repliegue de esos inversores, eso provocaría un pánico nacional.

¿El objetivo es también político? En tanto que no se ve surgir una respuesta concertada del G-20 a la crisis de liquidez del euro como la que hubo después de la caída de Lehman Brothers en 2008, la reunión de los BRICS esta semana en Washington puede dar la impresión de que hay una respuesta colectiva.

Valor Económico resume así los beneficios políticos para los BRICS: "aparecer como aportantes directos a la estabilización de los mercados y mostrar hasta qué punto el equilibrio de la economía mundial ha cambiado".

China espera que la Unión Europea, a cambio de compras de títulos en euros, le acuerde el estatus de economía de mercado, antes del reconocimiento de la Organización Mundial del Comercio, previsto para 2016. Ese estatus permitiría, en la práctica, levantar las últimas restricciones a las inversiones y exportaciones chinas en la UE.

Sin embargo, no será fácil. Los BRICS no son un grupo homogéneo de países: entre el modelo económico ruso y el de la India hay un abismo. La política monetaria china con su yen sobrevaluado es, además, una fuente de fricciones recurrentes para sus socios. Las exportaciones chinas baratas ya han diezmado el sector manufacturero brasileño y los textiles de Sudáfrica. Los BRICS nunca han logrado actuar en conjunción. Por ejemplo, no fueron capaces de entenderse para presentar un candidato común a suceder a Dominique Strauss-Kahn en el FMI.

资料链接

1）部分常用语

igualdad y beneficio mutuo 平等互利
igualdad de provecho 利益均等
productos primarios 初级产品
ley antidumping 反倾销法
barrera arancelaria 关税壁垒
intercambiar mercancías de necesidad mutua 互通有无
productos de intensidad técnica 技术密集型产品
productos de trabajo intensivo 劳动密集型产品
contratación internacional de obras 国际劳务承包
colaboración internacional de servicio laboral 国际劳务合作
comercio de trueque 易货贸易
comercio indirecto 间接贸易
tratamiento de beneficio mutuo 互惠待遇
status de la nación más favorecida 最惠国待遇
transferencia técnica 技术转让

tarifa aduanera 关税
derechos arancelarios de preferencia 优惠关税
diversificación de exportación 出口多样化
exportación de productos semifacturados 粗加工产品出口
volumen de exportación 出口额
especificación de empaquete 包装规格
pedido fijo 长期订单
contrato sobre la agencia exclusiva 独家代理合同
contrato de futuros 期货合同
acuerdo comercial intergubernamental 政府间贸易协定
país de destino (puerto de destino) 目的国（目的港）
puerto de entrega 交货港
certificado de origen 产地证明书
conocimiento 提单
condiciones de pago 付款条件
pago contra entrega 见货付款
reclamación 索赔
incapacidad de pago 无支付能力
pago por crédito 用信用证支付
fuerza mayor 不可抗拒力
persona jurídica 法人
arbitraje comercial 贸易仲裁
subasta internacional 国际拍卖
relaciones entre oferta y demanda 供需关系
mercado doméstico 国内市场
registro de marca 商标注册
franquicia 特许权，特许经销

2）部分机构名称和缩写

BBVA(Banco Bilbao Vizkaya Argentaria)（西班牙）毕尔巴鄂比斯开对外银行

CEPAL(Comisión Económica para América Latina y el Caribe) 拉美加勒比经济委员会

CEPYME(Confederación Española de la Pequeña y Mediana Empresa) 西班牙

中小企业联合会

MERCOSUR(Mercado Común del Sur) 南方共同市场

OEA(Organización de Estados Americanos) 美洲国家组织

3）推荐书目

赵雪梅，李紫莹：《西班牙语外贸应用文》，对外经贸大学出版社

赵雪梅：《经贸文章选读》，对外经贸大学出版社

10.4 文学类语篇的翻译

文学作品由于其特殊的语言技巧、文化内涵、社会意义、艺术感染力以及美学特点等因素，翻译难度较大，尤其是一些名家的名篇。

单纯从语言的角度看，文学语言是经过作家的选择、加工和提炼的、有艺术感染力的、规范的并且富有个性的语言，比起科技类、经贸类、政论类语言，要更加细腻、精致、生动和唯一化。作为本科生，尚不能达到翻译优秀文学作品的能力，但是我们可以做一些相应的练习，目的在于帮助学生熟悉文学翻译的技巧和要领，提高他们的翻译水平和语言能力，为日后的翻译工作打下基础。

文学翻译的主要原则包括在内容和内涵上要忠于原作，语言精益求精，风格传神，其总体效果要基本保持原作的水准。

本着上述原则，我们在翻译文学作品时，首先要通读全文，熟悉其背景，大致了解作者的写作风格，然后动笔。

下面分别介绍散文、小说和诗歌的翻译及几则翻译实例。

10.4.1 散文

散文的特点是形式活泼，篇幅短小，题材广泛，适宜抒情、叙事和议论。其语言特点尤为突出，精练，灵透，清新，有很强的个性。

无论是在新大陆还是在旧大陆，无论是在古代还是在近现代，西语文坛上散文名家辈出，他们的不少作品被载入在世界文学史。智利的聂鲁达（Pablo Neruda）、墨西哥的帕斯（Octavio Paz）、富恩特斯（Carlos Fuentes）、阿根廷的博尔赫斯（Luis Borges）、西班牙的阿索林（Azorín）、迪亚斯-普拉哈（Guillermo Díaz Plaja）和拉腊（P.M.Larra）等

都是散文大家。

翻译散文的要点之一是如何较准确地译出原文的语言风格。原文作者都是有感而发，他（她）们把自己的思想感情和审美情操凝聚在语言上，从而形成一种感染力，使读者与之分享。所以，我们首先要熟悉作者的语言特点：或简练，或典雅，或含蓄，或张扬，或四平八稳，或泼辣恣肆，之后才可动笔翻译。

此外，散文讲究"有韵味"。一些看似平常的词语可以构筑出含蓄隽永的意境，令人体味无穷。这就要求译文的语言同样有分量，有内涵，有文采，有情感，不能像白开水。韵味还包括文章的"形"，如语言的结构性、音韵感、节奏感，修辞的美感等。

译文的效果如何，就看能否恰当地传达出散文的这种种魅力。比如下面两段大师们的典型句子：

例 1. *De cuanto he dejado escrito en estas páginas se desprenderán siempre –como en las arboledas de otoño y como en el tiempo de las viñas—las hojas amarillas que van a morir y las uvas que revivirán en el vino sagrado.*

Mi vida es una vida hecha de todas las vidas: las vidas del poeta.—Neruda

译文：从我写的这些篇章中，将象金秋时节的树林和收获季节的葡萄园那样，必定会落下行将枯萎的黄叶，也会结出将在祭神的酒中获得新生的葡萄。

我的生活异彩纷呈—这是诗人所经历的生活。一聂鲁达

例 2. *Dios mío,¿qué es España? En la anchura del orbe, en medio de las razas innumerables, perdida entre el ayer ilimitado y el mañana sin fin, bajo la frialdad inmensa y cósmica del parpadeo astral, ¿qué es esta España, este promontorio espiritual de Europa, ésta como proa del alma continental? –José Ortega y Gasset*

译文：我的上帝呀，西班牙是什么？它处在环宇之内，立于各民族之林，被漫无边际的昨天和茫茫无涯的明天重重包围着，在充满宇宙的清冷的无垠星空下，这个西班牙，这个欧洲心灵的高地，这个大陆灵魂的船首，它究竟是什么？一奥尔特加·依·加塞特

下面我们选择几篇片段加以翻译，在译文后面附上对其中难点的分析，并简单介绍翻译对策。

例 1. *Federico García Lorca no fue fusilado: fue asesinado. Naturalmente nadie podía pensar que le matarían alguna vez. De todos los poetas de España era el más amado, el más querido, y el más semejante a un niño por su maravillosa alegría. Quién pudiera creer que hubiera sobre la tierra, y sobre su tierra, monstruos capaces de un crimen tan inexplicable?*

La incidencia de aquel crimen fue para mí la más dolorosa de una larga lucha. Siempre fue España un campo de gladiadores; una tierra con mucha sangre. La plaza de toros, con su sacrificio y su elegancia cruel, repite, engalanada de farándula, el antiguo combate mortal entre la sombra y la luz.

La Inquisición encarcela a fray Luis de León; Quevedo padece en su calabozo; Colón camina con grillos en los pies. Y el gran espectáculo fue el osario en El Escorial, como ahora lo es el Monumento a los Caídos, con una cruz sobre un millón de muertos y sobre incontables y oscuros recuerdos.

—Pablo Neruda: *Confieso que he vivido*

译文：费德里克·加西亚·洛尔卡不是被枪决，而是被暗杀的。当然，谁也想不到有朝一日会有人要杀害他。在西班牙所有的诗人中，他最受爱戴，最被人喜欢；由于他出奇的欢乐性格，他又最像个孩子。谁能相信，在地球上，而且就在他的国土上，竟有能干出如此不可理喻的罪行的魑魅魍魉？

这一罪恶事件是我在一场长期斗争中最感痛苦的事。西班牙永远是角斗士们的角逐场地；是一块血迹斑斑的土地。兼具牺牲与残酷风雅的斗牛场，在虚夸的瑰丽场景中，在阳光和阴影之间重演着古代的殊死格斗。

宗教裁判所监禁过路易斯·德·莱昂修士；克维多在地牢里受尽折磨；哥伦布曾戴着脚镣蹒跚而行。最精彩的景观是埃尔埃斯科利亚尔王家修道院的尸骨存放所，就如同现在的阵亡者纪念碑一样，十字架就耸立在无数的骸骨之上，耸立在无数沉重阴暗的回忆之上。（林光　译）

点评：这不是风花雪月的文字，而是一篇檄文，个性鲜明的用词表达了作者强烈的仇恨和强烈的爱。聂鲁达的语言永远是诗的语言，翻译这个片段是对译者文字的修炼功夫和理解力的考验，例如：su cruel elegancia（残酷风雅）、camina con grillos en los pies（带着脚镣蹒跚而行）等等。如果文字如白开水，文章的感染力就消失殆尽了。

例 2. *Al iniciar mi vida en Estados Unidos residí algún tiempo en Los Angeles, ciudad habitada por más de un millón de personas de origen mexicano. A primera vista sorprende al viajero–además de la pureza del cielo y de la fealdad de las construcciones— la atmósfera vagamente mexicana de la ciudad, imposible de apresar con palabras o conceptos. Esta mexicanidad—gusto por los adornos, descuido, negligencia y pasión—flota en el aire. Y digo que flota porque no se mezcla ni se funde con el otro mundo, el mundo norteamericano, hecho de precisión y eficacia. Flota, pero no se opone, se balancea, impulsada por el viento, a veces desgarrada como una nube, otras erguida como un cohete que asciende. Se arrastra, se pliega, se expande, duerme o sueña. Elota: no acaba de ser, no acaba de desaparecer.*

(Octavio Paz, *El laberinto de la soledad*)

译文：我最初在美国生活时，有一段时间住在洛杉矶，那里有一百多万墨西哥裔居民。让外来的旅人惊奇的第一个印象，除了明净的蓝天和难看的建筑，就是城市里一种难于言表的朦胧的墨西哥氛围，那种偏爱装饰、漫不经心、疏忽大意、激情似火的墨西哥性格漂浮在空气中。我说的是漂浮，因为它和另外一个世界——由精确和效率造就的美国世界毫不融和，毫不相混。它漂浮着，但是并不排斥；它被风吹得晃动着，有时又像云一样被撕碎，还有时像火箭似地直上云天。它或匍匐，或弯曲，或伸展，或沉睡，或梦想。它漂浮着：既没有成形，也没有消散。（朱凯　译）

点评：帕斯像聂鲁达一样也是一位诗人。他的散文充满诗意，但是和聂鲁达不同的是，他没有借助于文字来宣示一个个鲜明的观点，他的文字有时给人一种朦胧感，用大量的比喻、对比、暗示等手法，最终留给读者一个个难以忘怀的的形象。帕斯的文字几乎不需要译者重新组织，有时直译可能更传神。

课上练习（下面是一些散文名篇中的句子和语段，试译）：

1. En nuestro lenguaje diario hay un grupo de palabras prohibidas, secretas, sin contenido claro, y a cuya mágica ambiguedad confiamos la expresión de las más brutales o sútiles de nuestras emociones y reacciones. Palabras malditas, que sólo pronunciamos en voz alta cuando no somos dueños de nosotros mismos.(Octavio Paz, *El laberinto de la soledad*, p.67)

2. Las épocas viejas nunca desaparecen completamente y todas las heridas, aun las más antiguas, manan sangre todavía. A veces, como las pirámides precortesianas que ocultan casi siempre otras, en una sola ciudad o en una sola alma se mezclan y superponen nociones y sensibilidades enemigas o distantes. (Ibid, p.11)

3. Muchamiel es un lugar grande y dorado. Hay rinconadas donde parecen dormir los pasados días. De los jardines y de algunas casas hidalgas se desprende como un perfume de legitimidad lugareña. Nada queda de las colmenas insignes cuya abundancia dio nombre al pueblo. Han huido las abejas que faenaban para beneficio y poesía de los hombres. Todo ha pasado; se han desleído los panales dejando en las piedras su color caliente. Es un lugar de evocación de un día azul y rubio, rumoroso y feliz, ya perdido. (Gabriel Miró, *Libro de Sigüenza*, p.69)

资料链接

1. 奥克达维奥·帕斯（1914—1998），墨西哥诗人，散文家，文学评论家，诺贝尔文学奖获得者。

2. 帕勃洛·聂鲁达（1904—1973），智利诗人,作家，政治活动家，外交家，诺贝尔文学奖获得者，其作品被翻译成世界各主要语言。

3. 奥尔特加·依·加塞特（1883—1955），西班牙著名哲学家、思想家、教育家。

4. 路易斯·德·莱昂修士（1527—1591），西班牙神学家，文学家。

5. 费德里克·加西亚·洛尔卡（1898—1936），西班牙著名诗人，剧作家，27年代文学家的代表人物，在西班牙内战期间被佛朗哥分子杀害。

6. 阵亡者纪念碑，位于马德里郊区的一片山谷之中，建于佛朗哥当政时期，该处埋葬着内战中交战双方的阵亡者，佛朗哥的墓地也在那里。

10.4.2　小说

这种通过情节和人物来讲故事的文学形式在东方和西方都有着悠久的历史，在西班牙和拉美也不例外。从西班牙古典大师塞万提斯到哥伦比亚当代著名作家加西亚·马尔克斯，西班牙语文学界从来不缺少小说家。

在一篇故事中，对人物、环境和景物的描述以及人物的对话，都会反映出作者的语言个性和表述方式的功底。因此在翻译时，需要相当的技巧。本教程未把小说翻译纳入重点教学内容，因为本科生的语言能力尚不能达到这一高度。下面我们仅选择两篇作品片段作为例子，提请学生们注意文学翻译的一些策略，尤其是对语言的处理。

例 1. *"Lo mejor sería que yo no fuese a la tertulia; pero mi padre se empeña en que vaya. Con no ir, según él, me pondría en ridículo.*

Muchos extremos de admiración hace mi padre al notar mi ignorancia de ciertas cosas. Esto de que yo no sepa jugar al tresillo, siquiera al tresillo, le tiene maravillado.

Tu tío te ha criado–me dice, debajo de un fanal, haciéndote tragar teología y más teología, y dejándote a obscuras de lo demás que hay que saber. Por lo mismo que vas a ser clérigo y que no podrás bailar ni enamorar en las reuniones, necesitas jugar al tresillo. Si no,

¿qué vas a hacer, desdichado?¨ (*Juan Valera.Pepita Jiménez, p.25*)

译文： 最好是我不去参加聚会，然而我父亲坚持让我去。他说，我如果不去，会让人家笑话。

当我父亲发现我对某些事情一无所知时，惊讶极了。我不会打特雷西略牌，连特雷西略牌都不会打！他觉得不可思议。

他对我说："你伯父是把你放在玻璃罩里养大的，就知道让你啃神学，除了神学还是神学，弄得你连其他该知道的事也一窍不通。因为你快要当教士了，在各种集会上你不能跳舞，也不能谈情说爱，那你就得学会打特雷西略牌呀。要不然你干什么呢，傻小子？"

（[西班牙] 胡安 · 巴莱拉：《裴碧塔 · 希门内斯》　刘玉树 译　69 页）

例 2.

Maese Pérez el organista
(Fragmento)

– ¡Maese Pérez está aquí!...¡Maese Pérez está aquí!...

A estas voces de los que estaban apiñados en la puerta, todo el mundo volvió la cara.

Maese Pérez, pálido y desencajado, entraba, en efecto, en la iglesia, conducido en un sillón, que todos se disputaban el honor de llevar en sus hombros.

Los preceptos de los doctores, las lágrimas de su hija, nada había sido bastante a detenerle en el lecho.

—No –había dicho—ésta es la última, lo conozco, lo conozco y no quiero morir sin visitar mi órgano, y esta noche sobre todo, la Nochebuena. Vamos, lo quiero, lo mando; vamos a la iglesia.

Sus deseos se habían cumplido; los concurrentes le subieron en brazos a la tribuna, y comenzó la Misa.

En aquel punto sonaban las doce en el reloj de la catedral.

Pasó el Introito y el Evangelio y el Ofertorio, y llegó el instante solemne en que el sacerdote, después de haberla consagrado, toma con la extremidad de sus dedos la Sagrada Forma y comienza a elevarla.

Una nube de incienso que se desenvolvía en ondas azuladas llenó el ámbito de la iglesia; las campanillas repicaron con un sonido vibrante, y maese Pérez puso sus crispadas manos sobre las teclas del órgano.

Las cien voces de sus tubos de metal resonaron en un acorde majestuoso y prolongado que se perdió poco a poco, como si una ráfaga de aire hubiese arrebatado sus últimos ecos.

A este primer acorde que parecía una voz que se elevaba desde la tierra al cielo, respondió otro lejano y suave que fue creciendo, hasta convertirse en un torrente de atronadora armonía.

Era la voz de los ángeles que, atravesando los espacios, llegaba al mundo.

Después comenzaron a oírse como unos himnos distantes que entonaban las jerarquías de serafines; mil himnos a la vez, era no más el acompañamiento de una extraña melodía que parecía flotar sobre aquel océano de misteriosos ecos, como un jirón de niebla sobre las olas del mar.

Luego fueron perdiéndose unos cantos, después otros; la combinación se simplificaba. Ya no eran más que dos voces, cuyos ecos se confundían entre sí; luego quedó una aislada, sosteniendo una nota brillante, como un hilo de luz... El sacerdote inclinó la frente, y por encima de su cabeza cana y como a través de una gasa azul que fingía el humo del incienso apareció la Hostia a los ojos de los fieles. En aquel instante la nota de maese Pérez sostenía trinando, se abrió, y una explosión de armonía gigante estremeció la iglesia, en cuyos ángulos zumbaba el aire comprimido, y cuyos vidrios de colores se estremecían en sus angostos ajimeces.

De cada una de las notas que formaban aquel magnífico acorde, se desarrolló un tema; y unos cerca, otros lejos, éstos brillantes, aquéllos sordos, diríase que las aguas y los pájaros, las brisas y las frondas, los hombres y los ángeles, la tierra y los cielos, cantaban cada cual en su idioma un himno al nacimiento del Salvador.

La multitud escuchaba atónita y suspendida. En todos los ojos había una lágrima, en todos los espíritus un profundo reconocimiento.

El sacerdote que oficiaba sentía temblar sus manos, porque Aquél que levantaba en ellas, Aquél a quien saludaban hombres y arcángeles era su Dios, era su Dios, y le parecía haber visto abrirse los cielos y transfigurarse la Hostia.

El órgano proseguía sonando; pero sus voces se apagaban gradualmente, como una voz que se pierde en eco y se aleja y se debilita al alejarse, cuando de pronto sonó un grito en la tribuna, un grito desgarrador, agudo de mujer.

El órgano exhaló un sonido discorde y extraño, semejante a un sollozo, y quedó mudo.

La multitud se agolpó a la escalera de la tribuna, hacia la que, arrancados de su éxtasis religioso, volvieron la mirada con ansiedad todos los fieles.

—¿Qué ha sucedido? ¿Qué pasa?—se decían unos a otros, y nadie sabía responder, y

todos se empeñaban en adivinarlo, y crecía la confusión, el alboroto comenzaba a subir de punto amenazando turbar el orden y el recogimiento propios de la iglesia.

—¿Qué ha sido eso?—preguntaban las damas al asistente, que, precedido de los ministriles, fue uno de los primeros en subir a la tribuna, y que pálido y con muestras de profundo pesar se dirigía al puesto en donde le esperaba el arzobispo, ansioso, como todos, por saber la causa de aquel desorden.

—¿Qué hay?

—Que maese Pérez acaba de morir.

En efecto, cuando los primeros fieles, después de atropellarse por la escalera, llegaron a la tribuna, vieron al pobre organista caído de boca sobre las teclas de su viejo instrumento, que aún vibraba sordamente, mientras su hija, arrodillada a sus pies, le llamaba en vano entre suspiros y sollozos.

(Gustavo Adolfo Bécquer: *Rimas y leyendas*)

参考译文

风琴师佩雷斯师傅（片段）

“佩雷斯师傅来了！……佩雷斯师傅来了！”

所有的人都顺着声音转过头，朝着挤在门口的那堆人望去。

佩雷斯师傅果真来到了教堂。他脸色苍白，表情紧张，坐在一张椅子上，大家都争先恐后地用自己的肩膀扛着他的座椅，因为这对他们而言是一种荣幸。

无论是医生的告诫，还是女儿的眼泪，都无法让佩雷斯师傅继续躺在病榻上。

他说：

“不行。这是我最后一次演奏了，我明白。我明白，所以我不愿意没看一眼我的管风琴就撒手而去。特别是在今夜，这是圣诞平安夜。我们走吧，我要这样做，我必须这样做。我们去教堂吧。”

他的愿望实现了。人们把他抬到祭坛旁，弥撒开始了。这时，大教堂的钟正好敲响了 12 点。

作为弥撒开始的导经结束了，作为仪式结尾的福音片段也诵完了，然后是圣餐礼赞。庄严的时刻到了：神父用手指拿起已祝圣的圣饼，高高举起。

一片浅蓝色的香雾在空中漂浮，弥漫在教堂里，小铃铛敲击出清澈悠扬的声音，此时，佩雷斯师傅把痉挛的手放在管风琴的琴键上。

风琴的上百根金属管发出恢弘而悠长的和声，然后又渐渐变弱，仿佛一阵风刮走了和声的袅袅余音。

对于这第一句和声——宛如从地面升入天堂的声音——应和而起的是一句来自远方的轻柔的乐声，它逐渐加强，越来越强，越来越强，最后汇成一片雷鸣般的谐音。

这是天使的歌唱，他们穿过云层降临人间。

接着，开始传出似乎是从远处飘来的赞美诗，那是天使中的炽天使们在唱。同时，响起成百上千支赞美诗，那些赞美诗融成一体。然而。这仅仅是伴奏，用来烘托出一支旋律，它仿佛从那片神秘的和声之海中浮现出来。

而后，一些声音慢慢消失了，接着其余的也烟消云散了。和声变得简洁明了，只剩下两个声部，其尾音相互交融，最后只余下一个孤独的乐声，它支撑着如同阳光般灿烂夺目的音符。神父垂下头，在他那披着白发的头上，仿佛透过一层蓝色的薄纱——那是熏香的烟雾——教徒们看见了圣体。这时，佩雷斯师傅弹奏出的奇妙的音乐向四周扩展，一声石破天惊的和声震动了教堂，教堂里各个角落都回响着冲击的声波，彩色玻璃门窗在窄框子里震颤。

组成这首美妙乐曲的每一个音符都发展成一个主旋律，有的近，有的远，有的明快，有的低沉，表现出水流、小鸟、轻风、树木、人类与天使、尘寰与天堂，这一切都用各自的语言歌颂着救世主的降临。

人们呆呆地，屏息敛神地倾听。所有的人都眼含热泪，所有人的灵魂都在做着深深的默祷。

主持仪式的神父感到双手在颤抖，因为他就在自己的手上升起，凡人与天使们都在向他鞠躬致礼，他，就是他们的上帝，他们的上帝，神父觉得似乎天堂的门打开了，而耶稣的肉体变成了圣饼。

风琴仍在响，但是琴声一点点减弱，犹如越传越远的回声，越来越远，越来越渺茫。突然，从祭坛上传来一声叫喊，一声撕心裂肺的尖利的叫喊，那是女人的喊声。

风琴发出一阵杂乱的奇怪音响，仿佛是呜咽，然后便沉寂了。

人群向祭坛前的台阶拥去，心中充满宗教感的狂喜被一扫而光。教徒们焦急地注视着台上。

“出什么事了？怎么了？”人们相互议论着，没人知道出了什么事。所有的人都急不可待地猜测着。教堂里混乱不堪，嘈杂声越来越响，教堂内特有的秩序眼看要乱了，默祷也无法进行了。

“出什么事了？”贵妇们向辅祭发问，他跟在法警们的后面，是最先登上台子的几个人中的一个。他脸色苍白，样子十分悲痛。他走到正在等着他的大主教面前，大主教也像其他人一样焦虑不安。

“怎么了？”

“佩雷斯师傅刚刚死去。”

果然，当第一批教徒登上台阶跑上台子时，看见可怜的风琴师脸朝下倒在他那台古旧的风琴的键盘上。而琴键还在颤抖，发出低沉的声响。他女儿跪在他脚旁，还在哀哀地呜咽着，徒劳地呼唤着父亲。（摘自 G.A.贝克尔，《诗歌 传说 故事》，朱凯 译）

点评：

贝克尔的语言风格在本文得到淋漓尽致的发挥。他运用了大量的形容词，译者必须找到相对应的汉语词汇,例如: majestuoso y prolongado—恢宏而悠长，una explosión de armonía gigante—石破天惊的和声，una nota brillante, como un hilo de luz—如同一缕阳光般灿烂夺目的音符等。他调动了各种各样的修辞手段，译者应该尽可能地予以保留。例如，当一曲终了，而风琴师的生命也将耗尽时，琴声越来越弱，作者用了 apagarse, alejarse, debilitarse, perderse 等一系列意思比较相近的动词来表达，译者也必须采用不同的词来加以对应。

10.4.3　诗歌

诗歌因其特殊性，在翻译上有较大的难度，所以不是本科生翻译教程的重点。下面仅举一首西班牙浪漫主义诗人贝克尔（Gustavo Adolfo Bécquer, 1836—1870）的诗作及其译文为例，学生们可以从中发现诗的韵律、格式、音乐感、审美特点在译文中的体现。

Rimas

V

(Framento)

Espíritu sin nombre,
indefinible esencia,
yo vivo con la vida
sin forma de la idea.

Yo nado en el vacío,
del sol tiemblo en la hoguera,
palpito entre las sombras
y floto con las nieblas.

Yo soy el flaco de oro
de la lejana estrella;
yo soy de la alata luna
la luz tibia y serena.

Yo soy la ardiente nube
que en el ocaso ondea;
yo soy del astro errante
la luminosa estrella.

Yo soy nieve en las cumbres,
soy fuego en las arenas,
azul onda en los mares
y espuma en las riberas.

En el laúd soy nota,
perfume en la violeta,
fugaz llama en las tumbas,
y en las ruinas hiedra.

Yo atrueno en el torrente,
y silbo en la centella,
y ciego en el relámpago,
y rujo en la tormenta.

Yo río en los alcores,
susurro en la alata hierba,
suspiro en la onda pura
y lloro en la hoja seca.
...

译文：
象无名无姓的精神，

象无形无状的元素，
我与生命同在，
却无思想形态。

我在空间遨游，
我在太阳的炉火中颤抖，
我在阴影里跳跃，
我在雾霭中漂流。

我是金色的流光，
来自遥远的星辰。
我是高悬的月亮，
洒下柔静的光芒。

我是燃烧的云彩，
在夕照光中翻飞。
我是熠熠的流星，
拖着闪闪的光尾。

我是山巅上的雪，
我是沙漠里的火，
我是海上的碧波，
我是岸边的飞沫。

我是诗琴上的音符，
我是紫堇上的芳泽，
我是古墟上的野藤，
我是荒坟上的鬼火。

我在火光中长啸，
我在激流中呐喊，
我在暴风中狂呼，
我在闪电中愤然。

我在山丘上大笑，
我在草莽间低语，
我在雪浪上忧叹，
我在枯叶上哭泣。
……

（摘自 G·A·贝克尔，《诗歌 传说 故事》，朱凯 译）

课上练习：下面是一首脍炙人口的何塞·马蒂（1853—1895）的名作，诗风淳朴，韵味悠长，被翻译成多种文字，在我国也有不同的汉译版本。同学们不妨大胆尝试，以自己的理解去重译此诗的片段。

Yo soy un hombre sincero
de donde crece la palma,
y antes de morirme quiero
echar mis versos del alma.

Yo vengo de todas partes,
y hacia todas partes voy:
arte soy entre las artes,
en los montes, monte soy.

Yo sé los nombres extraños
de las yerbas y las flores,
y de mortales engaños,
y de sublimes dolores.

Yo he visto en la noche oscura
llover sobre mi cabeza
los rayos de lumbre pura
de la divina belleza.

/.../

(José Martí; *Versos sencillos*)

翻译练习 9

I. 政论类

1. Con la intervención de predios ociosos destinados a campesinos pobres, Chávez afirma que cumplirá uno de los máximos anhelos de equidad bolivariana. “La nueva Ley de Tierra y Desarrollo Rural sí va a ser una verdadera ley para generar justicia, para transformar la realidad de Venezuela, para transformar unos de los aspectos que más pesan, que más han pesado en el subdesarrollo venezolano y en el grado de desigualdad tan grande que tenemos”, subrayó el mandatario.
2. Para nadie es un misterio que Chile nunca ha apostado con firmeza a la consolidación del bloque sudamericano, priorizando con frecuencia las relaciones bilaterales, particularmente con los Estados Unidos. La misma certeza podría plantearse respecto de Colombia, cuya constante lucha contra el narcotráfico le ha impedido desmarcarse de la omnipresente influencia norteamericana. Y más recientemente es algo que también podría afirmarse de Perú, país que con Alan García a la cabeza, intenta imponer una nueva estrategia de política exterior, muy cercana a la de “regionalismo abierto” que ha caracterizado a los gobiernos de la Concertación en Chile.
3. ¿Qué significa Martí para los cubanos?

   Para nosotros los cubanos, Martí es la idea del bien que él describió.

   Fue un hombre verdaderamente extraordinario y excepcional. Hijo de militar, nacido en un hogar de padre y madre españoles, deriva en profeta y forjador de la independencia de la tierra que lo vio nacer; intelectual y poeta, siendo un adolescente al iniciarse la primera gran contienda, fue capaz más tarde de conquistar el corazón, el respeto, la adhesión y el acatamiento de viejos y experimentados jefes militares que se llenaron de gloria en aquella guerra. (*Granma Internacional*, 03-2-08)
4. La cumbre de Sauípe ha puesto de manifiesto que, pese a las dificultades de integración, ese proceso es una de las herramientas al alcance de los Gobiernos para hacer frente a la profunda crisis económica. Uno de los mecanismos más mencionados fue la creación de una unidad de cuenta latinoamericana que permita el comercio intrarregional sin pasar por el dólar ni el euro, un sistema que ya han puesto en marcha Brasil y Argentina.Otro éxito de la reunión clausurada ayer es la definitiva recuperación de Cuba como miembro del

Grupo de Río y de cualquier foro exclusivamente latinoamericano que se pueda convocar. El protagonismo de América Latina en el futuro de la isla se traducirá en el primer semestre de 2010, en una larga lista de visitas de jefes de Estado a la isla.

5. Cada vez son menos los soldados dispuestos a disparar y ahogar en sangre a sus propios compatriotas. El mundo no puede ser gobernado con un soldado extranjero portando fusil, casco y bayoneta en cada fábrica, en cada escuela, en cada parque, en cada comunidad grande o pequeña.

   Un número creciente de intelectuales, trabajadores instruidos, profesionales y miembros de las capas medias de los países desarrollados se suman a la lucha por salvar a la humanidad de guerras implacables contra los pueblos y contra la naturaleza.

   A lo largo de la historia ha quedado demostrado que de las grandes crisis han salido las grandes soluciones, y en ellas y de ellas han surgido los líderes.(Ibid)

6. "Por quinta vez en los 25 años de democracia constitucional el Partido Socialista ha recibido el encargo mayoritario de los españoles para formar Gobierno. Esta decisión ha sido la expresión de un deseo colectivo imparable: la voluntad de cambio.

   Sé que esa voluntad expresada por los electores encierra una fuerte dosis de esperanza: la de lograr una España mejor, que el Partido Socialista prometió en la campaña electoral. Los ciudadanos nos exigen a los políticos que seamos fieles a nuestras promesas. Haré honor a la palabra dada.

   Quiero también mantener un estilo de gobierno que responda a las expectativas de cercanía, proximidad y participación que han manifestado quienes, saliendo de la desesperanza en la política, han acudido a votar en estas elecciones. Esto exige una acción de gobierno en la que nadie se sienta excluido. Será un Gobierno, pues, que escuche las voces y las críticas por fuertes que éstas sean."

(José Luis Rodríguez Zapatero)

II. 新闻类

1. **Cuba-Venezuela**

Crearán doce nuevas empresas mixtas

Por Carlos Castañeda

Enviado de Granma internacional

Caracas, 6 de febrero

El mandatario venezolano Hugo Chávez y el vicepresidente cubano Carlos Lage presidieron en Caracas la firma de 16 nuevos acuerdos en los sectores de transporte, comunicación, finanzas, agricultura, minería, industria química, turismo y energía.

Entre los documentos estuvieron aquellos que promueven la creación de doce nuevas empresas mixtas entre ambos países.

Durante la ceremonia, tanto Chávez como Lage destacaron el valor que otorgan a la unión cubano-venezolana en el contexto de un proceso, que se extiende por Latinoamérica y que ya está representado por el ALBA (la Alternativa Bolivariana para las Américas).

Para Chávez, "el ALBA sigue avanzando, el ALBA sigue concretándose, profundizándose, mientras del ALCA (el proyecto anexionista propuesto por EE UU) ya nadie habla. Del ALBA y de los mecanismos y procesos de integración alternativos no sólo es que se habla y se hablará cada día con más profusión, con más intensidad, sino que estos mecanismos irán concretándose de manera progresiva, de manera creciente a medida que pasen estos días, a medida que pasen estos meses, a medida que pasen estos años".

Ese programa integracionista está formado actualmente por Bolivia, Cuba y Venezuela y ya anunciaron que se unen como miembros Nicaragua y Ecuador.

2. 人物专访

Henry Kissinger
Nacido para escribir la historia

Un día Henry Kissinger, que fue secretario de Estado en la Administración de dos presidentes norteamericanos, Nixon y Ford, aseguró a un periodista que él "había nacido para escribir la historia". Después de su paso por ambos períodos de haber medido el mundo varias veces con sus propios zapatos, a todos nos consta que Kissinger, nació, en efecto, para escribir la historia. Una historia, la nuestra, heredera todavía de aquel vertiginoso ritmo que, entre viajes y negociaciones, imprimió el Dr. K. a la diplomacia de aquellos años en que se habló de él con justicia como del "gran dueño del mundo"

—Después de haber dirigido durante años el destino del mundo,¿cómo se siente al verse transformado en un espectador?

—La política americana no depende de los individuos, sino de los principios. Yo he servido a mi país durante ocho años y me parece normal que otras personas me sustituyan. Una política seria y difícil no debe estar dirigida siempre por la misma persona. Lo que importa es la continuidad en lo esencial. Como espectador, también participo muy activamente y deseo el mayor éxito a mis sucesores.

—Vivimos una época de conflictos acumulados. ¿Cree usted que algunos de éllos son consecuencia de la política que usted realizara desde la Casa Blanca?

—Toda política tiene su origen en un pasado más o menos distante. (...)

—La política del presidente Carter ha supuesto un cambio drástico en relación con la realizada anteriormente por usted.¿Puede haber influido ese cambio en el equilibrio estratégico?

—Ante todo, hay que distinguir la diferencia existente entre la retórica de las campañas electorales y la pura realidad. Todo nuevo presidente quiere dar la impresión de que la Historia comenzó el día en que tomó posesión. Y así Carter traía de su campaña unos planteamientos distintos a los nuestros. Pero hay una gama de circunstancias objetivas que limitan el campo de elección de todo presidente, y según iba desarrollándose la política por presión de la necesidad real, las tendencias fundamentales de nuestra política afloraron de nuevo y Carter averiguó, como nosotros habíamos averiguado, que si no se hace frente al reto oriental se provoca una creciente inseguridad gravemente peligrosa para todos los pueblos libres.

...

(Joaquín Soler Serrano: *Personajes a fondo—Conversaciones con grandes figuras de nuestro tiempo*)

注释：作者是西班牙一位资深记者，本文摘自他的重要采访记述文集。

III. 经贸类

1. Para Brasil fue muy importante que el Banco del Sur se definiese como banco de desarrollo, sin facultades como las que tiene el Fondo Monetario Internacional (FMI), que cuando otorga un crédito sustancial también se convierte en un vigilante de la ortodoxia financiera del deudor. Añadido a esto, el Gobierno brasileño discutió hasta el último momento el reparto de poderes del consejo del banco.
2. Cuba, conocida como la azucarera del mundo, acumula siglos de experiencia en la siembra, cultivo, cosecha y proceso industrial de la caña de azúcar. De ahí que las ofertas de Tecnoazucar despertarán interés en los que buscan ampliar sus negocios en esta industria. Fundada la compañía en 1965 – y desde entonces en constante expansión- la planta cumple

las dos divisas esénciales de una empresa productiva: incorporar sistemáticamente los últimos avances tecnológicos y contar con una fuerza de trabajo eficiente y competitivo.

3. La Unión de Confecciones Textiles, integrada por 190 fábricas con tecnología y equipamiento avanzado, y capacidad de producción de 9 millones de prendas, demanda el aporte de un socio extranjero para obtener financiamiento, insumos materiales y mercado. La exportación de camisas, pantalones, blusas, vestidos, guayaberas, pijamas y mantelería, es el objetivo de la Unión.
4. La Representación Comercial de su país en México D.F. nos ha facilitado la dirección de su firma por lo cual estamos agrdecidos. Les rogamos enviarnos un catálogo general y la lista correspondiente de precios C&F. Acapulco de los artículos de su producción.
5. Adjunto les enviamos una lista de precios de nuestro surtido, pero debemos señalarles que éstos sólo tienen validez para una adquisición de 500 unidades de cada artículo. No podemos aceptar pedido por cantidades menores tanto por razones de costo de producción como por el tipo de embalaje que empleamos.
6. Forma de pago: El pago debe hacerse en euro mediante una carta de crédito irrevocable a favor nuestro y sobre un banco de Barcelona. Nosotros podríamos proporcionarle la informaicón y documentación necesaria.
7. Tiempo de entrega: Después de recibir la notificación de Carta de Crédito, el embarque se hará en forma inmediata. Sugerimos que por lo menos 15 días antes de la operación comercial se nos notifique para hacer los trámites de solicitud de exportación.
8. Según lo acordado en las conversaciones amistosas entre los representantes del Gobierno de la República de Cuba y del Gobierno de la República Popular China, el Ministerio de Agricultura de Cuba, que se denomina en adelante el Vendedor, y la Corporación Nacional de China para la Importación y Exportación de Cereales, Aceite y Alimentos, que se denomina en adelante el Comprador, conforme a los principios de igualdad y beneficio mutuo y luego de negociaciones amistosas, acuerdan celebrar el presente Contrato, por el cual ambas Partes convienen en que el Vendedor se compromete a vender y el Comprador se compromete a comprar las mercancías abajo mencionadas, de conformidad con los términos y condiciones que se estipulan a continuación. /.../
9. Si surgen diferencias entre el Vendedor y el Comprador, éstas deberán ser resueltas mediante consultas amistosas. Además, las Partes se reconocen mutuamente el derecho de efectuar reclamos y solicitar las compensaciones a que hubiese lugar, por el incumplimiento de cualquiera de las cláusulas del presente Contrato que sea imputable al

Comprador o al Vendedor.

10. Durante un decenio, quizá dos, pesó, duramente sobre las economías de los países latinoamericanos la deuda externa. Juntos caminaron durante largo tiempo procesos inseparables como inflación y deuda externa. No todo fue culpa de los consejeros del Fondo Monetario Internacional (FMI), el Banco Mundial y la banca privada. También la hubo de los que, recibiendo dólares en abundancia por cuenta de sus exportaciones petroleras como México y Venezuela o de la llamada *bonanza cafetera* en el caso brasileño, se sintieron nadando en un mar de riquezas y empezaron a adquirir deudas no comparables con su crecimiento económico y su capacidad exportadora. Vino entonces el viacrucis del pago de esa deuda, de sus intereses y las múltiples refinanciaciones, con condiciones cada vez más pesadas para los pueblos latinoamericanos.
11. En la actualidad se compite básicamente por la obtención de capitales, tecnologías y mercados. Las confrontaciones ideológicas, antes sustantivas, son ahora menos evidentes. Hoy, el elemento fundamental para la viabilidad económica de los países es su capacidad para vincularse al proceso globalizador. La zona de libre comercio entre México, Canadá y Estados Unidos deberá ofrecer mejores condiciones para competir por los tres componentes señalados.

    El giro que México emprendió en años recientes lo han insertado en las grandes transformaciones políticas y económicas del mundo actual. La apertura es evidente: se redujeron aranceles y eliminaron los permisos de importación, se simplificaron trámites administrativos y se alentó la inversión extranjera. En fin, el país ha experimentado un profundo proceso de cambio.
12. Los analistas creen que la situación actual de Centroamérica se caracteriza por los siguientes elementos negativos:
    a. Crecimiento significativo de la inflación.
    b. Un grave deterioro de los salarios reales.
    c. Una situación inestable en el mercado cambiario.
    d. Inestabilidad de los mercados de dinero y capitales, que se traduce en fluctuaciones erraticas del índice de cotizaciones de la Bolsa de Valores y en alzas de las tasas de interés.
    e. Una gran incertidumbre en las perspectivas de la economía internacional que pueden afectar los precios de las materias primas que exportamos y encarecer el servicio de la deuda exterior.
13. Se puede ver que el superávit comercial en los últimos años ha sido logrado a costa de la

recesión industrial y de la disminución de las importaciones. Si no mejoran las condiciones comerciales internacionales, México no podrá tener un crecimiento económico sostenido. Por eso, ajustar las relaciones Norte-Sur, compartir la responsabilidad entre los países deudores y acreedores, resolver de manera justa el problema de la deuda, destruir las barreras aduaneras y no aduaneras y cambiar el injusto orden económico internacional constituyen la salida fundamental de México y de otros países deudores latinoamericanos para lograr una recuperación de su economía.

Al mismo tiempo, debemos ver también que los esfuerzos hechos por México en los últimos cinco años por salir de la crisis, recuperar y desarrollo su economía ya han dado algunos resultados.

14. Tradicionalmente el balance de los beneficios y costos de la IED (Inversión Extranjera Directa) ha sido objeto de grandes controversias. Por un lado, los partidarios de ella le atribuyen méritos porque transfiere tecnología a los países receptores, incrementa el comercio, da puestos de trabajo y acelera el desarrollo económico. Por otro, sus detractores la culpan de originar problemas de balanza de pagos, permitir la explotación del mercado del país receptor y reducir la capacidad de éste para administrar su economía. Si bien en los últimos años el debate se ha decantado cada vez más a favor de los méritos de la IED, al multiplicarse los países con estrategias de desarrollo basadas en una mayor integración en el mercado mundial, las críticas se mantienen vivas.

    La esencia del argumento de que una entrada de capital beneficia al país receptor es que el aumento de sus ingresos por la inversión supera al incremento de los ingresos del inversionista.

15. El presidente de la Reserva Federal, Alan Greenspan, repitió incesantemente a finales de los noventa que sólo puede saberse a ciencia cierta que existe una burbuja ¨en el momento en el que explota.¨Aquella burbuja, que tuvo como protagonistas a las empresas de internet, se desinfló de golpe en la primavera de 2000. Y los índices de Wall Street todavía no han logrado recuperar el nivel que alcanzaron entonces. Pasados muchos años, la burbuja que más preocupa es la inmobiliaria. Y España es uno de los países en los que más y a mayor ritmo han subido los precios de las casas en los últimos años.

IV. 文学类

1. Yo veo las llanuras dilatadas, inmensas, con una lejanía de cielo radiante y una línea azul, tenuemente azul, de una cordillera de montañas. Nada turba el silencio de la llanada, tal vez

en el horizonte aparece un pueblecillo, con su campanario, con sus techumbres pardas. Una columna de humo sube lentamente. En el campo se extienden, en un anchuroso mosaico, los cuadros de trigales, de barbechos, de eriazo. En la calma profunda del aire revolotea una picaza, que luego se abate sobre un montoncillo de piedras, un majano, y salta de él para revolotear luego otro poco. Un camino, tortuoso y estrecho, se aleja serpenteando, tal vez las matricarias inclinan en los bordes sus botones de oro.

—Azorín: *La poesía de Castilla*

2. Nos hallamos en el corazón del desierto de Atacama.
   Por todas partes hay arena y más arena que se reemplaza a trechos por manchas pedregosas. Durante el día el sol abrasador: un viento cálido arrastra nubes de finísima arena que entra a los ojos, los oídos, las narices y la boca del viajero. No se ve un árbol que brinde la pompa de su follaje. Ni un rancho, ni un animal, animan con una impresión de vida la soledad. Después de la puesta del sol todo este panorama cambia. El viento calla, la arena descansa para seguir con redoblada intensidad a la mañana sigueinte. Con las últimas claridades crepusculares, los cerros cercanos y las montañas nevadas de la frontera boliviana se destacan en el gris acerado del cielo que, por instantes, cambia de matices desde el azul marino y el púrpura hasta el negro amoratado donde surgen las siluetas de cordilleras.

   —Ricardo A. Latcham: *Atacama*

3. El español suele ser un buen hombre, generalmente inclinado a la piedad. Las prácticas crueles –a pesar de nuestra afición a los toros—no tendrán nunca buena opinión en España. En cambio, nos falta respeto, simpatía y, sobre todo, complacencia en el éxito ajeno. Si veis que un torero ejecuta en el ruedo una faena impecable y que la plaza entera bate palmas estrepitosamente, aguardad un poco. Cuando el silencio se haya restablecido, veréis indefectiblemente un hombre que se levanta, se lleva dos dedos a la boca, y silba con toda la fuerza de sus pulmones. No creáis que ese hombre silba al torero –probablemente él lo aplaudió también—: silba al aplauso.
   ... "Nadie es más que nadie", como se dice por tierras de Castilla.

   (Antonio Machado)

4. En las fiestas—nacionales, locales, gremiales o familiares—el mexicano se abre al exterior.

Todas ellas le dan ocasión de revelarse y dialogar con la divinidad, la patria, los amigos o los parientes. Durante esos días el silencioso mexicano silba, grita, canta, arroja petardos, descarga su pistola en el aire. Descarga su alma. Y su grito, como los cohetes que tanto nos gustan, sube al cielo, estalla en una explosión verde, roja, azul y blanca y cae vertiginoso dejando un caudal de chispas doradas. La noche se puebla de canciones y aullidos. Los enamorados despiertan con orquestas a las muchachas. Brotan las guitarras. En ocasiones, es cierto, la alegría acaba mal: hay riñas, injurias, balazos, cuchilladas. Todos están poseídos por la violencia y el frenesí. También eso forma parte de la fiesta. México está de fiesta.

(Octavio Paz)

5. He entrado en la Catedral y he recorrido las vastas naves. La Catedral de Sevilla es un mundo; existen en ella multitud de capillas, de sacristías, de patios. Yo diría ahora la atracción profunda de estas capillas apartadas, casi ignoradas, que el público de forasteros apenas frecuenta. Hay en las catedrales españolas unas capillas sin riquezas artísticas, pobres, casi desnudas, que parece que tienen un atractivo mayor que las opulentas y lujosas. No se puede ver nada en ellas; en sus paredes no cuelga sino algún cuadro insignificante;las cierra una verja vulgar. Y, sin embargo,¡qué misterio,qué encanto,qué atracción poderosa hay en estas capillas pobres, ignoradas, apartadas,sólo frecuentadas por alguna viejecita que ora en un rincón, solitaria, inmóvil!

(Azorín: *España*)

6. ...Por la mañana, el viejo vapor se acerca un poquitín cansado a la costa.
Los pinares se asoman a las doradas eminencias de los montes, como si se hubiesen subido solo por ver los viajeros. El sol los traspasa y calienta gozosamente. En las laderas se descubre, a retazos, la carne viva de la rojiza tierra labrada.
Y aparece Peñíscola, abrupta y gentil; resplandecen sus casas como vestiduras inmaculadas de doncellas. En el mar, silencioso, liso y azul, se copia toda la diminuta península. Sobre las ruinas del Castillo vuela una gaviota.
Peñíscola se funde, se esfuma de bajo de un oro ardiente y brumoso; su blanca silueta recuerda los palacios de encantamiento.
Entre tanto, se va ofreciendo el pueblo de Vinaroz.

(Gabriel Miró: *Libro de Sigüenza,*p.62)

7. ¿Es que la idea de dicha es una idea de propiedad? Parece que sí; de propiedad, no de propietario. Las manos, todas las manos, las tiernas, las blancas y pulidas, las cortezas, las fuertes, las seniles, tienden a coger: el alma a tener, a poseer. No ha de agarrar. Agarran los amos que no son más que eso: amos, amos de dineros, de haciendas, de insignias, de heroicidades, de amor, de vidas. Y éstos son los que menos poseen: son propietarios.

作品选录与点评

朱军摄

1. 文学

La ajorca de oro

(Fragmento)

¡La catedral de Toledo! Figuraos un bosque de giganates palmeras de granito que al entrelazar sus ramas forman una bóveda colosal y magnífica, bajo la que se guarece y vive, con la vida que le ha prestado el genio, toda una creación de seres imaginarios y reales.

Figuraos un caos incomprensible de sombra y luz, en donde se mezclan y confunden con las tinieblas de las naves los rayos de colores de las ojivas; donde lucha y se pierde con la oscuridad del santuario el fulgor de las lámparas.

Figuraos un mundo de piedra, inmenso como el espíritu de nuestra religión, sombrío como sus tradiciones, enigmático como sus parábolas, y todavía no tendréis una idea remota de ese eterno monumento del entusiasmo y la fe de nuestros mayores, sobre el que los siglos han derramado a porfía el tesoro de sus creencias, de su inspiración y de sus artes.

En su seno viven el silencio, la majestad, la poesía del misticismo y un santo horror que defiende sus umbrales contra los pensamientos mundanos y las mezquinas pasiones de la tierra.

La consunción material se alivia respirando el aire puro de las montañas, el ateísmo debe curarse respirando su atmósfera de fe.

Pero si grande, si imponente se presenta la catedral a nuestros ojos a cualquiera hora que se penetra en su recinto misterioso y sagrado, nunca produce una impresión tan profunda como en los días en que despliega todas las galas de su pompa religiosa, en que sus tabernáculos se cubren de oro y pedrería; sus gradas, de alfombras, y sus pilares de tapices.

Entonces, cuando arden despidiendo un torrente de luz sus mil lámparas de plata; cuando flota en el aire una nube de incienso, y las voces del coro y la armonía de los órganos y las campanas de la torre estremecen el edificio desde sus cimientos más profundos hasta las más altas agujas que lo coronan; entonces es cuando se comprende, al sentirla, la tremenda majestad de Dios que vive en él, y lo anima con su soplo y lo llena con el reflejo de su omnipotencia.

(Gustavo Adolfo Bécquer, p.99)

译文：托莱多大教堂！请想象一下：一座用花岗岩雕成的高大棕榈树的森林，树枝交织在一起，形成一个巨大宏伟的拱顶。在拱顶下面，是那些栩栩如生的神祇灵怪和真实人物形象的绝妙创作，这些创作被天才之手赋予了生命。

请想象一下：一片阴影与光的不可思议的混合，中殿的黑暗与尖形穹窿的彩色光线相交错，耀眼的灯光与圣殿的幽暗在争斗，最终被幽暗吞没。

请想象一下：那是个石头的世界，宏大无边，如同我们的宗教信仰；阴暗沉郁，如同宗教传统；玄妙神奇，如同那些宗教故事。也许，您大致认识了这座标志着我们祖先的热情与信仰的永恒不朽的建筑，它堆积着几个世纪由信仰、灵感和艺术凝结成的奇珍异宝。

在这座大教堂的怀抱里，栖息着寂静、庄严、神秘主义的诗意和神圣的畏惧感，它抗击着世俗思想和人世间的卑琐诱惑一保守这块疆域。呼吸到这里纯净的山间空气，物质享受的匮乏会因此而被忽略；呼吸到这里虔诚信仰的气氛，无神论也会改变信仰。

尽管在任何时候走进这座神秘而圣洁的大殿，它在我们眼前都是那么伟大而壮观，但是只有在某些日子里，它才会给我们留下更加深刻的印象。在那些时候，大教堂展示出它所有的宗教豪华场面，圣龛上披金镶宝，台阶上铺满地毯，柱子上蒙上挂毯。

那时，当点燃的上千支银灯倾泻出瀑布般的光芒时，当空中香雾缭绕，唱诗班的歌声和管风琴的和声以及钟楼上敲响的钟声震动了这座大教堂，声音从最深的地基响彻最高的尖顶时，就会感受到上帝的无上威严，在那一时刻，就会懂得，上帝就在那里，用他的启示支撑着大教堂，用他至高无上的权力的余泽赋予它神圣、辉煌。

点评： G.A.贝克尔是西班牙19世纪著名的诗人、散文家、小说家。作为西班牙浪漫主义文学的杰出代表，他的作品在文学史上留下了深深的印记，一些脍炙人口的名篇得到广泛的传播，是大学文学教程中不可缺少的教材。其影响延续至今，而且早已突破西班牙语世界的范围。在20世纪，贝克尔的作品选集就已多次被翻译成中文并出版，得到相当的好评。

本篇选自《诗歌和传说》（*Rimas y leyendas*）中的《金手镯》（*La ahorca de oro*），这个短篇来自于一个传说，故事情节离奇，极富戏剧性，人物性格鲜明，语言体现了浓烈的浪漫主义色彩，极有个性，饱含激情，丰富的语汇构建了如诗如画的场景。

在翻译时，必须考虑到上述特点，译者要尽量把原文的味道和色彩，内涵和形式，都原原本本地转换成中文。很难，很复杂，但是不是做不到。在准确理解作者的文风（包括修辞风格）、原文的背景、原文的内容的基础上，熟悉其语言，用基本符合浪漫主义风格的语汇和规范的句子结构来予以转换，能够达到较理想的效果。译文的难点之一是如何把贝克尔精准而传神的词语转换成相应的汉语。

2. 政论

¿Qué es una monarquía democrática?

(Fragmento)

Jorge V comentó en cierta ocasión a su consejero Lord Esher:“Si la doctrina constitucional de la responsabilidad ministerial significa algo, es que impone al rey la obligación de firmar su propia sentencia de muerte, en el caso de que le sea presentada por un ministro a la cabeza de una mayoría parlamentaria. Si este principio fundamental se falsea, el fin de la Monarquí surge en el horizonte.”

El artículo primero de nuestra Constitución define la forma política del Estado español como “Monarquía parlamentaria.” Todos los especialistas en derecho comparado han coincidido en subrayar la modernidad de esta expresión. Nunca hasta ahora se había adjetivado así a la Monarquía. En diversas Cartas Magnas queda etiquetada como “hereditaria” o como “constitucional,” pero no como “parlamentaria”.

La intención del legislador fue sencilla y patente. En su estudio pormenorizado de la Constitución, José Beomonte explica que "puede ser válida la acepción de Monarquía parlamentaria porque en las actuales monarquías democráticas la base del poder del Estado no reside en la institución monárquica, sino en el de las Cortes Generales."

Más allá de la dialéctica sobre si en España ha tenido lugar una reforma o una ruptura, es evidente que se ha producido un cambio de régimen político. La Constitución de 1978 es el quicio fundamental de ese cambio, decisivamente impulsado hasta entonces por el rey don Juan Carlos.

/.../

Al analizar la evolución de los sistemas políticos contemporáneos, Karl Lowenstein advierte con toda crudeza del restringido papel que el parlamentarismo otorga al jefe del Estado:"La participación del jefe o presidente del Estado en el proceso político queda limitado a funciones puramente ceremoniales, simbólicas o representativas. Solamente le ha quedado la facultad de elegir al primer ministro, pero esta elección está a su vez condicionada y limitada por la existente constelación de los partidos."

Pero el hecho de que el rey carezca de poder ejecutivo, no significa que cumpla un papel meramente ornamental. El propio tratadista alemán añade que, sin embargo, "la influencia moral que un monarca o presidente del Estado con experiencia ejerce sobre el Gobierno puede ser fuertemente una fuerza tan persuasiva que, de hecho, puede llegar a constituirse en un control inorgánico, aunque no lo sea en sentido jurídico."

La primera conclusión que en definitiva se extrae de esta ambivalencia–un rey poco poderoso, pero un rey muy influyente—es la enorme importancia que adquieren las características personales del titular de la Corona, en un momento en el que sus actos pueden quedar como referencia que condicionará el comportamiento de aquellos de sus sucesores que deban actuar en el mismo marco constitucional. En pocas ocasiones como en el primer lustro del reinado de don Juan Carlos queda tan vigente la idea de "hacer camino al andar."

(José Oneto y otros,***Todo un Rey,*** p.205－206)

译文：

什么是民主君主制？（片段）

乔治五世有一次对他的顾问埃舍爵士说："如果宪法理论关于大臣的职责的说法有某种含义的话，那就是当一位大臣代表议会多数议员把对国王的死刑判决书呈交给国王时，宪法会迫使国王在自己的判决书上签字。如果这项基本原则被篡改，那么君主制的末日也就为时不远了。”

我们宪法的第一条规定，西班牙国家的政治形式是“议会君主制。”所有的比较法专家都一致强调了这种表述的现代性特点。迄今为止，还从来没有对君主制加上这样的修饰词。在各国的宪法中，君主制被标上“世袭的”或者是“立宪的”等字样，但是没有“议会君主制”的说法。

立法者的意图简单而明确。J·贝尔蒙特在对宪法所做的详尽研究中，指出“议会君主制的词义可以成立，因为在目前的民主君主制国家中，国家政权的基础并不是君主制政体，而是议会。”

关于在西班牙到底是发生了一场改良还是发生了决裂，这样的争论姑且不说，明显的是在政治体制方面确实发生了变革。在当时，国王堂胡安·卡洛斯坚决推行了这一变革，而1978年宪法正是这种变革的枢纽。

/……/

在分析现代政治制度的演变时，卡尔·洛文斯坦直截了当地指出，议会制赋予国家元首的作用是极其有限的。他说：“国家元首或者总统对政治活动的参与被局限在纯粹的礼仪性、象征性和代表性的工作中，给他留下的仅仅是挑选总理的权力。但是由于各派政党的存在，这种选择权从其本身来看是有条件的和被限定的。”

然而国王缺少行政权力这一事实并不意味着他只起一种地地道道的装饰作用。这位德国专著作家补充道，“一位君主或者资深的国家元首对政府所施加的道义上的影响，通常可以成为一种令人心悦诚服的力量。这种力量尽管在法律上并无实效，但是却在事实上能起到职能机构所起不到的控制作用。（起到非组织性控制的作用）”

国王的权力很小但是影响力极大——从这种两重性上引出的首要结论是：当君主的一举一动能够成为一种尺度，用以限定那些将在同一宪法框架下活动的王朝继承人的行为时，君主的个人品行便具有重大意义。只有在少数情况下，比如象堂胡安·卡洛斯执政的头五年中，“边摸索边前进”的想法才能行之有效。

注释：

乔治五世（1865—1936），英国国王。

点评：本篇文章选自《西班牙国王胡安·卡洛斯一世》（何塞·奥内托等著），内容是以西班牙的议会君主制为出发点，介绍和评论现代社会的民主君主制。作者是几位西班牙资深记者和政治评论员，他们都多年随同国王夫妇出访，专攻西班牙民主君主制在理论上的特点和社会实践上的成效。

翻译这篇文章首先要了解西班牙议会君主制的概念以及产生的历史背景，尤其要知道议会君主制是在佛朗哥独裁统治长达近 40 年之后历经艰难才诞生的民主体制，非如此，很难把“reforma”（改良）和“cambio”（变革）加以区分。

原文作者的语言严谨，用词准确，风格简约，翻译时应尽量予以体现。

附录：翻译练习参考答案

一、翻译练习 1 的参考答案

I.

1.（西班牙）议会—全国人民代表大会

2. 犹大—叛徒

3. 鸵鸟政策—回避现实

4. 金领—职场高薪阶层

5. 绿领—与环保有关的职业

6. 遭遇滑铁卢—失败

7. 阿碚留斯的脚跟（阿碚留斯之踵）—致命弱点

8. 联邦区—首都（墨西哥）

9. 游乐场

10.（美国）国务卿

11.（美国）国务院

12. 目击证人

13. 不可抗拒力

14. 滥用权力

II.

1. 霍苏埃声明："我——一个曾经接受过国际和平奖的人——认为，对于拉丁美洲来说，不幸的是除了暴力手段别无其他的解决办法。"

2. 在 11 月 9 日至 11 日于智利圣地亚哥举行的第 17 届伊比利亚美洲峰会上。西班牙国王说的那句话不断被人们谈论。人们给这句话譜上曲，还把它做成深受喜爱的手机彩铃，这是最终得到普遍认可的一个准确无误的证明。"你还不闭嘴？"，这句话在国际上引起轰动，还有可能变成天才导演阿尔莫多瓦的影片的片名。

3. 伊拉克的马利基政府承诺，无论是石油法还是经济改革，都将严格遵循公平参与的原则，即各民族、各宗教派别和全国各省，都可以从丰厚的石油利润中获利。而处于少数地位的逊尼派声称，他们被排斥在外了。

4. 我走过了那座小石桥，桥的另一端有四名穿着咔叽布的作战服，头戴蓝色贝雷帽的王家卫队的士兵，他们通过步话机大概知道了我的到来，全体立正，让我通行。从那里往上是一道萦回起伏的高坡，一直通向王宫。

5. 我来到她在的地方，停住车。她那双眼睛引起了我的注意，又大又亮，目光柔和，但是很高傲，一眨不眨地凝视着我。我想："显然，我们俩之中，她占了上风。"

6. 中国瞄准了拉丁美洲，它利用自己在拉美日益增长的贸易和投资，在这一地区进行将人民币作为替代美元的新外汇的试验。但是目前人民币的使用规模有限，因此对拉美经济产生的影响还是未知数。

7. 从长远看，当前的改革将为消灭公共部门的财政赤字和改善国际收支状况创造条件。结构改革主要包括两个方面：一是改组公共部门，二是改革外贸体制。

二、翻译练习 2 的参考答案

I.

1. 2009 年大衰退
2. 减少二氧化碳的排放
3. 新兴经济体
4. 可再生能源
5. 与其跪着生，不如站着死
6. 必修课
7. 酸雨
8. 生物多样性公约
9. 河流污染
10. 气候变化框架公约
11. 欧洲复兴开放银行
12. 产业链
13. 特许商店
14. 拉美和加勒比经济委员会
15. 反通货膨胀措施
16. 世界知识产权组织
17. 不动产投资公司
18. 进球
19. 热点问题
20. 大棒加胡萝卜政策
21. 试管婴儿

22. 学龄儿童
23. 民事纠纷
24. 独联体
25. 代沟
26. 外汇储备
27. 外交豁免权
28. 稀土
29. 恶性循环
30. 特种部队
31. 在欧洲，大幅度缩减公共开支的策略，只会加重了经济危机，延长了衰退，加剧了贫困，甚至于还提高了老年人的死亡率。

II.

1. 荒年，饥馑时期
2. 购买力
3. 性骚扰
4. 男女平等
5. 计划生育
6. 今不如昔
7. 不入虎穴焉得虎子
8. 金钱万能
9. 誓死保卫祖国
10. 在拉美有 1 500 万街头流浪儿和 3 000 万童工。而最被遗忘的是印第安人，而由于对妇女的歧视，使得女孩，黑人女孩和印地安女孩的出生变得更加凄惨。
11. 节前，马德里老城区的街道都被清扫的干干净净。
12. 在这几年的工作中，我们的团队因为取得的成绩而收到了表扬，不过批评也在所难免。
13. 对巴塞罗那老城区的街道进行改造的目的，是把这些地方变得更加人性化，使行人和汽车并行不悖，互不干扰（主要是汽车不干扰行人）。这项改造计划得到了地方、地区和中央三级政府以及欧盟的资助。
14. 成王败寇
15. 突访

III. 参考译文：

受火山灰云团的干扰，本周六欧洲大多数主要机场关闭，在欧洲领空内至少有 16 000

个航班取消，上百万旅客滞留。欧洲航空安全组织在同一天发表公报说，火山烟尘形成的云团正继续向欧洲东南方向移动，在未来的 24 小时仍将对欧洲地区空中安全造成干扰。

该组织还表示，欧洲北部及中部多数国家的民用航空飞行暂停，但欧洲南部——包括西班牙、巴尔干半岛南部及意大利南部、保加利亚、希腊和土耳其在内——的航线和部分班机仍在开放使用。此外，挪威的火山喷发并没有趋缓的迹象，专家提醒其影响还将持续数周。

IV.

1. 拉丁美洲又闻到了火药味。美国这个北方强邻派军队入侵了一个小小的岛国：格林纳达。这并非第一次了。美国又把鼻子伸进了美洲的热锅里。这就是老大哥，这个超级警察。

2. 贝维尔是个小镇，坐落在一座小山的山坡上。山后面是巍然耸立的比利牛斯山，山峰陡峭，云遮雾障，如同一座庞大的花岗岩阶梯剧场的层层台阶。在一片青翠的平原上，散布着一些白色的房舍，从远处看去，仿佛是一群鸽子，它们从空中落下来，到河边饮水。

3. 眼前，仿佛天空上所有的光芒都倾洒到地面上，给教堂、修道院的大门和竖立在石板广场上的被侵蚀的石头十字架都镀上一层金光。

从那里可以看到宽阔的河谷，在夕阳下泛出金色，静静地仿佛入睡了。

左面是一座拔地而起的土褐色的山，一条隐隐约约的山径从下至上，顽强而艰难地直达山顶。山顶上有一座某位圣徒的静修院，白晃晃，如同一小块晾晒的褓褓。在这幅古画的蓝色背景下，有山，有山路，有静修院。

三、翻译练习 3 的参考答案

I（用于 4.1-4.2）

1. 在与政府首相就西班牙的困境和风险补贴问题举行了会谈之后的第二天，拉霍伊接见了欧洲通讯社的记者，他表示，“现在追究谁该对此负责已经没有意义。应该在西班牙国内外树立信心。我们可以对国人说，西班牙不会成为接受救助的国家，但是当务之急是必须改变现状。”

2. 阿曼是约旦的首都，侯赛因国王是哈希姆王朝的第三代君主，他出生于 1935 年 11 月日，当时正处于英国的保护之下。（按照原文应为“阿曼是哈希姆王国的首都”，但是考虑到哈希姆王国即是约旦，而前者一般不用，所以译文做了调整。——编者注）

3. 此人一生都处在飓风眼中，但是他始终相信，有朝一日中东的形形色色的争端都会得以解决。

4. 他目不转睛地看着我，同时围着我踱来踱去，一口接一口地吐着烟，嘴里叼着雪茄，不停地用牙齿咬来咬去。

5. 只有当各国人民真正能自由选择，只有当穷人不因饥饿、社会不平等和文盲状态而陷入最致命的弱势地位时，民主才能在美洲存在。

6. 她母亲是个粗俗的女人，见识短浅，生性粗鲁。她宠爱她的子女，但是她对于自己为子女所做出的牺牲，对于自己凄凉的晚年和即将在如此贫困中悲惨死去的境遇，感到伤心。

7. 阳光明媚的午后两点钟。交通信号灯上的红灯亮了，一辆进口的小卡车猛地刹住了车。一个男孩子就像在杂技场上那样，耍着三个彩球。而司机并未摇下车窗赏给他几个小钱。这是在圣保罗街头司空见惯的一幕。

8. 圣孔拉多就如同巴西的缩影：它展现出一个富裕、丰富多彩的国家，成功企业家们过着奢华的生活；而与此形成对比的是另一个单调而黯淡的国家，穷人们沿街乞讨。

9. 来自42个国家的5 000多人齐聚哈瓦那，参加2007年教育大会，他们之中有中学教师、著名教育家、受邀来宾、被扫盲者，还有一些是单纯对教育感兴趣的人。他们参会的目的是交流教育方面的经验，并且共同努力使人们有能力面对发展带来的挑战。

10. 智利向全世界发出了明确的信息。首先，他们证明已经把专制主义或皮诺切特政权的全部余毒清除干净；第二，他们信仰民主，将民主作为政治体制和作为以多元化、宽容精神和公民意识为本的生活理想；第三，他们确保法治国家和自由体制，这种体制不仅意味着各项权力的自治，也意味着政府的法治高于人治。

II.（用于4.2）

1. 宪法评述（节选）

于1978年12月6日经公民投票通过的西班牙宪法，规定西班牙人民在政治上和睦共处。其条款中所明确的主要政治方面详见如下：

第一条　西班牙的政体是议会君主制，国家的主权属于人民并且国家的所有权力皆属于人民。

……

第十二条　年满十八岁的西班牙人为成年人。

……

第十四条　西班牙人在法律面前人人平等，不得因出生、种族、性别、宗教信仰、见解或任何其他个人或社会的条件或情况而受歧视。

……

2.《玛诺利托》（节选）（西班牙作家爱尔薇拉·林多）

学期末，当我拿着成绩单回家时，我妈只看到老师给的那残忍的“数学不及格”，其他及格的科目，她一点儿都不在乎。为此，她还哭倒在她的闺蜜露易莎的怀里。

外公对我说："你妈妈入错行了，她本应该成个了不起的性格演员。"

接下来的几天，我妈用含着怨恨的眼光看我，随时随地提醒我说，我是头连简单科目都不及格的驴子。

她一直怀恨在心。那天，露易莎要去她的赏花山的别墅。前来道别时，我妈为了让我听到，故意大声跟她说："唉！我们不会去任何地方度假了，还不都是那家伙害的，考了一个不及格的分数，害得我和他爸晚上都睡不着觉……"

3. 新闻报道【埃菲社马德里报道】

西班牙将于2014年将Ingenio卫星送入轨道，这是西班牙的第一颗光学卫星，旨在每日获取250万平方千米——覆盖西班牙国土面积五倍——的图像，可应用于地图绘制、城市规划和灾害治理等多种用途。

该项目由工业部出资，由欧洲空间局实施技术监督。总投资达1.95亿欧元，整个系统包含空间段和地面段；EADS Casa Espacio公司预测，设备建造将新增直接就业岗位600余个，间接就业岗位200个。

该卫星配备有光学技术，近800公斤重，包括两个主要舱室：服务舱和有效载荷或仪器舱。

四、翻译练习4的参考答案

I

1. 哥特族就是指那些开始占领罗马帝国的游牧民族。例如大量的斯维汇人侵入伊比利亚半岛，占据了加利西亚地区，汪达尔人与阿拉诺人则直抵安达卢西亚，随后又向北非迁徙。但是影响最大的侵袭是由另外一支更强盛更开化的部族展开。那支由阿拉里克率领的西哥特部族在洗劫了罗马城之后，来到了法国南部，建立了以图卢兹为都城的王国。而另外一些哥特族的法兰克人又袭击了这个王国，于是引起西哥特人向南方，向伊比利亚撤退，并在那里建立了第一个独立政治实体：西班牙西哥特王国，定都托雷多。

2. 在就如何援助希腊摆脱破产危机的数日辩论中，欧盟轮值主席萨帕特洛请求默克尔为了团结一致而施以援手。他还说，希腊问题有可能引发海啸，使欧元区陷于灭顶之灾。欧元是欧盟的要害之一，所以欧盟必将遭受打击。欧盟有许多致命弱点，其中最突出的显然就是欧元问题和以希腊为首的部分成员国的风雨飘摇的形势。

3. 阿根廷总统克里斯蒂娜·费尔南德斯在总统府玫瑰宫签署了一项法令，命令央行支付6亿5千万美元来偿还部分国际公共债务，这笔外债是与一些国外金融机构和银行签订的。但是央行行长马丁·雷德拉多——位出身哈佛的庇隆主义者、经济学家——拒绝执行。于是，总统解除了他的职务。

4. 在我们整个采访的谈话过程中，尼克松不回避任何话题，就像马德里媒体所说的，他无所不谈："战略问题、政治、家庭、宗教、水门事件、肯尼迪家族、里根、佛朗哥、西班牙与东方、伊比利亚美洲、卡斯特罗、导弹问题、俄国、中国、核讹诈事件，以及复杂的美国国内情况，等等。"（"核讹诈"一词在原文只是"讹诈"，用斜体字标出，其所指是当年苏美之间的核讹诈事件，故在翻译时，添加"核"字。——译者注）

5. 在他的《回忆录》中"总统权力"一章里，这位前美国前总统留下一段黄金规律的十诫给椭圆形办公室的后继者们。第一条是："永远要准备谈判，但是永远不能毫无准备地谈判。"

6. 堂娜索菲娅亲自为自己的婚礼挑选最适宜盛大场面的音乐，她选定的是亨德尔的哈来路亚，这是她最喜爱的曲目之一。

7. 每次正式出访之前，索菲娅王后都要阅读即将出访的国家或是西班牙的省份的一切资料。在所有的国事访问中，都要根据她的要求，在日程上安排几项艺术或考古方面的特殊活动。在墨西哥，国王和王后一直来到与卡坦半岛，参观玛雅金字塔。在危地马拉，他们在一个星期天，穿着便服，登上了蒂卡尔金字塔的塔顶。在印度尼西亚，王后飞到中爪哇去参观婆罗浮屠寺庙。

II.（智利）争取民主政党联盟—哥伦比亚革命武装力量—联合国召集的里约热内卢地球峰会—联合国气候变化框架协议—西班牙企业家联合会—坎昆会议—多哈回合—联合国安理会—西班牙对外银行—（西班牙财政经济部下属）国库及金融政策司—（西班牙财政经济部下属）国家税务管理局—民主中间派联盟

III. 网络依赖症—网络强迫症—网婚寡妇—因工作造成的压力—短信—倒放—数码技术—展台—市场推销—清洁能源技术公司—城际大巴—大萧条（严重衰退）—紧缩政策—可再生能源—清洁技术公司—搞活经济

IV.

1.在本月初，古巴的主要港口都受到破坏，据推测，可能是一些受美国中央情报局支持的恐怖组织干的。这一事件迫使古巴政府在海牙国际法庭正式指控美国，支持雇佣军推翻政府，破坏经济，从而践踏国际法"。

2. 事实上，在 1857 年墨西哥采用了自由派的宪章，而保守派实施了武力反抗。胡亚雷斯使用改革法作出回应，这项法律取消了各种"特权"，破坏了教会的实质权力。保守党人被打败后，寻求外国人的帮助，并且得到了拿破仑三世军队的支持，他们拥戴马克西米连诺入主首都，成为墨西哥的第三位皇帝。

V.

1. 在拉丁美洲，历史的联系如同脐带一样，把 20 个西班牙语国家连接在一起。按照年代顺序，这些国家的历史都可以分为哥伦布到来之前和哥伦布到达之后这两个重要时期。

2. 自 16 世纪起，美洲大陆从南到北、从东到西的美丽风光就被欧洲人广为赞赏。就连北美人—加拿大人和美国人，当他们自 18 世纪起到拉丁美洲旅行，看到犹如海湾的浩瀚大河，高耸入云的群山以及引人遐想的辽阔平原和森林，也不能不惊奇万分。似乎这一切都需要用最高级的形容词来描述，方能尽述其妙。

3. 西班牙人用剑和十字架统治了美洲，而新大陆也征服了这些征服者，赋予他们一种新的美学理念、新的思维方式、新的行为方式，从而具有了一种新的生存方式。

4. 墨西哥如同世界其他地方一样，其最初的艺术形式也是宗教性的，表现了对未知事物的畏惧，对尚不可知事物的崇拜和对世界混沌状态的神秘解释。艺术也像人类的大多数活动一样，其最明确而完美的表现形式是用来敬神的。

5. 大海风平浪静，海面静静地倒映出岸边的棕榈树，海水如同池塘里的水纹丝不动。旅行者感到一种强烈的孩子似的愿望，要在眼前这片平静的天地上走一走。地平线上有一队帆船驶过。

一只海鸥飞起来，直飞上蓝天，露出胸前沾上的泡沫。

6. 墨西哥的节日数不胜数，我们在过节方面花费的财力和时间无法计数。我记得，几年前我曾问过靠近米特拉的一个镇的镇长：

"每年镇里的税收能有多少收入？"

"三千多比索。我们很穷，所以省长先生和联邦政府每年都要帮我们弥补支出。"

"这三千比索做什么用呢？"

"都用在过节上，先生。您看到了，我们镇子很小，只有两个守护神。"

五、翻译练习 5 的参考答案

I.

1. 我要引述玛蒂尔德•乌露迪亚在她居孀的年月里给我讲的一段她的亲历。她说那时聂鲁达正躺在黑岛寓所的床上，一面向她口授着这本书，一面望着大海和海滩。突然，他看见靠近他家的海岸边出现了一群荷枪实弹的士兵，一个军官从卧室的门口探进头来，说是奉命前来搜查。 军官称聂鲁达为"堂巴布洛"， 并说他可以先搜查别的房间，以免打扰诗人。

诗人说：

"如果您不愿打扰我，那最好先从这里搜起，这样我就安心了。"

于是，那个军官开始翻衣柜、橱柜，并在犄角旮旯翻找起来。

聂鲁达从病榻上对他说：

"您想找什么就找什么，这里只有一样东西对你们是危险的。"

“什么东西？”军官警觉地问。

“诗歌。”

2. ……在火山山麓，在冰川之畔，在几个大湖之间，静穆的智利森林散发着芳香，林中树木杂陈……我的双脚陷入枯叶中；一根松脆的树枝发出破碎声；巨大的山毛榉树高高挺起它那向上怒张的身躯；穿过寒林飞来一只鸟儿，扑打着翅膀，栖息在阴暗处的树丫上。它随即从隐匿处双簧管似地鸣啭起来……月桂树的浓香和波尔多树的幽香扑鼻而来，弥漫了我的整个身心……瓜伊特卡群岛的柏树阻断了我的去路……这里是个立体世界——一个鸟的国度，一个叶片纷呈的境界……（林光　译）

3. 我国政府派我去墨西哥。世上层出不穷的苦难和动乱使我感到极度痛苦；1940年，我就是怀着这样的情绪，来到阿方索·雷耶斯所称道的空气最明净的地区——阿纳瓦克高原——来舒缓自己的心境。

墨西哥有仙人掌和蛇，墨西哥既多花又多刺，既干旱又多飓风，既轮廓鲜明又色彩绚丽，既有强大的爆发力又有强大的创造力，我全身心都感受到它的魅力和令人炫目的阳光。(林光　译)

4. 几天前，菲德尔说，我们没有输掉这场战役；而我要补充的是，我们正在赢得这场战役，我们必胜。(——这是查维斯的一段话，当时他前往古巴去探望正处在术后恢复阶段的卡斯特罗。)

5. 在我们美洲动物志上，那些不可一世的独裁者都不过是巨蜥目动物，是史前大地上庞大的封建主义的余孽。那个智利的犹大—国家总统—只不过是个暴君的学徒，而且在蜥蜴目的等级上恐怕至多只能是一只毒蜥蜴。但是，他做了足以损害智利的事，至少使这个国家出现了历史的大倒退。

6. 今年，由于贩毒集团的活动，墨西哥经历了有史以来最严重的暴力浪潮。面对这一令人堪忧的局面，公共安全部部长赫纳罗·加西亚在一次记者招待会上说，各级政府不会屈服，而是要加大打击力度。

7. 智利在竞争力排行榜上吃了“黄牌”。

今年，在由瑞士的IMD主持的竞争力排行榜上，智利下滑了五位。 造成下滑的原因应该是一些新兴经济体（如中国、马来西亚、印度、爱沙尼亚等）的提升、证券交易市场上汇率的不稳定和铜价的下跌。

8. 在他的脸上能看出深深地哀伤。

据说，吉普赛女人能看手相，就是说，她们能像预言家一样预测别人的未来。

9. 万籁俱寂，只有小花园里的喷泉汩汩地流淌。没有一丝风打破夜晚的安宁和四周的静谧。从窗户飘进了花香，流进了清亮的月光。

10. 根据12月份的调查，已上任10个月的智利总统获得了58.9%的支持率，可以乐观地面对新的一年。但是，公立学校的学生造成的麻烦成了她执政的冰点。

11. 在乌里维执政期间，哥伦比亚成了美国唯一的忠实盟友，今年这种亲密的关系在经过艰苦谈判而拿下自由贸易协定之后得以确立。

12. 尽管近期有两项指控要求调查总统本人与准军事人员的关系，而乌里维已享有“刀枪不入”的名气，虽说他起起伏伏，丑闻不断，但是其名声仍安然无恙。

13. 果园的芬芳和大海的气息，沁入这个外乡人的心田。他兴致勃勃地观赏着，呼吸着，直到感觉身心沉沉而痛楚。他从不感到满足，总觉得缺乏足够的时间尽情地欣赏那里的美景。莱万特就在那里，郁郁葱葱，富足，滋润，土地肥沃，一片欢乐景象。在那里，山里有甘美的涓涓流水，还有肥得流油的土地，上面分布着菜田、葡萄园和橄榄树。在那里，无论是背阴处还是向阳处，都有果园，一座连一座，一直延伸到海边的沙滩上……

II.

1. 实证哲学

2.（派别或性别）对等的政府

3. 职业人口

4. 威慑力

5. 生父

6. 狙击手

7. 自由港

8. 阳性反应

9. 男女平等

10. 电子邮件

11. 悬疑片

12. 政治家的黄金规则之一是：永远要给对手留一条后路，使其保全“脸面”。

13. 这一变化主要是由于必须保障原材料的连续供应和那些工业化经济体的不稳定局势。

14. 我给在米拉弗洛莱斯的那栋别墅保了险，房子的毛坯保 200 万，屋内的各种设备 100 万。

15. 格拉西亚依然是个迷人的女子，尽管年龄已经使她的外貌有了沧桑感，而且当年她双眸的熠熠光辉也不复存在了。不过我想，我也早不是原先的我了。

16. 除了一些媒体爆出的问题（如：南方银行、智利和委内瑞拉之间的僵局），在长达数小时的分别由各国能源部长、外交部长、继而由总统们参加的会谈之后，南美各国终于就一项重要的本地区能源公约达成共识。该公约将包括用互补的方式利用各种油气资源、清洁燃料和水力发电，以及其他可替换能源，例如风能和太阳能。

III.

1. 在圣塞巴斯蒂安又出现了街头暴力，事态有可能扩大，甚至酿成以往的规模。尽管如此，内政部并未对这种可能性采取措施。

2. 西班牙旅游业，这个为国民经济提供12%效益的部门，如今其发展前景全面告急。以加泰罗尼亚为例，在8月份这个旺季，旅游业竟呈现萧条状态。

3. 真的，你不会认出他的。他失去妻子后一个星期的时间，就变苍老了。

4. 托马斯·托里霍斯，巴拿马总统，是个奇特的人，是一位介乎于庇隆和菲德尔·卡斯特罗之间的人物。他的目光犀利而多疑。他嘴上总是叼着一支印着他名字的雪茄，人很怪诞，自相矛盾。粗看起来，我觉得他像是一个充满魅力、个性十足的人，是一位超出于美洲大多数军事首领和政治领袖的人物。

5. 有几次，国王到蒙格洛亚宫向首相表示道义上的支持，因为他知道这种支持对于解决某个国家大事是必要的。但是他一向坚持这样的观点：他的支持、友谊与良好关系永远是给予政府首相的，而不是给予某个个人。在首相仍然担任国家领导职务时，他绝不撤销对他的支持和信任。

6. 在火车上，女孩向车外望去，只见一片荒凉寂寞的平原，那里笼罩着危险而令人压抑的神秘气氛，让她毛骨悚然。

7. 古巴全国人民代表大会谴责缺乏教师、学校、医生和医院的现象，谴责在本半球国家普遍存在的对老年人缺乏保护和男女不平等现象。

8. 大会宣布：农民有权拥有土地，工人有权享受其劳动成果，儿童有权接受教育，知识分子有权自由创作。

IV.

1. 应该利用大学阶段获取那些日后很难得到的知识，那时由于工作和责任，会无暇顾及学习。

2. 在这方面，智利外长没理由不持乐观态度。

3. 需要我们的话，请尽管和我们联系。

4. 在政界，我们的各级政府应该加快下放权力的进程，尽快巩固地区化。同时也要关注市长们的领导作用，避免我们今年所面临的各类问题。

5. 当人们看到这些新兴产业的活力并且和那些给国家建功立业的中坚分子交谈，都会由衷地钦佩他们的能力。然而，单纯的能力并非就能成就大业，就像运动本身并不一定就意味着前进。河水的能量有破坏性，但是因势利导就能造福于人。

6. 反对派主要政党的领袖冈萨雷斯曾经仔仔细细地安排他与总统的第一次会见。他的班子和执委会的伙伴们为他准备得万无一失，其中包括如何回答总统可能会提出的问题。

7. I.U.被任命为西班牙奥组委委员，同时他也兼顾着身为王室成员的种种责任。

8. 在秘鲁，只有取得高度信任才能以“你”相称。

9. 在这方面政府可以有些操控，我们知道，给那些因自由贸易协定而受损的人们一些帮助，会使我们为此而付出多少代价。

10. 令人感兴趣的是，受美国操控的国际货币基金组织是如何正在向阿根廷施压。

11. 福克斯政府很可能与墨西哥”贩毒分子”达成了一项默契，用他们的钱来帮助维持支出平衡。如今，墨西哥的毒品消费、出口和交易达到空前的程度。

12. 人们有理由问：这些生产财富、创造价值的无穷无尽的人们，能期望什么呢？除了贫困和完全无依无靠，他们从贪得无厌的帝国主义那里能期望什么呢？

13. 我们永远不能忘记，是那个辉煌的过去引导我们到达这个同样了不起的现在，今天萨拉曼卡大学是一所年轻的、朝气蓬勃的、面向未来的学校，它期望接纳全世界的学子来此就学。

14. 我们承认，这个报价很有吸引力，特别是在当前我们债务缠身的时刻。

15. 我们安然到达目的地。那里看来是个无人居住的大庄园，四面临水。

16. 拉丁美洲苏醒了，我们的大多数国家朝着建立更民主和多元化的政体的大目标发展。墨西哥正处在大力建设现代化的阶段，发展势头迅猛。智利的情况与此相同。阿根廷在自我调整，已开始全面恢复。

V.（用于 6.5）

1. 最终，国会决定批准对侨民法的改革方案，该法案经议会大多数通过于 2002 年生效。

2. 站在西蒙·玻利瓦尔机场和大加拉加斯之间，外国人所面对的是一个动荡的、充满矛盾的和封闭的城市形象。高处是山，而埃尔阿吉拉山的山坡上分布着几个贫民区，那是自 60 年代石油繁荣突发期发展起来的，而分享石油巨富的仅为少数人，这样城市的西区就变成了布满棚屋茅舍的危险地区，住在那里的都是下层人、工人、印第安人和黑人。

3. 面对镜头，那些第四共和国（指委内瑞拉前政权——编者注）的遗老遗少们，发泄出自己的仇恨，他们叫嚷道，现今的政府毁掉了委内瑞拉石油公司（PDVSA），因为这家公司的部分收益被拿来建设住宅和玻利瓦尔学校，还为三十万穷人子弟提供奖学金让他们上学。

4. 西班牙人口中的半数在家中度过假期。经济条件决定是否能外出度假。人们精打细算，才能马马虎虎地应付到月底。现实往往是严酷的。（第二句话也可译为“腰包决定是否能穿着拖鞋和大短裤在外度假”——编者注）

5. 大约一年前，佛朗哥就曾在死神的门槛上徘徊。尽管他后来再次接管了权力，但是很明显，佛朗哥政权已经奄奄一息。佛朗哥分子们对于权力继承问题高度敏感，书籍和报刊对此都无所顾忌地议论纷纷。而政府首相卡洛斯·阿里亚斯只按照领袖的脸色行事……

6. 埃塔宣布永久停火的声明，标志着巴斯克地区历史上的一道分水岭，终于到了明确表示要言行一致的时刻了，要确认那些谋杀、动乱、敲诈、街头暴力等都成为过去，要确认要为巴斯克地区的政治正常化铺平道路。

7. 政府下决心对经济衰退的要害问题发起进攻了。

8. 按照他们的观点，民众主义是“今天吃面包，明天挨饿”，而自由主义是”今天挨饿，明天吃面包”。

9. 事实是，在马拉多纳的生活中丑闻不断，他的那些毛病最终给他的对手提供了口实，使得他名声扫地。

10. 海鸥仿佛飞翔在由两面玻璃镶接的空间里，那是大海和天空，因为海面是如此光滑、平坦，就像一大块薄板；海面下仿佛没有水，而是干燥的深渊，被太阳照得透亮。

11. 工作有可能严重损害身体健康，像遭遇挫折，精神紧张，情绪消沉，或者身心俱疲，这些现象往往是那些为职业献身的人的家常便饭。

12. 显然，法国不是西班牙，几百年的民主文化，不同的历史进程，使我们之间有区别，产生了距离，这个障碍甚至比横亘在我们之间的比利牛斯山还大。

13. 首相忧心忡忡，至少对四月份的形势异常担忧：恐怖主义，政治丑闻……对于他，对于政府，真是黑云压城，马上就会大雨倾盆了。

14. 哥伦比亚就是一杯混合鸡尾酒：毒品、游击队、政府军、经济危机、社会危机……

15. 美国总统虚张声势了半天，现在决心改变这个超级大国的摇摆不定的外交。

16. 所有参政的女性都得有一副犀牛那样的厚皮。

VI.（加字法）

1. 人的本性使得权力总有腐蚀性。如果权力大，权力重，而且时间持久，那么其的腐蚀性也就越大。腐败不一定指赤裸裸的偷窃或者彼此之间拉关系。最恶劣的是对思想的腐蚀。

2. 与 60 年代的斗争相比，现在的示威者似乎少了要革除根本性弊端的激情。只要有耐心，这次运动（如华盛顿自由广场的示威活动）还会有各种可能性。要改变近 50 年发生过的事情需要时日。

3. 无论在乡村还是在城市，手机都是畅销品，而仅仅几年前，手机还属精英人士用的高档品，只有少数人才买得起。

4. 巴格达博物馆遭到洗劫和焚烧。欧洲的专家们深知伊拉克艺术品的价值，正因为此，他们对此事倍加关注。

5. 西班牙和中国都希望在 21 世纪新的国际环境中保持一种战略伙伴关系。两国政治领袖都提出了这样的观点，而且这一点在去年 11 月胡锦涛主席访问（西班牙）期间所签署的协议中也得到了反映。

6. 恰帕斯农民游击队概括其要求为：给农民以土地，给印地安人以尊严，给全体墨西哥人以民主和自由选举。

7. 古巴人民代表大会宣布：农民有拥有土地的权利，/……/ 青年人有工作的权利，黑人和印地安人有享有人的全部尊严的权利，妇女有平等的公民、政治和社会权利，老人有安享晚年的权利……

8. 根据一项由马德里商会组织的关于消费情况的民意调查表明，在夏季“人们由于某些随意性而乱花钱。”

9. 在该党执政的 8 年中，不允许西班牙的多样化有所发展，甚至还试图对民族主义者们绳之以法，仅仅就因为他们是民族主义者。现在有了一个社会党的政府，人们彰显个性的时候到了。

10. 面对许多国家政府的消极态度，减少全世界文盲人数的这种急迫性，促使许多人去寻求解决办法。而当他们意识到，到了 2015 年世界上的文盲人数仍将维持现有水平上，而且全民教育的目标仍遥不可及时，会有更多的人去努力。

11. 土著工人的工资不足温饱，工作最沉重，环境最恶略，承受着疾病和贫困带的所有恶果，他们还能期望什么？

12. 权力腐蚀人。

13. 拉美各国元首利用千年峰会开始之际，要求改组联合国，使其具有更大的国际代表性。

14. 我侄子刚从加勒比度假回来，问题是这种旅行超出了他的经济承受能力。

VII.（减字法）

1. 在布鲁塞尔峰会上，欧洲各国国家元首和政府首脑讨论了如何遏制欧元区主权债务危机的各种想法，包括扣除对那些陷入危机的国家的长期救助基金。欧洲领袖们提出的建议还包括建立欧元债券，增加对欧元区有财政问题的国家的捐助，等等。

2. 对我们子女的教育是个极其重要的问题，在这方面，一切都是当务之急。

3. 看事情应该有点远见和预见。

4. 每年在马略尔卡度假的初期，堂胡安·卡洛斯都要照例接见巴利阿里地区的政界人士，今年他利用这一场合结识了新上任的人民党政府的地方领导，其中大多数，包括自治区主席何塞·拉蒙·巴乌萨和帕尔马市长马太·伊森，都是第一次觐见国王。

5. 他有足够的才智和勇气争取他向往已久的职位。

6. 她家里十分清洁，一切都井井有条。家具并不精巧华美，也不显得奢华俗气。为了使她的住宅富于诗意，在院子里、厅堂上和走廊里都栽了有许多花花草草。

7. 那天夜里，达玛索小心翼翼地走进房间，等安娜一觉醒来，发现他正躺在床上抽第二支烟。

8. 你就跟着感觉走吧。

9. 玻利维亚的经济危机正在影响着拉丁美洲的稳定和均衡。

10. 在萨拉曼卡大学的宏伟的图书馆，保存着一些古版的手抄本和极其珍贵的图书，那些日积月累的痕迹印证着古老而辉煌的历史。

VIII. 综合翻译练习

纪念堂胡安·德·波旁–巴腾堡殿下

阿方索十三世国王之子、胡安·卡洛斯国王之父、巴塞罗那伯爵堂胡安·德·巴腾堡殿下与世长辞了。

在得知这一噩耗之际，马德里市政府代表全体首都市民向王室表示哀悼，有如亲人辞世，因为堂胡安是我们最爱戴的也是最重要的市民，市政府曾授予他荣誉称号。

堂胡安为西班牙贡献了一生，他以其服务于全体西班牙人的坚定信念，无怨无悔地做出了巨大的牺牲，他以保卫祖国的坚定意志，促进了在法定的立宪君主制之下的全民团结。因此，他值得全西班牙的敬爱和尊重。

在这个悲痛的时刻，我们马德里人再次代表全体西班牙人并以此名义，表示我们的深切哀悼之情。

为此，我作为马德里市长，号召你们向堂胡安献上忠诚和挚爱，而这正是他对我们全体西班牙人所怀有的感情。

在此悲痛之时，但愿我们马德里人的团结精神与王室同在。

让我们前往王宫拜谒，用我们的镇定和信仰，祈祷那位为西班牙的国运做出贡献的人安息吧。

马德里市长阿尔瓦雷斯·德尔·曼萨诺·依·洛佩斯·德尔·耶罗

1993 年 4 月 1 日于马德里

六、翻译练习 6 的参考答案

I.（句子成分的转换）

1. 2004 年 3 月 12 日，马德里的清晨是悲哀的。连西班牙首都那特有的蓝天都迎合了全体马德里市民心头负载的痛苦和愤怒，变得阴黯，乌云密布。雨一刻不停地落在城市的路面上。在一般情况下，这是个不宜出行的日子……但是这一天却并非如此。一点点雨不会挡住他们，因为马德里人早已决定要发泄出他们的悲哀，他们的愤怒谴责，为了那 190 多名无辜死于阿托恰、坡索和圣欧亨尼亚三地的恐怖袭击中的马德里居民。

集会定在晚上七点钟，地点在哥伦布广场。游行队伍从那里出发，集结了两百万人，把卡斯特里亚纳大街和普拉托大街都堵塞了。游行的口号是："与受难者在一起，与宪法在一起，打倒恐怖主义"。人们不断地发问："是谁干的？"必须追寻那个制造了如此多痛苦的罪人。很多人在默默地流泪，还有些人在同声高喊："马德里不是在下雨，它在哭泣！"而大多数游行者异口同声地怒吼："杀人犯！"

整个西班牙，整个欧洲，整个世界都与马德里共同承受痛苦。"我们都是马德里"。

2. 新总统将面临许多重大挑战，如通货膨胀居高不下，失业人数与日俱增，人民生活水平普遍下降，经济的对外依赖性加深，社会矛盾日益激化。

II.（语序）

1. 我在早上八点钟时到达，那时一组美国特工人员已经在普拉多德尔莱伊了。他们通过无线电和美国前总统的工作人员保持通话，告诉我前总统何时离开了酒店的房间，何时出门，汽车开动的时间以及陪同人员到达西班牙电视台大门的精确时间。我和电视台公关部主任哈维尔·伊盖洛在门前伫候。

2. 我很喜欢这位加利福尼亚的老政治家在采访期间回答所有提问时表现出的坦诚、冷峻和勇气。

3. 鲜美的桃杏正在慢慢成熟，变得汁多味美，鲜艳美丽，果香扑鼻。这些水果总是让西古恩萨回忆起果树枝条光秃秃的、柑橘花娇弱地挂在枝头时的果园。

4. 那条林荫路逐渐衰老了，行人越来越少。当人进步了，他就会抛弃他上一代人所倾心关照和喜爱的地方。属于过去时代的那些地方开始受到清洗，当它们被甩到背后时，便进入"遗迹"这一档次了，成为情感的寄托与升华。

5. 这个中美洲国家过去一向习惯于接受巨额的国外贷款，而当贷款中断，就意味着国家不得不减少实际支出水平，从而造成了进口的锐减。

III.（长句与复杂句）

1. 在那些有助于师生充分学习知识的新教育方法中，对师资的培养与提高从职业培训的最初几年开始就与教学实践紧密结合，同时也创造各种条件以确保对儿童、少年和青年实施个性化关注和因材施教，这些条件包括：改善学校环境，配备诸如计算机、电视和录像机等现代化设备，减少每班的学生人数等等。

2. 塞万提斯学院近几个月在亚洲地区的持续扩展是非常重要的。我们希望西班牙语能出现在亚洲大陆这个世界上最朝气蓬勃的地区之一，那里已经变成了一个未来实验室，这不仅体现在经济和金融方面，同时也体现在文化和创造力方面；我们也希望人们了解，西班牙语文化正在当今时代的文化和社会前沿取得自己的一席之地，正是在那里产生出应对我们共同面临的挑战的各种新策略。（西班牙前首相萨帕特洛）

3. 智利向拉丁美洲和全世界显示出的进步，归功于努力、工作、协调一致和由高素质人才（而非二流水平的人）组成的管理机构，从根本上说，是归功于一个达到智利社会所要求的水准并能应对挑战的政治阶层。我们都看到了他们的成果，这不是奇迹，而是事实，因为是事实，所以还存在一些有待解决的问题，以满足大多数人的利益。但是像贫困、失业、缺少社会保障等根本问题是历史遗留的问题，不是现在我们看到的这个有热情的、具有革新精神的智利所造成的，这个国家放射出自己独特的光芒，它将继续沿着自己的航程，走向发展，走向进步，接受市场和全球化这两个必然的事实。

4. 最初的变化之一是乌戈·查维斯总统领导的玻利瓦尔革命。查维斯在摆脱了各种发难、媒体攻击、政变甚至对他本人的绑架之后，已经多次通过民主程序而获得认可，最终巩固了这场人民革命。而到目前为止，这场革命给委内瑞拉人民在卫生、食品、土地分配、扫盲等方面带来了根本性的变化；同时，还签订了若干项国际协议，包括有关石油及石化产品贸易的协议，覆盖整个美洲的医疗卫生协议，例如由古巴推动的（治疗白内障的——编者注）奇迹行动协议，至今已有10万人手术后重获光明。

5. 这种新的一体化模式包括贸易环境、宽泛的经济和生产的结合以及政治、社会和文化合作的新形式，合作可以是在公共部门和私营部门以及其他类型的社会团体之间进行。此处所说的一体化是革新的一体化，吸收了南方共同市场和安第斯国家共同体所取得的进步成果和智利、圭亚那及苏里南等国的经验，并且有所超越。一体化进程的最终目标现在是而且永远是促进拉丁美洲社会公正、和谐和全面的发展。

6. 我在温泉逗留期间，有时是为了锻炼身体（据说这样对我的健康状况是适宜的），有时是出于好奇，我每天傍晚都穿过崎岖陡峭的山道，走上那条通向阿拉伯城堡废墟的路。在那里，我消磨了许多时光：扒开地面试图找到一两件武器，敲打墙壁想知道墙是否是空的以便找到埋藏的珍宝，钻进所有的角落为了找到那些地穴的入口。所有摩尔人的城堡都有地穴，这是众所周知的。

7. 这些山峦显示出险峻、崎岖、狰狞的山貌，甚至连铅灰色的山色都给人以非常贫瘠荒凉的印象，尤其在狭窄的山道上，那里行人无法歇口气，连停下脚步都不可能。同时，有几处山形成了一个个膨胀的圆堆，而山势在半山腰陡然而变，土地丰饶，土质松软，地势平缓，形成了圆形的青葱馥郁的小山丘。山丘宛如一块块巨大的面包，似乎散发着农舍的温馨气息。小山丘上长满了迷迭香、百里香等野花，山径上和石头上爬满了青苔。搬开石头就会发现湿痕，滋生着各种怕人的小虫子。

8. 黎明的曙光刚刚在天空出现，在戈玛拉一带的田野上就开始响起伯爵士兵们高昂的军号声。近乡的村民们成群结队地纷纷到来，他们看见在城堡最高的塔楼上，领主的大纛旗迎风招展。

一些人坐在护城壕的边沿上，另一些人爬到树上；有的人在平地上走来走去，有的人站在小土丘上；而远处的人，沿着大道一字排开，组成了一道人墙。好奇的人们已经等了一小时了，要看看壮观的场面，其中不少人等得不耐烦了。这时，号角又吹起来了，吊桥的铰链哗啦啦地响了起来，铁栅栏抬了起来，通向演武场的沉重的大门在门轴上轰轰地转动着，完全敞开了。

七、翻译练习 7 的参考答案

I. 名词单复数的处理

1. 堂古美辛多是一个非凡的人——一个理财能人。这倒不是说他创造了财富，可是跟别人比，他有一种敛财聚富的特殊本领。

2. 尽管古巴领导人还在发表着一个又一个的政治报告，一场经济改革已在那里悄然兴起。

3. 莱昂是一座古老而荣耀的城市。其他那些古城——如托雷多，如比利亚努埃瓦——都像个冷清而寂寥的博物馆，那一条条窄小的街道早已没有生气了，那一幢幢深宅大院门户紧闭，只是偶尔，一扇沉重的大门在生锈的门轴上转动，一位老妇人悄无声息地在那个肃穆的门廊出现了。（阿索林：《西班牙》）

4. 对于外国投资者来说，秘鲁是一个充满各种机遇的国家，它的充满活力的经济日新月异，引人关注。

5. 欧洲正处在一个艰难的十字路口。一方面，它摆脱了压迫它、分裂它的体制，另一方面，暴力、暴乱和无政府主义重新抬头了。

6. 这些天，我在法国境内的下比利牛斯山参加了一次朝圣。……那是一个阴阴的、柔和的早晨，下着蒙蒙细雨。在一片片宽阔而松软的草地的深处，隐约可见一座山的黑黝黝的轮廓。四周是一片深深的静谧，一条河缓缓地流淌，河水清澈，两岸是茂密的树木。

7. 阳光灿烂，空气像未经琢磨的金刚石，使群山发出亮光。打谷季节是金色的节日。黄色的麦秸堆成一座座金灿灿的小山；人们都在忙碌，到处是嘈杂声。袋子源源不断地被送去灌满麦粒；女人们在做饭，马匹在奔跑；狗在吠叫；孩子们像是麦秸长出的果实，随时都要人把他们从马蹄下救出来。

8. 由于春天里多姿多彩的圣周，由于夏秋两季形形色色的民间集市，由于冬天里古老的传统节日，太阳海岸放射出自己独特的光芒。

9. 咖啡在历史上非常重要，有极大的影响力，说它改变了世界都不为过。

10. 在圣罗莎街的咖啡馆中，有几家是老店，过去常有名人光顾。

11. 安第斯山上有几条从前走私贩子们走过的鲜为人知的通道，这些通道险情迭起而且崎岖难行，乡村警察因而不在守土上操心，悬崖和河流会阻断行者的去路。

我们在黎明的庄严气氛的笼罩下列队前进。从童年起我有许多年没有骑马了，但是在这里，我们却骑马前行。南方的安第斯山大森林布满了一棵棵彼此分开的参天大树。/……/上面看不见天空，下面是一层由几百年来飘落的树叶所形成的腐殖土，马蹄深陷其中。我们悄无声息地通过那座荒蛮大自然的宏伟教堂。

12. 一天拂晓，一辆载有二十多人的汽车出发了，开往恰帕莱森林。图米就在车上，他为一阵阵无名的恐惧而感到不安，他对于要去的地方一无所知。然而，在那些同行的人们中，人们谈论着那一条条没有浅滩的湍急的河流、一座座高不可攀的山、一个个盘根错节的森林和无数艰难险阻。按他们的说法，过去从未有人能逃出那座地狱。不过，他们都是用一种恶作剧和模棱两可的语气大谈特谈，仿佛他们只是想戏耍那些傻瓜。

II.（用于 8.2 时态）

1. 我原先懂俄语，但是这几年没有用，全忘了。

2. 那天晚上，我对父亲说，我想学骑马。父亲喜出望外，，他拥抱了我，吻了我，对我说，他很愿意教我，还对我保证说，不出两、三个礼拜，就能把我变成安达卢西亚最好的骑手。

3. 一位马德里 3.11 袭击的目击者回忆道：“我听到从我身后传来的爆炸声，我转过身，看见有人被炸飞了。爆炸异常强烈。灯光全都熄灭了。浓浓的黑烟遮住了一切。当我们终于把门都打开时，看见到处都是死尸，黑乎乎的，躺在铁轨上和被炸毁的车厢里。幸存的人都浑身是血，尖叫着。”

4. 我认识到，桑托斯先生不准备放弃，除非事实说服他。

5. 里卡多明白了，路易莎就是那个“她”，是他一直等待的女人。从那一天起，他知道女性世界已经自动缩小到只剩她一个人了。如今他们两人生活幸福美满，里卡多说，“真的，我总是很幸运。”

6. 西门内斯太太滔滔不绝地说了起来。她儿子的女友是个可怕的女孩，她嗜酒，说脏话，衣着暴露。而她的儿子已经完全变了。过去他是那么安静，他一向只对严肃的事情感兴趣，他甚至想致力于考古事业……

7. 胡安微笑着，半闭着眼睛，嘴微微地张着。他的侄子克里斯托瓦双手支着头，专注地盯着他看。夜幕缓缓降落，胡安的脸一点点地隐入暗影中。万籁俱寂，大地被笼罩在黑暗之中，但是天空却仿佛被渐渐升起的群星照亮了。

8. 我坐在诊所的病床上等待死神的降临。它快来了。我没感到恐惧，也没感到痛苦。如果说我有某种感觉的话，那也许是好奇。也许死亡是另一种旅途的开端吧。

曾有过那么多的憧憬，那么多的计划，那么多的梦想……我本想去挪威，在那些梦幻般的小岛间航行，我本想在一个雨天回到哥本哈根，去看望那座小美人鱼。在一个夏天的夜晚再看看月亮，看那轮巨大的黄色的月亮在晨曦中慢慢显现。

如果能把生命馈赠给我，哪怕只有一年的生命，我会在这一年内做什么呢？很难想象，很难决定。我会听遍所有现存的音乐，我会读很早以前就有的所有诗歌，我会用最高倍的望远镜观察天空，我会登上雪山，会潜入最深的海底，观察那些还处于原始状态的生命，我会参观博物馆和大教堂直到我对美的渴求得到满足。时间会很短，但是我总会有一分钟的时间来种下一棵树。

9.“那些今天造成如此多死亡的罪人，一定会被逮捕，被审判，被判刑，被绳之以法。他们将老老实实地服刑，他们只能每天在监狱的高墙里度日。”

10. 西古恩萨顺着码头的岸边走了下去。

这是一个金光灿灿的早晨。远处，在海的上方，天空白得耀眼，仿佛是过强的光使它白热化了。宁静的海水时不时泛起微波。水面上洒满了太阳的散碎金点。要是一条小船静悄悄地轻盈地划过，船桨一露出水面，便溅起一串光闪闪的泡沫。

11. 我来科马拉是因为有人对我说，我父亲住在这儿，他似乎叫佩德罗・帕拉莫。这是我妈告诉我的。我向她保证，一旦她去世了，我马上来看他。我紧紧握住她的双手，表示我一定说到做到。此时她已经气息奄奄，我打算满足她的所有要求。“你一定要去看他，”她叮嘱我说，“他有时叫这个名字，有时又叫别的。我想他见到你一定高兴。”我那会儿只能一再对她说，我一定照办。我不断地重复这句话，一直到她双手都僵硬了，我才费劲地抽出我的手。

III. 翻译下列句子和段落（用于 8.3 虚拟式）

1. 你真该看看他惹的麻烦。

2. 要是没给他钱，那家伙根本不会理我。

3. 你让新娘在教堂等了那么久，她和她的家人该生气了。

4. 对于一个 10 岁的男孩来说，他只对成人世界和严肃的事情感兴趣，这也许并不健康。

5. 维斯塔埃尔莫萨市长强烈要求军队不要撤离该地区。他说，一旦军队撤出，居民们就有可能立即逃难，造成大规模的人口流失。

6. 哥伦比亚计划的特点，源于该国战乱中的特殊的和平进程，也源于向美国国会兜售这项计划的必要性，当时的美国国会对貌似反游击队的一切都非常敏感。

7. 在布拉格发生了反对全球化的示威游行。参加者来自乡村、环保主义组织、大学、土著人社会。其中大约有上千名西班牙人，他们认为，爱、理解和人权理应成为社会的主导力量。

8. 那女孩英语说得很好，但是恐怕从来也没人——哪怕连一分钟都没有——把她当成英国人。

9. 我很希望我们加泰罗尼亚人是独立的，无需向任何人求助。但是形势迫使我们不得不与别人结盟。

10. 对我来说，如果看到我儿子的生活被破坏，那就太可怕了。

IV. 翻译下列句子和段落（用于 8.4 分词和副动词）

1. 适逢伊拉克战争一周年，萨帕特洛效应再次揭开了伤疤，掀起对这场战争的合法性和适当性以及战后的混乱局面的论战。

2. 夜幕降临了。一辆辆汽车都开亮了车灯；从音箱里传出喧闹的音乐声，那是音乐剧（即萨苏埃拉——编者注），还有的曲子像是风笛曲。

3. 首都和周边地区在 11 月份举办盛大的马德里自治区舞台艺术节，计划安排 30 多台音乐和戏剧演出，以飨那些即使寒秋落叶也不能阻挡他们享受文化的人。

4. 西班牙参加北京国际图书展已有好多年了，在 2008 年将进一步予以加强和拓展，西班牙展馆将同时安排一系列辅助活动，如书籍推介、讲座等。

5. 如果看不到欧洲建设的宏伟规划——它始自欧盟宪法——已经陷入停滞状态的话，那就是自欺欺人了。

6. 我的诗和我的生活宛如一条美洲大河，又如发源于南方隐秘的山峦深处的一条智利湍流，那浩浩荡荡的河水不停地流向出海口。

7. 我常回我的故乡马西那，我总是感到非常悲哀，因为看到我的父母老态龙钟,看到我的朋友们无奈地地陷入外省人特有的忧郁之中，他们有子女，有自己的事情，也有自己的朋友，而他们的这一切和我已经没有任何关系了。

8. 由于了解他的为人，我对他毫无信任感。

9. 老人呆在花园里，他身后太阳正在慢慢落下去，这时一个小女孩走近了他。

10. 谈话在这时中断了。跟在向导后面的骑兵沉默地向前行进，一直走到一个小广场上。在广场的另一端，醒目地显现在面前的是修道院的黑色轮廓、它的摩尔式塔楼、钟楼、尖顶和高低错落的黑乎乎的屋顶。

11. 在 30 年代初期，美国由于世界性的大萧条，大幅度缩减了从拉丁美洲的进口。而拉美则因为用于更新工业设备的外汇来源急剧减少，不得不实行“进口替代”政策。

V. 综合练习

11 月 3 日，灾难的一天

马德里沉默了。它的心脏停止了跳动。那沉默令人心悸，每个人的表情都是恐惧。天空阴云密布。人们泪流满面。

以往节奏快捷的马德里突然停顿下来。以少见的耐心放慢了节奏，所有的人都在想着同一件事，那是唯一的念头。首先想的是家人、朋友、熟人，还有人们已经获知的那些挣扎在被炸毁的车厢里的陌生人。在那致命的一刻，谁会在阿托恰？在坡索？有那么多人在那里……

当对袭击的严重程度还只是可怕的猜测时,那时正是高峰时段，没有汽车的喇叭声,甚至在一向拥堵的市中心都看不到汽车。昨天,一切都是从未有过的……。人们都盼望接到电话，好松口气，好让所有人紧绷的神经松弛下来,但是每接听一个电话都怀着恐惧不安的忐忑心情。

之前，是那些受害者和幸存者的喊声，然后是那些邻近的工人住宅区的居民们在绕开受害者的残肢断指时感受到的绝望。人们把车站里的金属长椅整个拆下来充做担架，用车厢内的垫子盖在受伤者的身上。

何塞忘不了那些喊叫，那些场景，烧焦的人体的气味。他就住在车站对面，第一声爆炸惊醒了他，他飞快地走了出去。”有很多居民，卖水果的、卖面包的，我们大家都跑向车站去救人，与此同时，医护人员也陆续赶到. 太可怕了！两层高的车厢都被压扁了，我们不断听到困在里边的人的呼救声。一位孕妇让我看看她的腿，因为她感到腿在流血。我转过身去一看，发现她没有腿”。事过数小时了，何塞回忆起这些情景时声音仍在颤抖。他是许许多多无名的救助者之一，他们并不期望能在电视上露面。

马德里团结一致，众志成城。最初的混乱已趋平息。人们都严密地关注着每个通告。医院血库存量不足的消息传了出来，献血者早早便赶到了，比流动采血车还早。 不到一小时，这一地区的血库存量就饱和了。仅在太阳门广场上紧急赶来的志愿献血者的队伍就长不见尾。

哈维和欧亨尼奥也在队伍里，他二人刚刚从那个地狱般的事发现场赶来，手里还提着箱子，他们本来要从阿托恰乘车去巴伦西亚。但是……“所有的人都在跑，爆炸使整个车站都晃动了。简直是噩梦。现在我们在这里，是因为听说需要血浆。我们已然侥幸逃生了，所以我们能够帮助其他人活下来”。

一位警察说：“我永远忘不了这一切”。

谁都不会忘却。

—世界报，2004 年 3 月 12 日星期五

八、翻译练习 8 的参考答案

I. 习语

1. 造成争端的苹果（指祸端）
2. 入乡随俗
3. 及时行乐
4. 杯中风暴（虚惊一场）

5. 不合时宜
6. 特洛伊木马（指从内部颠覆）
7. 眼不见，心不烦
8. 今日事今日毕
9. 肚子填饱，心情才好
10. 近朱者赤近墨者黑
11. 龙生龙凤生凤
12. 便宜没好货
13. 君主统而不治
14. 船将沉时，老鼠先跑（或树倒猢狲散）
15. 在饭桌和赌台上，最能看出谁是绅士
16. 秉性难移
17. 关键时刻；进退维谷
18. 鱼找鱼虾找虾（或物以类聚人以群分）
19. 恶有恶报
20. 凡事都要三思而后行

II. 词组

1. 精神恋爱
2. 吉诃德精神（指不切实际的精神、理想主义精神）
3. 西班牙卡洛斯战争
4. 圣方济派修道院
5. 戈雅绘画风格
6. 伊莎贝尔式建筑风格
7. 不择手段的策略

III.

1. 反对党指责基督教社会党正在挖福利国家的墙脚，为了摆脱困境，政府决心拿经济衰退问题开刀。

2. 生存还是毁灭，这是问题的所在。现在，关键时刻到了。

3. 与里约 20 国集团峰会并行召开的由立法者、学者和活动分子们参加的会议的发起者们警告说，在世界上有一股来自科学界的潮流，不承认气候变化，这就如同不承认曾经有数百万犹太人被大规模屠杀的事实。

4. 西班牙政治生活的两大主角：人民党和工社党之间风平浪静，双方都忙于清理自家门户，而无暇顾及对方，尽管这似乎是圣诞精神的作用。

5. 总统将宣布大会闭幕并公布严格的解决措施以确保各公司应对目前的危机。

6. 俄、美两国领导人似乎不准备大打出手，关于在欧洲设置导弹或控制天然气方面的分歧，他们决定在公开场合三缄其口，私下里再予以商讨。

在美国总统共和党人布什和俄罗斯总统普京之间，关系融洽的时代已经远去，那是在2003年7月，俄国总统在圣彼得堡接待由世界上最强大的国家组成的8国集团的领导人，显示出十足的沙皇气派。在那个时期，除了对车臣局势的某些分歧，俄、美关系发展顺利。但是，事情逐渐发生了逆转，尤其在美国决定在波兰和捷克部署导弹系统之后，尽管五角大楼证明这一决定的目的只是防止伊朗可能对欧洲发动的核进攻。

7. 那人踏上旅途，准备破釜沉舟。

8. 毛具有一种令人吃惊的一言中的的本事。他的思绪就像苏格拉底对话录那样自然而然，但是却经过深思熟虑。听他说话，你就明白了，一个不起眼省份的教师的儿子怎么能最终成为八亿人民的领袖。（“毛”指毛泽东——译者注）

9. 女人走进了大厅，像往常一样炫耀着她那些最贵重的珠宝。她佩戴的那副镶着绿宝石的耳环价值两万欧元，简直令人眼花缭乱哪！

10. 被认为是伊拉克经济动力的“黑金”，即石油，大量流淌。伊拉克的石油工业遭到封锁，发展缓慢，被不安定因素左右，被腐败现象吞噬，已经无法给国家提供像 20 年前那样的收益，甚至无法给伊拉克人提供基本供应。

11. 经过数月的等待，在未与各政党及国内社会各界代表商讨的情况下，摩洛哥颁布了一部新宪法，去掉了国王头上的神圣光环，并且根据宪法，国王要交出他的部分权限。在“阿拉伯之春”的这个舞台上，那些定期占领大街要求改革的示威者迫使莫哈默德六世选择了改革进程，这一进程被一些人称为“民主过渡”，但是更多的批评者却认为还不够。

12. 我去过几次约旦，有一次专程去看那里令人惊叹的绝妙景致，就像杰拉什的罗马式立柱，还有深藏不露的、奇妙的佩特拉城的玫瑰色建筑群、那巴提阿城，茫茫沙漠中的倭马亚王朝的城堡，约旦河谷上的尼波山全景，还有自从摩西遥遥看见它之后几乎一如当初的死海。所有这些景致都分布在河谷地带，似乎在召唤来自世界各地的旅人去探险，去探寻那些寺庙和陵墓、圆形剧场和彩砖拼镶、十字军骑士的堡垒和红海边的如诗如画的海滩。

13. 有些因素很可能被红衣主教们加以考虑。在本世纪情况一向如此。例如，很难选出一位来自一个政治强势的国家的教皇，就像一位德国籍或者美国籍的教皇。梵蒂冈是个独立国家，而教皇就是国家元首，对国际政治有影响力。他最好出生在一个影响力不大的国家，此外，他还得会说意大利语。作为罗马大主教，而且就住在罗马，不说意大利语是不太可能的。教皇们基本上都是欧洲人，并且有罗马的某个天主教大学的学历。

九、翻译练习 9 的参考答案

I.（用于 10.1 政论类）

1. 通过把闲散土地分配给贫苦农民，查维斯坚信，他将实现玻利瓦尔的对正义的最高追求。查维斯总统说，“新制定的土地和农业发展法必将是一部真正的法律，它将保障正义，改变委内瑞拉的现状，改变一些目前最严重的弊端，这些弊端造成了委内瑞拉的落后状态，并影响到我们社会的极其严重的不平等现象。”

2. 众所周知，智利从未坚定不移地看好南美集团的巩固团结，而是通常把双边关系——特别是和美国的关系——置于首位。这也许同样适于哥伦比亚，它与贩毒分子的持久战迫使它无法避开无处不在的美国势力。而在近期，由阿兰·加西亚领导的秘鲁也是如此，它试图推行一种外交新战略，非常类似智利几届联合党政府实施的“开明地区主义”。

3. 对于古巴人来说，马蒂意味着什么？

对于我们古巴人，马蒂代表了他所界定的善的思想。

他是一位真正杰出的、独一无二的人物。他是军人之子，父母都是西班牙人。他是祖国独立的预言家和缔造者。他是知识分子，是诗人。虽然在第一次战争爆发时他还是个少年，但是之后，他却能征服老年人和上次战争中功勋卓著、身经百战的军事将领们的心，赢得他们的尊重、爱戴和服从。

4. 苏依佩会议表明,尽管一体化存在一些问题,但是这一进程是各国政府能够用来面对这场深刻的经济危机的手段。最被看好的措施之一是建立一种拉美帐户,以此避免在跨地区贸易中使用美元或欧元。巴西和阿根廷已经予以实施。昨天闭幕的这次会议的另一个成绩就是完全恢复古巴在里约集团以及任何一个纯粹的拉美会议的成员国身份. 拉美对这个岛国的未来有至关重要的意义，这一点通过在 2009 年第一季度许多拉美国家元首来访就将得到印证。

5. 士兵中能残忍地屠杀和扼杀自己同胞的人日益减少。对世界的良好管理不是靠着在每个工厂、每个学校、每个公园、每个大小居民区都站立着荷枪实弹，头戴钢盔，端着刺刀的外国士兵。

越来越多的知识分子、受过教育的劳动者、专业人士和发达国家的中产阶级成员加入到把人类从反对各国人民和破坏大自然的残酷战争中拯救出来的斗争行列中。

6. 社会党受多数西班牙民众的委托，在立宪民主化的 25 年中第五次组阁。这一决定体现了改革的意愿，是众望所归。

我知道，选民们的这个意愿蕴涵着强烈的期待：争取获得一个更加美好的西班牙，这是社会党在选举活动中所作的诺言。公民们要求我们这些政治家忠于自己的诺言。我必将履行我的诺言。

我还想保持选民们——他们摆脱了对于政治的绝望而参加了本次选举的投票——所期望的接近、接触和参与的管理风格，这就要求一种能包容所有人的管理行为。总之，这将是一个尊重全体公民的政府，一个倾听各种意见和批评的政府，即使这些意见与批评是极其强烈的。

II.（用于 10.2 新闻类）

1.

古巴和委内瑞拉将成立 12 家新合资企业

加拉加斯，2 月 6 日

国际格拉玛报记者卡洛斯·卡斯塔涅达报道-

委内瑞拉总统查维斯和古巴副总统拉赫在加拉加斯主持了两国之间在运输、交通、金融、农业、矿业、化工、旅游和能源各部门的 16 项协定的签字仪式，在这些文件中有关于推动建立 12 家新合资企业的协定。

在签字仪式上，查维斯和拉赫都强调了古巴和委内瑞拉团结一致的重要意义，这种团结是在美洲玻利瓦尔替代计划的进程在美洲大力推广的情况下产生的。

查维斯认为，"美洲玻利瓦尔替代计划在继续前进，在继续得以实施，在不断深化，而美洲自由贸易区计划（这是美国提出的吞并计划）已无人问津。美洲玻利瓦尔替代计划以及相关的一体化机制和进程则不仅是被人们关注，还将继续受到日益深化和日益强化的关注，而且这一机制还逐渐具体化，并将随着时间的推移越来越得到发展"。

目前，参加这项一体化计划的国家有玻利维亚、古巴和委内瑞拉，而尼加拉瓜和厄瓜多尔两国已经宣布作为成员国加入这一计划。

2. 人物专访

亨利·基辛格，为书写历史而生的人

亨利·基辛格曾经担任过尼克松和福特两届美国政府的国务卿，他曾对记者断言，"我生来就是为了书写历史。"他在两届任期内，用自己的脚多次丈量世界。在此之后，我们都清楚地认识到，他确实是为了书写历史而生。这个历史，即我们时代的历史，就沿袭自基辛格博士的旋风般的外交，他不停地出访和谈判，并以此为那个时代的外交主调。在那些年月，人们恰如其分地称他为"世界雄主"。

记者：在主导世界命运多年之后，您变成了一位旁观者。对此，您是怎么想的？

基辛格：美国政治并不取决于个人，而是取决于原则。我为我的国家服务 8 年，我觉得被人取代是自然而然的事。严肃而艰巨的政策不应永远由一个人来掌控，重要的是政策本质的延续性。作为旁观者，我仍然积极参与，同时我期待我的继任者获得巨大成功。

记者：我们生活在一个各种冲突日益加剧的时代，您觉得其中一些冲突是您代表白宫所执行的政策造成的吗？

基辛格：每项政策都产生在与现时相隔的过去。/……/

记者：卡特总统的政策完全不同于您之前所执行的政策，这种变化是否会影响到战略的平衡？

基辛格：首先，必须要区分选举期间的所用的语言和现实中的表述。每一位新总统都想让人觉得，历史从他就任那一刻才开始。所以，卡特那些不同于我们的规划都是他竞选活动的产物。但是，形形色色的客观形势制约着每位总统的竞选工作，随着政策的逐步发展，在现实需求的压力之下，我们政策的基本趋势会再次产生影响。卡特也像我们当年那样做了调研，知道如果不去面对来自东方的挑战，那么自由世界的各国人民就会产生日益严重的不安全感。

III.（用于 9.3 经贸类）

1. 对于巴西来说，重要的是要确认南方银行是一个开发银行，不象国际货币基金组织那样，在它提供一笔大宗贷款时，有权监督债务国是否规范使用贷款的情况。除此之外，巴西政府在谈判中就银行董事会的权力分配问题一直争论到最后一刻。

2. 古巴被誉为世界糖厂，在甘蔗种植、栽培、收割以及甘蔗的工业加工方面积累了数百年的经验，因此糖业技术公司的业务必定会引起那些想在这一领域中扩大生意的人的兴趣. 公司建于 1965 年，自那时起不断扩充。本公司具有作为生产企业的两大基本特点：一是系统地引进技术进步的最新成果，二是拥有高效的、竞争力强的劳动力。

3. 纺织服装联合企业由 190 个厂家组成，技术设备先进，生产能力为 9 百万件成衣。企业寻求国外合伙人的加入，以获得资金、原材料和市场。联合企业的目标是出口男女衬衫、长裤、外衣、瓜亚威拉式上衣、睡衣及整套桌布餐巾。

4. 贵国驻墨西哥城商务处将贵公司地址提供给我方，对此我方不胜感谢。现请贵方提供一份商品总目录以及这些商品抵阿卡普尔科到岸价的价目单。

5. 随函附寄一份我方商品的价目单，但应指出，上述价格只在每件商品的起定量不低于 500 件的条件下方有效。由于生产成本和包装等因素，我们不接受低于此数额的订单。

6. 付款方式：用欧元支付，开立以我方为抬头的不可撤销信用证，开给巴塞罗那银行，我们可提供必要的情况和文件。

7. 交货时间：收到开立信用证的通知之后立即装船。建议你方在运作之前至少 15 天通知我们，以便我们履行申请进口的各项手续。

8. 根据中华人民共和国政府代表团和古巴政府代表团经过友好协商达成的协议，中国粮油食品进出口总公司（以下简称买方），与古巴农业部（以下简称卖方），按照平等互利的原则，经过友好商谈，同意签订本合同。双方同意按照下列条款，由卖方出售，买方购入下列商品。/……/

9. 如果合同双方发生争执，应通过友好协商解决。此外，如因买方或卖方的责任而未履行本合同的任何条款，双方互相承认有权提出要求及索赔。

10. 一、二十年当中，外债是拉美国家经济的沉重负担，通货膨胀和外债长很时间以来都是不可分割的现象。这并不完全是国际货币基金组织、世界银行和私有银行的顾问们过错，墨西哥和委内瑞拉等以出口石油换取大量美元的国家，或者如巴西那样依靠所谓的“咖啡繁荣”的国家也有责任。他们自以为富得流油，开始欠下与其经济增长速度和出口能力不相称的债务。随之而来的便是偿还债务，支付利息和各种对于拉美人民越来越沉重的再次资助。

11. 现在，竞争主要是为了获取资本、技术和市场，过去占主导地位的意识形态的对立，如今已不那么明显了。今天决定各国经济命脉的基本因素是其参与全球化进程的能力。墨西哥、加拿大和美国之间的自由贸易区应该为达到前面所提的三个竞争目标而提供了更优越的条件。

墨西哥在近几年所实施的行动已经被列入当前世界的重大政治经济变化中。其开放情况是明显的：降低了关税，取消了进口许可，简化了行政手续，鼓励国外投资。墨西哥经历着一场深刻的变革历程。

12. 分析家们认为，下列不利因素构成了中美洲地区当前局势的特点：

1）通货膨胀明显增长。

2）现行工资制受到严重破坏。

3）外汇市场形势不稳定。

4）货币市场和资本市场动荡不定，这种现象演变成证券交易所牌价指数的不规律浮动和利率提高。

5）对国际前景毫无把握。世界经济能够影响到我们出口的原材料的价格，并且还能提高外债的偿付数额。

13. 可以看到，这几年的贸易顺差是以工业衰退和压缩进口为条件的。如果国际贸易环境得不到改善，墨西哥就不可能取得经济的持续增长。

因此调整南北关系，由债权国和债务国共同承担责任，合理解决债务问题，拆除关税和非关税壁垒，改变不合理的国际经济秩序，是墨西哥和拉美其它债务国家恢复经济的根本出路。

同时，我们也应该看到，五年来墨西哥为摆脱危机，争取恢复经济和增长所做出的努力也取得了一定的效果。

14. 一直以来，从外国直接投资中获得的利益与付出的代价始终是人们激烈争论的焦点。一方面，支持外国直接投资者认为此举有如下好处：可向接受外资国家转让技术，增加贸易，提供就业机会，加速经济发展。另一方面，持反对意见者认为，其弊端在于：会引起国际收支不平衡，外资将获准开发接受外资国的国内市场，会降低这些国家管理经济的能力。当日益增多的国家都实施了以最大限度融入世界市场为基础的发展战略时，这些年来上述争论越来越有利于赞同外国直接投资的观点。尽管如此，仍有强烈的批评意见。认为引进外资有利于接受外资国的观点的根本理由是，由于接受外资而增加的收入超过了投资者的收入。

15. 美联储主席格林斯潘在（上世纪）90 年代末曾经一而再，再而三地说，“只有在泡沫破碎的那一刻”才能确确实实地知道泡沫的存在。那时的泡沫主要出现在互联网公司，在 2000 年春天泡沫一下子破碎了。如今华尔街的各项指数尚未达到那时的水平。许多年过去了，现在最令人担心的是房地产泡沫。而最近几年，一些国家大幅度地、快速地提高楼盘价格，西班牙就是其中之一。

IV.（9.4 文学类）

1. 我看到那些一望无际的平原，高远的晴空和一抹淡蓝色的绵延起伏的山影。没有什么能打破这平川上的寂静，也许在地平线上出现一个小小的村落、村里教堂的钟楼和一些褐色的屋顶。一道炊烟袅袅升起。在田野上，在那些大面积的色彩各异的地块上，平坦地伸展着成片的麦田、休耕地和荒地。在深深的静谧中，一只喜鹊盘旋飞着，然后扑向一个小石堆，一堆乱石，之后再度飞起。一条弯弯曲曲的小路，蜿蜒地伸向远方，也许路边有那些小野菊，托着小金纽扣般的花朵。（阿索林：《卡斯蒂利亚》）

2. 我们正在阿塔卡玛沙漠的中心。

到处都是沙，铺天盖地的沙，有时被一片片的石头所取代。白天，赤日炎炎，热风席卷着一团团的细沙颗粒，吹进旅人的眼睛、耳朵、鼻子和嘴巴。看不到一棵枝叶繁茂的树，也看不到能用生命的印象激励四周的沉寂的一个村庄或一只动物。日落之后，这个景象就变了。风声停止了，沙子也不动了，而第二天又会更加猛烈地运动。借着黄昏的余辉，近处的山丘和靠近玻利维亚边境的雪山在钢灰色的天空下分外醒目，天空时不时变换着颜色，从海蓝色和紫色到青紫色，山脉的轮廓显现在天际。

3. 西班牙人通常都是正派人，一般来说，都很悲天悯人。尽管热衷于斗牛，但是在西班牙并不看好那些残暴的行动。而我们所缺少的是对别人成就产生的尊重、好感和欢欣鼓舞。如果你们看到一位斗牛士在场上表现完美无瑕而整场观众爆发出雷鸣般的掌声时，请略等片刻。一旦场上静下来时，你们肯定会看到有人站起来，把两个手指放在嘴边，使劲吹起口哨来。别以为他是给斗牛士喝倒彩——可能他自己也鼓了掌——，他是在给观众的掌声喝倒彩。

……“谁也不比谁强”，在卡斯蒂利亚人们都这样说。（A.马查多）

4. 在那些全国性的、地区性的、行业性的或者家庭的节庆活动之中，墨西哥人向外界敞开了心扉。那些活动给他们提供了机会去展现自我，去和神灵、祖国、以及亲友交流。在节日里，沉默寡言的墨西哥人吹口哨、大喊大叫、引吭高歌、燃放鞭炮、向空中开枪。他们在释放自己的灵魂。而他们的喊叫就如同我们酷爱的烟花一样，直上云霄，爆出绿色、红色、蓝色和白色的光彩，然后飞速坠落下来，留下一大片金色的火星。节日的夜晚到处充溢着歌声和喧嚣。那些多情的小伙子弹奏着各种乐器去召唤姑娘们，吉他声也响了起来。诚然，有时会乐极生悲：争吵打斗、寻衅滋事、开枪、动刀子。所有的人都变得冲动而狂躁。这也是节日的组成部分。墨西哥在过节。（帕斯：《孤独的迷宫》）

5. 我走进了大教堂，走过宽敞的中殿。塞维利亚大教堂就是一个大世界，里面有许多小礼拜堂、圣器室和天井。此刻，我想说一说这些位于偏僻处的小礼拜堂所具有的深深的魅力，那里僻静，几乎不为人知，很少有外来的游客们光顾。在西班牙的各个大教堂里有一些礼拜堂，那里没有艺术珍宝，简陋，几乎一无所有，却比那些大富大贵、金碧辉煌的礼拜堂更具吸引力。在那些地方一无可看，墙壁上只是挂着幅毫无价值的画作而已，外面还围着一道俗不可耐的铁栅栏。但是，此处的小礼拜堂却包含着何等的神秘，何等的魅力，何等强大的吸引力啊！这些地方简陋寒素，不为人知，僻静，只是偶尔有位老妇人孤孤单单，一动不动地在角落里祷告。

6. ……清晨，这条老船略显疲惫地靠了岸。

松林从山间金色的高地上抬起头，仿佛它们走上山坡只是为了看一眼这些旅客。太阳穿透了林子，洒下温暖的光芒。山坡上是零零散散的裸露的红色耕地。

佩尼斯科拉镇出现了，陡峭而潇洒，房屋闪闪发亮，就像少女洁白的衣裙。大海宁静，一片蔚蓝，倒映出整个小巧的岛屿。在城堡的废墟上，一只海鸥在飞翔。

在一片炽热而辉煌的金光中，佩尼斯科拉融化了，消散了，那白色的轮廓犹如魔幻的宫阙。

与此同时，比那洛斯镇逐渐显露出来了。（G.米罗：《西古恩萨游记》）

7. 难道幸福的概念就是财富的概念吗？似乎是这样。是财富的概念，但不是财富所有者的概念。手，所有的手，柔软的，白皙而光洁的，粗硬的，结实的，老迈的，都伸张着去拿：这就是要索取，要拥有的精神。不要攫取，只有那些彻头彻尾的占有者才去攫取，他们占有钱财，占有财产，占有头衔和封号，占有功业，占有爱情，占有生命。而实际上，他们所拥有的东西最少，因为他们只不过是物主而已。

本书参考书目

[1] 孙家孟等. 西汉翻译教程. 上海外语教学出版社，1997.
[2] 盛力. 西汉翻译教程. 外语教学与研究出版社，2005.
[3] 赵士钰. 汉语-西班牙语双语比较. 外语教学与研究出版社，1999.
[4] 刘宓庆. 新编当代翻译理论. 中国对外翻译出版公司，2005.
[5] 陈望道. 修辞学发凡. 上海教育出版社，1979.
[6] 金惠康. 跨文化交际翻译. 中国对外翻译公司，2002.
[7] 董燕生. 西班牙语句法. 外语教学与研究出版社，1999.
[8] 张绪华. 西班牙语修辞. 上海外语教学出版社，2006.

本书翻译实践参考书目

[1] Paz, Octavio. El laberinto de la soledad. Fondo de Cultura Económica, México, 1989.

[2] Díaz-Plaja, Guillermo: España: un modo de ser. TEIDE, Barcelona, 1972.

[3] Laín Entrealgo, Pedro. ¿A qué llamamos España? Barcelona, 1994.

[4] Azorín. España. ESPASA-CALPE, Madrid,1978.

[5] Soler Serrano, Juaquín. Personajes a fondo-Conversaciones con grandes figuras de nuestro tiempo. Planeta, Barcelona, 1987.

[6] Urbano, Pilar. La Reina. Plaza & Janes, Barcelona, 1996.

[7] Lindo, Elvira. Manolito. Alfaguara, Madrid, 1998-2007.

[8] Neruda, Pablo. Confieso que he vivido, DEBOLSILLO, Barcelona, 2004.

[9] 林光（译）. 回首话沧桑. 知识出版社，1993.

[10] Becquer, Gustavo Adolfo. Rimas y leyendas. EDICIONES ALONSO, Madrid, 1966.

[11] 朱凯（译）. 诗歌、传说、故事. 重庆出版社，1993.

[12] Cubas, Cristina. Años de gracia, Fábula Tusquets Editores, Barcelona, 1994.

[13] 朱凯（译）. 恩赐之年. 人民文学出版，2008.

[14] Cernudas, Pilar y otros. Todo un Rey. Editorial EYE, Madrid, 1981.

[15] 朱凯（译）. 西班牙国王胡安・卡洛斯一世. 商务印书馆，1991.

[16] Miró, Gabriel. Libro de Sigüenza, Editorial Losada S.A.,1962.

[17] 朱凯（译）. 西古恩萨游记. 重庆出版社，1992.

编著者简介

朱凯，对外经济贸易大学外语学院西班牙语系教授，现受聘于大连外国语学院西葡语系。为北京作家协会会员、西葡语教学研究会和西葡拉文学会等学术组织的会员。享受国务院特殊津贴。毕业于北京外国语大学西班牙语系，曾在西班牙的马德里康普鲁坦斯大学和墨西哥的墨西哥学院进修，以访问学者身份在墨西哥的蒙特雷高等理工学院和西班牙的罗维拉－维吉利大学等院校讲学。出版物包括《金阙风雨－西班牙王朝》（专著）、《在鹰和仙人掌之国》（文集）、《西班牙－拉美文化概况》（教材）、《拉腊文选》（译著）、《诗歌 传说 故事》（译著）、“CNV 与外语教学”（论文）《El abanico otoñal》（成语典故集）等。